史料纂集

元長卿記

元長卿記　文龜二年十二月十七―十九日條

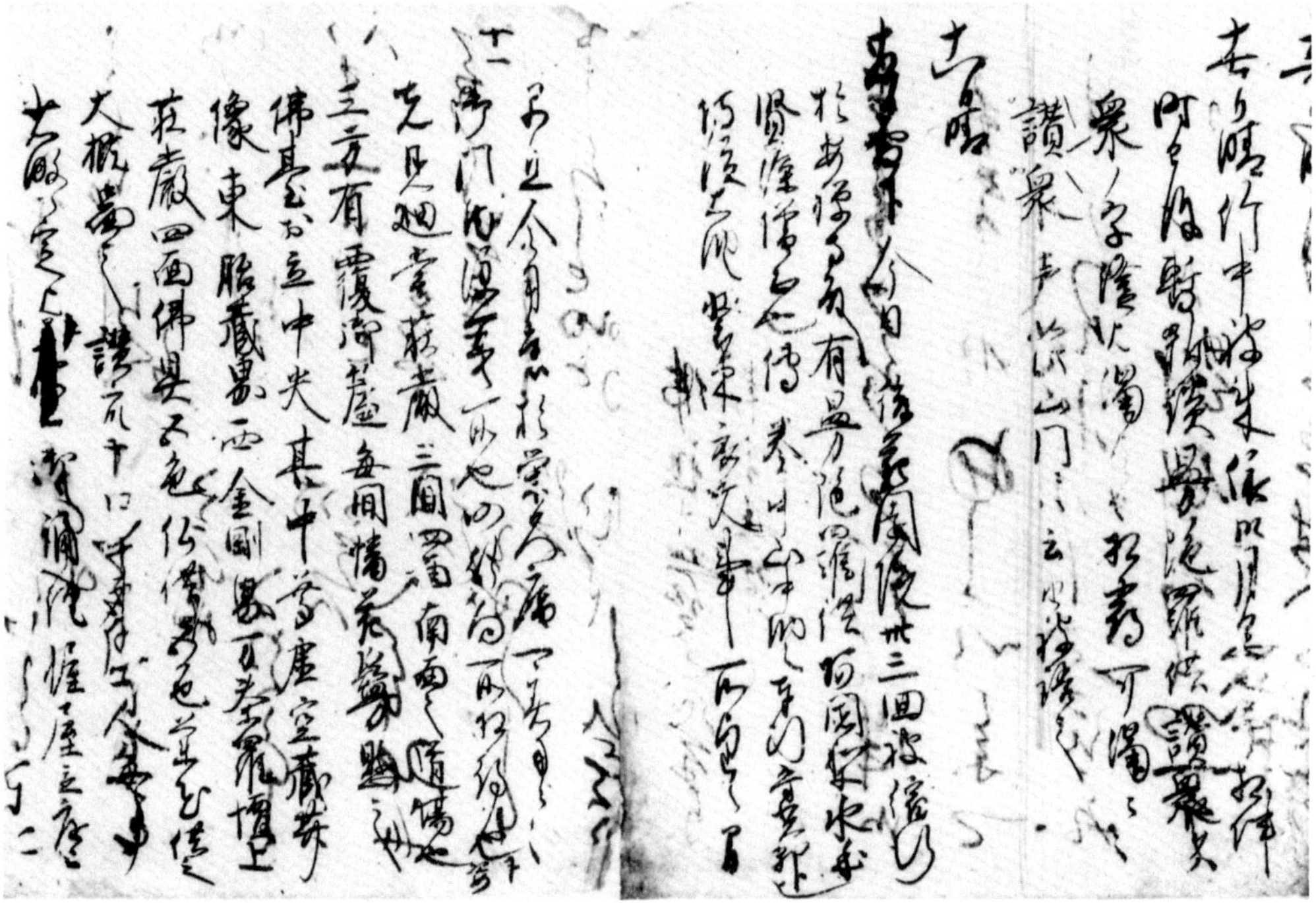

宮内廳書陵部所藏　原寸　縦二五糎

凡例

一、史料纂集は、史學・文學をはじめ日本文化研究上必須のものでありながら、今日まで未刊に屬するところの古記錄・古文書を中核とし、更に既刊の重要史料中、現段階において全面的改訂が學術的見地より要請されるものをこれに加へ、集成公刊するものである。

一、本叢書は、本會創立四十五周年記念事業として、昭和四十二年度より凡そ十箇年を目途に繼續刊行するものである。

一、本書は權大納言從一位甘露寺元長（長祿元年一四五七生、大永七年一五二七薨）の日記である。

一、本日記は延德二年より大永五年迄、三十數年に亙るが、そのうちかなりの年次を缺き、又現存する年次のなかでも、四季を通じて完備してゐるものはない。

一、本書の原本は、纔かに文龜元年及び同二年の數箇月を殘すのみで他は傳存しない。今回の刊行にあたつては、國立公文書館内閣文庫所藏の二十三冊本（架藏番號、特五三―一）を以て底本とし、同文庫所藏の中御門資熙手跋本（架藏番號、一六二―二五〇）（略號イ）・久松家舊藏本（架藏番號、一六二―二五二）、及び宮内廳書陵部所藏の柳原家舊藏本（略號ヤ）を用ゐてその不備を補つた。

凡例

一、校訂上の體例については、本叢書では、その史料の特質、底本の性格・形態等により必要に應じて規範を定めることがあり、必ずしも細部に亙つて劃一的統一はしないが、體例の基準は凡そ次の通りである。

1　飜刻に當つてはつとめて底本の體裁を尊重する。

2　文中に讀點（、）および竝列點（・）を便宜加へる。

3　底本に缺損文字の存する場合は、その字數を測り□□□で示す。

4　校訂註は、底本の文字に置き換へるべきものには〔　〕、參考又は説明のためのものには（　）をもつて括る。

5　上欄に本文中の主要な事項その他を標出する。

6　人名・地名等の傍註は、原則として毎月その初出の箇所にのみ附する。

一、本書の飜刻に當つては、便宜次の諸點につき原形を改めた。

1　年の替り目は改頁とし、月替りは前月の記事のあとに行間をあけて續けた。

2　底本に用ゐられた異體・略體等の文字は、原則として正體若くは現時通用の字體に改めたが、字體の甚しく異るもの、或は頻出するものなどはこの限りではない。

3　底本の用字が必ずしも正當でなくとも、それが當時一般に通用したと思はれるものには、あへて註を施さなかつた。

一、本書の公刊に當つては、國立公文書館內閣文庫竝びに宮內廳書陵部は種々格別の便宜を與へられた。特記して深甚の謝意を表する。

一、本書の校訂は芳賀幸四郎氏が專らその事にあたられ、齋木一馬氏が多大の援助を與へられた。銘記して深謝の意を表する。

昭和四十八年四月

續群書類從完成會

目次

目次

元長卿記

「（表紙）
元長卿記
延徳二年
正月
同　三年
正月
」

「（扉）
延徳二年
同　三年
正月
元長
」

正月　延徳二

一日、天晴、早旦行水・誦經等如例、祝着之儀三石（盃カ）且又如例、飯後參新造御盃（甘露寺親長）拜領了、

應仁二年以來廢絶せし小朝拜及び節會再興

關白一條冬良右大臣花山院政長ら拜賀の儀を行ふ

祝着〻〻、
抑今日被行節會、乱後始而被再興、奉行藏人左少弁宣秀(中御門)也、可參之由兼日相催、御祝時分可參內之處、園宰相(基富)申拜賀、借予亭出門、彼是依指合令遲參、中御門大納言(宣胤)・藏人左少弁來、裝束衣文依所望也、海生唐衣之繪候之間、暫不出逢、頗遲〻間、先置筆出逢、先中御門大納言着束帶、有文巡方石帶・紺地平緒・餝太刀・魚袋如常、次左少弁着之畢則歸、其後園宰相着裝束、衣紋中御門新大納言宗綱(松木)卿、前裝束左衛門佐以量朝臣(薄)歟、其間歸入而唐衣繪殘所猶書之、着畢之由告間出逢、三獻如例、事畢出門、布衣侍役沓、如木追前、殿下(一條冬良)今夜御拜賀之由傳聞、同扈從云〻、內弁(花山院政長)今夜同奏慶之由有沙汰、然者節會始行可遲〻由相存候間、此間一睡眠、漸及丑剋歟、藤中禪門(高倉永繼)爲御服參內、衣袴被預置、且者相待彼仁、可着裝束由所存也、禪門被來、相具兵衛佐(高倉永康)、勸一盞、其後則着束帶有文巡方石帶・紫段(緂カ)平緒・魚袋・樋螺蜔(鈿カ)太刀・餝太刀、通用之物也、新作、此間曉鐘數聲、禪門・兵衛佐等相伴而參內、就便宜自殿上下口堂上畢、內弁進立無名門前、相待中次程也、舞踏了被着殿上、其後內〻御對面歟、不見及、參御所方申御礼、常御所於差筵拜龍顏、則退出、于傍拜領御小盃、祝着〻〻、暫徘徊長橋邊、小朝拜可始行之由有沙汰之間、下段假立無名門前、着靴、不揖、參仕人〻、
關白(一條冬良)・右大臣(花山院政長)・中御門大納言宣胤・侍從大納言(三條西)實隆・冷泉中納言政爲・中山中納言宣親・

家禮の人

予・山科宰相言國・園宰相基富・右大弁宰相（日野）政資・新宰相中將（中院）通世・頭中將（正親町三條）實望・忠顯朝（松殿）臣・雅俊（飛鳥井）朝臣・政宗（木造）・和長（東坊城）・藤原資直（富小路）・清原宣賢・藤原懐邦等也、頭中將出逢殿下一揖則退入、參御所方、歸出揖殿下、一揖後蹲居、非家礼人蹲居之条尤不審、定而有所存歟、經列前加立假立、殿下令進東庭給、以下次第相從、到東庭一揖、六位最末立定之後、一同舞踏、事畢自下﨟次第退一揖同立定時、則被始行節會、少ゝ着陣、中山中納言依睡眠落笏、其音頗高、人ゝ一笑、予雖可着陣、依（脱アルカ）於宣仁門外見物、內弁召官人敷軾、召外記儀如常、招藏人左少弁被奏外任奏、則返給、以下如例、位次公卿出、外弁中御門大納言・侍從大納言・中山中納言・予・園宰相・和長等着之、六位外記盛俊召仕等同着之、中御門大納言召ゝ仕二音、下式莒、次召外記（中原師富）、問諸司歟（次第脱カ）、慥不入聞、外記退之後和長起、各同之、時分聊早速歟、但內弁謝座爲見物也、於月花門邊見物、鴈列如形、少納言來次第參進、氣色下﨟、先之近仗引陣、謝座謝酒畢、次第堂上、中御門大納言・侍從大納言・右大弁宰相・新宰相中將、以上端、以下奥、晴御膳令別當催之、別當侍從大納言、一獻內弁催之、以下令右大弁宰相催之、兩度之後免之、乍座催了、天既明畢、到午剋事畢退出、

二日、晴、退出之後平臥、及晚參內、爲御祝也、及子剋退出、

三日、雨下、巳剋許參番代、晚頭退出則歸參、御祝之儀同前、

白馬節會を復せんとす
足利義政病惱再發
足利義政薨去
白馬節會停止
東山殿山上の怪異
後土御門天皇御不豫
踏歌節會を復す

四日、雨下、可被行白馬節會之由在沙汰、可爲御點之由、自新造被示下、祝着〻〻、
五日、晴、東山殿（足利義政）自去年御歡樂再發、及珍事云〻、
六日、晴、今日聊御減氣云〻、　實否難信用、
七日、晴、東山殿御歡樂爲同篇上者、節會可被行歟、又可被停止歟之段、未一決、被尋申二條禪閤（持通）、未剋許御返事到來、爲同篇者、可被行条何事候由有仰、依之必定之由被相觸諸司、御祝可爲早速之由有有（衍カ）示仁間、酉一點參內、御盃之儀如例、參仕之輩暫相談、漸（暫）爲用意退出、於于路次聞、東山殿御落居云〻、歸宅之後、自新造節（衍カ）節會停止之由有仰、聞後（後聞カ）、去五日東山殿於于上山、十人計之聲昨（作カ）時笑云〻、不思議〻〻〻、

○八日ヨリ十四日マデ日付ノミ、今コレヲ略ス、

十五日、晴、戌剋許參內、爲御祝也、一兩日主上御不豫、新王御方（親歟）（勝仁）御酌也、
十六日、雨下、今日節會也、奉行頭右中將實望朝臣也、兼日可參之由相觸、戌剋計着束帶、（貫衣文、自作、）石帶・平緒・太刀・魚袋等如元日、參內、先有御祝之儀、節會參仕之人〻、左（德大寺實淳）大臣・源大納言（庭田）雅行・中御門中納言（大）・藤中納言（武者小路）緣光・橋本中納言公夏・予・姉小路宰相基綱・小倉宰相中將季種・菅宰相（高辻）長直等也、今日予着陣、不出外弁、內弁謝座之儀於于宣仁門代外見物、次第堂上如常、經宜陽殿壇上軒廊入作合、依雨儀也、橋本中納言計

國栖立樂を停む

入第二間、有所存歟、晴御膳自東階供之、臣下不立、脇御膳同供之、一獻之後、內弁催御酒勅使、異失也、仍更催二獻、又御酒勅使催改、頗見苦物也、起居之時着〔箸〕不拔之、或又拔之、不同也、異失歟、依東山殿御事、國栖立樂被略、無念、坊家奏之後、舞妓渡、其所御帳當巽角也、

延徳三年

正月

島津修理亮入道忠好及び吉田治部大輔孝清節會を拜觀す

一日、天晴、早旦行水・誦經如例、事訖三盃如恒例、飯後參新殿（甘露寺親長）、御盃拜領祝着了、今日節會可參由、兼日被相觸處也、戌刻許、嶋津（薩摩）修理亮入道忠好・吉田治部大輔孝清來、節會爲見物也、各面皮（マヽ）一枚・扇一本隨身之、中御門大納言（宣胤）相伴右（左）少弁（宣秀）被來、左少將被束（裝カ）予令着之、藤中納言入道（高倉永繼）爲參御服被立寄、勸一盃、事訖而着束帶、有文巡方・紺地平緒・魚袋・風（飾）大刀如例、衣文藤中禪門也、着畢中御門爲見物以下右（忠カ）好・清（孝脫カ）等令同道、參御所、先申御礼、於傍被下天盃、於御三間御對面、令祝着了、有良暫、具由有御沙汰之間、各下殿、先有小

小朝拜

朝拜、參仕人〱、

侍從大納言實隆內弁・橋本中納言公夏・予・日野中納言政資・山科宰相言國・源宰相（田向）重治・頭弁（坊城）俊名・基數朝臣（持明院）・左少弁宣秀・權右（左カ）少弁守光（廣橋）・藤原資直（富小路）・清原宣賢・藤原懷邦等也、

元旦節會

小朝拜了諸卿出陣、內弁・橋本中納言・予・山科宰相等也、藏人權弁出陣、仰內弁、〻〻移着端座、召陣官令敷軾、召外記問諸司具否、外任奏、〻了被返下、諸卿出外弁、件

座幔以下構直之、經床子座前一揖、外記史在座答揖、橋本中納言不揖、於南邊着靴、爲謝座見物各立座、徘徊中門邊、鴈列參列如恒、堂上橋本中納言・源宰相端、予・日野中納言・山科宰相奥、欲催晴御膳、內弁立間、橋本中納言・山科宰相同立畢也、雜事宣命使源宰相、御酒勅使山科宰相也、卯半刻計事訖退出、

江南院龍霄（元長の兄）

二日、晴、時々雪飛、新殿幷江南院（龍霄、萬里小路春房）入御、有一獻、入夜參內、御祝也、參仕人々、源大納（庭田）言雅行・侍從大納言・前權中納言（勸修寺經茂）大丞（藏卿カ）・予・大貳（勸修寺）經鄕・以量朝臣（薄）・重經朝臣（庭田）・爲學（五條）・富仲（五辻）等也、欲退出處、於番衆所有一盞、數反之後退出了、

三日、晴、晩頭爲番代參御所、御祝早速也、事訖被招長橋局、有祝儀、

四日、晴、

蹴鞠

五日、晴、俊通（富小路）來、暫雜談、內鞠片時蹴之、

六日、陰、及晩雨下、

足利義視薨去
白馬節會及び北陣停止

七日、雨下、飯後參新殿、御盃如恒、今出川殿（足利義視）令薨給、巳刻計歟、依此儀白馬節會・北陣等停止、頗無念、於北陣者猶可被行歟之由、再往有仰、勅問二条禪閤、御返事、可被行条有何事哉、可爲時宜之被（由脫カ）申之、勸修寺前大納言（教秀）可被行条不當（審）之由申之、新殿被略北陣被行節會例者有之、被略節會被行北陣例者未存知、不可然之由被申、雅久宿祢（小槻）勘例同之、

雖然、時宜猶被行趣也、但種々雖有沙汰、被停止了、有無爲令聞、自酉刻參內、且者期御祝處也、入夜天酌、事訖參親王(勝仁)御方、御酌如例年、則退出、

八日、晴、

甘露寺家一統正月會合

九日、晴、今朝參新殿、有朝飯、家中男女不殘、是佳例也、中御門衆同參會、其後有(一脫カ)獻、未剋計歸宅、

十日、晴、

島津忠好を招待

十一日、雨下、今朝新殿御衆・同中門(御脫カ)衆有無(來歟)臨、儲飯、獻以下併如九日、右(忠)好(島津)參新殿、送使者可參由命間、則參入、雜談、有一盞、及昏歸宅、

十二日、晴、向天用軒、有朝飯、

（表紙）
「元長卿記　明應十年
正月　二月　三月
四月」

（扉）
「明應十年愚記　元長」

明應十年

正月大

下級官人らへの手當支給
後土御門天皇の諒闇により節會を停め平座を行ふ
諸卿困窮
諒闇中の元日出仕の服裝

一日、雨下、自夜前依當番祝〔祗〕候、早旦出禁門歸宅、行水之後三盃如例年、看經終程、朝飡併如例年、今日節會可爲平座、申沙汰事伊長〔甘露寺〕可存知由、自兼日頭弁所定与奪也、公人下行昨日皆濟、大膳職今朝注進、則令下行了、六位史外記兼行百五十疋、陣官人百五十疋、陣常燈三十疋、掃部寮七十疋、木工寮・大藏省八十疋、大膳職三十疋、依無盃酌内竪略之、上卿中御門大納言宣胤、吉服、諒闇可爲吉服条頗〔背脱カ〕本儀、件服又無用意故障之由有命、此事當時諸人同

吉記

事也、不爲吉服者停止之外無別儀歟、明德既吉服之上者、不可爲新儀由、相談帥卿(町廣光)所申定也、參陣弁橡既宣下之服也、伊長吉服非無斟酌、尚顯(勸修寺)幸件服用意之間相催處、再三故障可爲如何哉、伊長着吉服參陣事、曩祖(吉田經房)治承五年參陣着橡、吉記分明之上者、無左右可爲吉服条難治也、雖然就闕如被經御沙汰、當時職者至計申者、不能子細歟之由申入、侍從大(三條西實隆)納言・帥卿等有御宿處、無沙汰了、當時不可有後難由、女房奉書到來、仍着吉服令參陣了、詣侍從大納言亭、上卿(中御門宣胤)同在此亭、依陣下裝束可着用便有之間、令立寄也、有盃酌、此間、今日勸盃停止無謂由、侍從大納言頻談之、予申云、治承記今日依無傍卿、無盃酌先例也、如此守此記、今日既無傍卿、但有勸盃例存之、兩樣也、爲兩樣者、只可守吉記旨愚意也、又侍從大納言申云、二孟平座者有更衣間、雖無勸盃、然元日平座無盃酌、以何可爲平座哉之由被命之、乱中(文明)元日平座被行時、雖無傍卿有勸盃由同被申、乱中元日平座、元長弁官時度々令參陣、無傍卿時、有盃酌分覺之、雖然、無時之元日平座被行条、先以不快不定爲例、又雖無傍卿有盃酌条、以不可信用由申之、頗再三問答、于時侍從大納言、內豎俄爲不參分、無盃酌者宜歟之由有命、上卿同之、予又申云、內豎雖參不可有盃酌、其故者、有無爲兩樣者、可守吉記旨、上卿・弁(甘露寺伊長)今日(マヽ)此子孫也、不可求他例由問答、大方當座無興、此間御祝漸之由有告、伊長束帶令着用、其後予着時服參內、候御三

諒闇に依り節會を停め平座を行ふ

閇庇、侍從大納言・勸修寺中納言(政顯)・予・伯二位(忠富王)・源宰相中將(庭田重經)・伊長・雅益(白川)等也、天酌弁御小盃如例、事訖後、始陣儀、上卿着仗座奥、以官人召職事、伊長進上卿座傍、被申平座之由欤、則退入、歸出仰〻詞、出給ハス、依例《アトノマ、》ニ、職事退、此次被仰宜陽殿御裝束之事欤、伊長立床子座前、招六位史仰、不可及問具否由、上卿有命、上卿起座之後、常燈(掌欤)於渡宜陽殿、次上卿着宜陽殿座、弁同着土庇座、饌(兼カ)蘆居之、上卿下箸、弁同之、即拔箸退、次六位外記進軾、申諸司奏候由、次上卿召職事被仰此由、則退、奏聞由計也、歸出仰云、諸司奏内侍所ニ、職事退、上卿召外記、下知之後起座退出、此後上卿御對面議定所、頭右中弁申次、上卿今夜歸河東ニ旅宿云〻、伊長歸宅、予候御所、依雨也、

二日、雨下、早旦退出、三盃如例、今日不出仕、

後土御門天皇百ケ日聖忌の準備

三日、晴、朝程細雨下、女房奉書到來、般舟院五種行惣用事也、自五日三ケ日、七日結願、千六百疋可被付由西堂申之、仍即可被渡由申入了、着座公卿・布施取殿上人御點、旧冬申出了、明後日可相觸也、

後土御門天皇百ケ日聖忌の御經供養

四日、晴、來七日御經供養、院廳申沙汰之下知書遣了、着座公卿・布施取殿上人、今日雖爲御衰日、私之廻文强不苦欤之間、爲早速、今日所相觸也、

自來五日於般示(舟欤)院、奉爲旧院(後土御門天皇)御百ケ日聖忌、三ケ日可有御法事五種行、結願七日可有御

經供養、任例可被申沙汰給之由、中納言（元長）殿御奉行所候也、仍執達如件、

正月四日　　佐渡守親繼

謹上　大藏大輔殿

來七日、於般舟院可有御經供養、可被參仕給之由、被仰下候也、

正月四日

四辻（季經）前中納言殿

万里小路（勸修寺經郷）中納言殿

小倉（季種）中納言殿

冷泉少將殿

權佐殿

藏人中務丞殿

衞士來、太元護摩御教書給、可持參申之、則令書付遣了、

太元護摩

五日、晴、參安禪寺殿、進御樽・壹荷・兩種、有三獻、及晩參內、依當番也、前權中納言（正親町公兼）祝（祗）候、永宣（冷泉）朝臣不參、三条（實望）中納言・飛鳥井宰相（雅俊）等今日祗候、飛鳥（マヽ）御對面之後、於男末拜

後土御門天皇百ヶ日聖忌法要般舟院にて五種行

普賢菩薩繪像を新調

領天盃、三中於常御所御庇給之、依無殿上人、爲番衆役内々申次也、

六日、晴、時々雪飛、明日旧院御百ヶ日、自昨日五種行於般舟院被修、來十日依元三被引上、但節日也、如何之由雖有沙汰、四日御衰日、八日重日、九日復日也、仍以七日爲結願、所被宿〔宥歟〕用也、御經供養御導師運伊僧都、題名僧二口、着座公卿四辻前中納言・小倉中納言、布施取殿上人（五辻）富仲朝臣、六位今日不參例、諷誦院廳申沙汰、下知廳下御誦經物、盛秋調進之、於諷誦者信（マヽ）直朝臣調之云々、御本尊普賢如旧例、舊冬結緣經供養之時、所令新圖繪像也、御導師御布施代五百疋、顯〔題歟〕名僧二口貳百疋、後戸方貳百八十疋、五種行三ヶ日千六百疋、被付般舟院了、

七日、晴、御經供養散狀進上之、

御經供養

公卿

四辻前中納言　小倉中納言

御布施所〔取〕殿上人

富仲朝臣　藤原資直

八日、晴、

九日、晴、

廷臣等幕府に参賀
一條冬良參內直衣を元長に借る

十日、晴、今日武家參賀也、召進伊長、殿下(一條冬良)可有御參內、直衣可召進由、一昨日以右大弁仰之間、雖爲不思儀物、可應召由申了、今日外樣於番衆所、可有御着用、御衣文事、同參了者(候カ)、可有御悅喜之由、同有仰、仍參番所、御裝束致沙汰之後歸宅了、

廷臣等酒饌を獻じて宴會

十一日、晴、今日近臣佳例申沙汰也、仍金鈍(マヽ)一器五度入進御樽代、未斜參內、先御法事十(等カ)、七日悉以無爲被遂行条珍重、殊申沙汰一段本望之由申入、八日・九日重復日、九日御衰日、仍只今所申入也、誠以御祝着、申沙汰又粉骨至、神妙之由有叡感、暫移尅而各參集、參御三間、侍從大納言實隆・前權中納言公兼・右衛門督(四辻)季經・按察(綾小路)俊量・勸修寺中納言政顕・予・源中納言(田向)重治・伯二位忠富・源宰相中將(庭田)重經・守光朝臣(廣橋)・和長朝臣(東坊城)・永宣朝臣・爲學朝臣(五條)・富仲朝臣・雅益(白川)等也、七獻之後各退出、予依當番候宿、

正親町邸朝食の會
天野酒
鯛包丁

十二日、退出、可禦餘寒由依有仰及數盃、事訖出禁門歸宅、則改衣裳詣前權中納言亭、朝飡約束有之、先是、送遣天野酒入壺、同一種副之、四辻中納言實仲・右衛門督(四辻季經)・小倉中納言季種・師富朝臣(中原)・師家在此席、被調美食、飯後出板鯛、高階若狹守切之、則賞翫、一盞之後歸家了、

大雪
冷泉家の和歌會始

十三日、雪下、及尺歟、近年之大雪也、左衛門督(冷泉爲廣)亭和歌會始、懷紙書遣了、

元長の詠歌

詠竹不改色

和歌

權中納言元長

家のかセ代々にしる

きハくれたけのみ

さほを契るところか

らかも

十四日、雪下、無事、

十五日、雪下、不出仕、

元長弟空濟僧正三回忌

別火

元長西賀茂の神光院に重書等を預置く

十六日、晴、早朝向神光院、故後光明院（空濟僧正、予弟）第三廻忌日也、爲燒香所思立也、香奠少分遣之、金剛幢院・千手院宰相公・二位公等遣扇了、有粥、雖然別火之間、一身於小座敷行之、此後入風呂、旧記等預置間、所用之物等撰取間、頗移尅、酉斜歸京了、

亡父甘露寺親長の月忌法要

十七日、陰、午後雨降、今日故禪閤〔門カ〕（甘露寺親長、明應九年八月十七日寂）御忌日也、廬山寺竹中來、讀誦盆〔梵〕網經、時〔齋〕之後遣扇、

禁裏女房等酒饌を獻じて正月恒例の宴あり

有召、當番之間旁急參內、今日女中申沙汰云々、佳例也、參仕未參入、酉尅計各參集、侍從大納言・前權中納言・勸修寺中納言・予・伯二位・源宰相中將、三獻後參、武家參賀今日、仍遲參云々、

守光(廣橋)朝臣・永宣朝臣・公條(三條西)朝臣・隆康(鷲尾)・雅益等也、式部卿宮(邦高親王)・不遠院宮(尊傳法親王)當今御弟有御參、八獻之後事訖各退出、前權中納言・予・永宣朝臣、依當番猶候御三間、御晝之後平臥、

十八日、晴、聊有餘醉之氣朦然、終日平臥、不堪精進、及晩食魚味、心身猶憂惱、

十九日、晴、無事、

廿日、晴、無殊事、

廿一日、晴、無殊事、及(晩脱カ)雪飛、

廿二日、晴、無事、

廿三日、雨下、及晩參內、當番也、同候宿、前權中納言祗候、

三疊敷

雪見

廿四日、雪降、被召御學文所落間、參三疊敷、種々御雜談、頗移尅、午時退出、直參安禪寺殿、見御庭雪即歸宅、

廿五日、晴、無事、

元長室は高倉永繼の女

庭乘

廿六日、晴、詣藤中(高倉永繼)禪門許、今春初度、召具伊長、遣一桶了、有朝飡、飯後於西向方(永繼室)有一盞、事了詣藤宰相(高倉永康)亭、引出馬有庭乘、此間雪飛、屬晴間則歸了、

廿七日、無事、

最勝王經護持品書寫終功

廿八日、自去年正月每月、最勝王經護持品令書寫、今春未書寫、仍所令書寫也、雖然入夜

於燈下終功了、

妙蓮寺日護 辛酉仗議の準備

廿九日、未剋許參內、當番也、妙蓮寺(日護)禪師祗候、源宰相中將弟也、有一獻、事畢辛酉仗議可爲來月、御點今日被定由有仰、參仕輩承度由申入、仍令讀御、畏承了、左府(今出川公興)菊亭・內府(尚經)九条・中御門大納言(宣胤)・右大將(公藤)西園寺・侍從大納言・帥(町)廣光前官・勸修寺中納言・小倉中納言・予・園宰相(基富)・源宰相中將・宣秀(中御門)朝臣・弁伊長等也、先是可有仗議欤否、勅問申詞共被見定、一覽返上、關白(一條冬良)・近衛准后(政家)・同前關白(尚通)・前左大臣(實淳)德大寺・內府(九條尚經)・左大臣菊亭・侍從大納言等也、追可尋記、予參仕旁難治之由、以次申入、故障可爲御無念、必可參由種〻有仰、暫御雜談、入御後退了、御學文所、不退出候宿、前權中納言祗候、永宣朝臣不參、入夜辛酉御代始

辛酉御代始御修法

旁以可被行御修法、可申入仁和寺宮(靜覺法親王)由、以中內侍局有(仰脫カ)、御祈始於一巡者、私力參懃流例之由可申入申云〻、伊長依御祈奉行便宜之間仰也、

辛酉御代始御修法につき叡慮を仁和寺宮に傳達

卅日、晴、出禁門參伏見殿、仁和寺宮御出京、御座件御所故也、以伊長參候可申入處、每事無菟(マヽ)方間、相替參入之由申入、有御對面、仰趣申入、御私力難事行、但進(追欤)而可被申左右云〻、仍歸宅了、

二月

元長の生母美濃より歸洛

一日、晴、今日自濃州大方殿(親長室)御上洛之由、先日有音信、進御迎、坂本迄也、未剋計御京着、下地上奉迎入、則頂戴御盃、事畢供夕御飯、國之儀種々御物語有之、

二日、晴、無殊事、

三日、晴、無事、

中御門宣胤室美濃より歸洛

四日、小雨下、東向(中御門大納言(宣胤)室、予姉也、)入來、綿・紙等給之、去年八月十九日、起京都下向濃州、今度大方殿御同道也、

關東兵法師玄意

伊長これを師とし武藝を習ふ

五日、晴、關東兵法師來、字玄意、儲晩飯、伊長爲師欤、雖(不脱カ)似相題目、戰國云夜盗連續、爲拂不慮之災、所令許容也、侍從大納言(三條西實隆)入來、大方殿御上洛御礼云々、被隨一樽、同供晩飡、今日當番也、可參處如此故障出來、仍不參、及昏參内候宿、前權中納言(正親町公兼)同祗候、

盗賊伏見宮邸に亂入

今朝傳聞、去夜盗人乱入伏見殿(邦高親王)云々、

易僧一勤

六日、晴、出禁門參伏見殿、有御對面、種々御雜談之後退出了、朝飡已後詣一勤許、尋易革卦等事、粗返答、有歡樂之氣由被命間歸宅了、

七日、晴、無殊事、

攝取院喝食來る十一日に得度

四六二六竿勘の事

八日、晴、入江殿東御庵入來、攝取院(元長女)喝食來十一日可得度間、衣等裁縫之故也、中御門大納言來臨、大方殿御上洛爲御礼也、有一盞、來廿五日仗議事少々相談、就中四六・二六竿勘事、一向無口傳、不及了簡、以今案勘分、延喜元年爲監(濫)觴上者、六十四卦之巡廻、千八百四十年之以後可相當歟之由命之、無覺悟、サモ有ヌヘキ由返答、如此可安(案)者、先達非可迷、定而不可爲正義之由所存也、慰寢覺之徒然計也、

九日、晴、無殊事、

安倍有憲を陰陽頭に任ずこれよりさき安倍有宗餓死す

十日、晴、陰陽頭宣下到來、(安倍)有憲朝臣今日所祇(被)任也、(安倍)有宗卿去月卅日逝去云々、大略餓死歟、可憐々々、

攝取院喝食般舟院西堂を戒師として得度

十一日、晴、未斜參內、當番也、同候宿、及曉鐘雷鳴發聲、雨脚俄頻如夕立、今日攝取院得度、啒請般舟院西堂於花雲庵有此事、粥(齋)後時以前也、

四六二六竿勘の事

十二日、晴、四六・二六管(竿)勘稽古、爲如何體哉之由有仰、不問得之由申入、勸修寺中(政顯)納言申云、三條中(實望)納言春日祭參行難治之由申間、然者可參行、仗議可參由申定由申入云々、兼日御點之分相替由有仰、仗議不參之条頗無念歟、無執心之至也、暫而退出、

神光院に預置く文書中より改元文書を撰び取る

廬山寺竹中を訪問し謝禮す

十三日、晴、向神光院、西賀茂、改元文書可撰取故也、則櫃・皮籠等並置、次第撰之、如元付符、入風呂、有晩飡即歸了、便路之間、詣廬山寺竹中《ナカ》、(亡父親長薨去)去年禁忌之時籠僧也、其後爲礼

想蓮庵訪問

可詣處、五旬中公儀大變出來、(後土御門天皇崩御)其後無寸隙所令無沙汰也、殊近日依有所用兩三度被尋、他出之間不對面、旁可謝故也、古佛本尊等令拜見、次有一盞歸了、次立寄想蓮菴、同以前之籠僧也、及黃昏間者(忩カ)歸宅了、般舟院西堂在此所、

腫物

十四日、晴、使者於遣因書記件(許)召寄、昨日自路次腫物出來顏、令見、煩敷物也、殊今日日(マヽ)數之物數輩出現、少ゝ令逝去、流布之由語之、則付藥、

涅槃會
甲子革令記書寫
花雲庵に至り念佛

十五日、晴、礼尺迦燒香了、終日甲子革令之記書寫之、及昏詣花雲菴、礼弥陀稱名了、甲子革令之記內有勘例、三千八百卅年事有沙汰、王肇一說也、不見以前、以推量所勘自然相合、且喜悅至也、不見記六故(錄)廻今案、無執心、可恥可恐ゝゝ、不入力而可心得事也、

吉田兼倶に易卦の事などを質問
細川政元の被官赤澤朝經興福寺領を横領す
これにより神木動座一定

十六日、晴、向中御門大納言旅店、吉田、同行向兼倶(吉田)卿許、易卦事等少ゝ相尋、粗得才學、革卦等圖大躰遺中御門間、寫取了、次參殿下、(一條冬良)兼倶卿同宿也、辛酉事等有御雜談、自南都注進到來、寺門領宗益(赤澤朝經)右京大夫政元(細川)被官、落取間、及大訴云ゝ、神木可有動座、移殿造畢一定之由載之、南曹右大弁家(清閑寺)幸朝臣、入見參、於御前則令拜見、仰天、其後歸宅、

親長月忌

十七日、雨下、後常樂院殿(甘露寺親長)御月忌也、自曉天念誦、廬山寺竹中《ナカ》入來、每月事也、時(齋)之後雜談、及晚參內、依當番也、

辛酉文書書寫

十八日、晴、終日辛酉文書ゝ寫之外、無他事、

徳大寺實淳易を習ふ

十九日、晴、詣藤中禪門(高倉永繼)亭、諒闇束帯具不審、旧記事自先日所望、催(促)役也、次向徳大寺(實淳)辛酉事内々爲談合、數年易事諫(練)習之由所傳聞也、少々雜談事有之、急度難得意、雖然連々思案之条々、取分廻了簡、追而可參入由命之返(歸)了、次向帥卿(町廣光)亭、園宰相(基富)兼而在此亭、種々雜談、

三善清行奏狀借覽

清行朝臣(三善)奏狀借請、懷中歸了、

仁和寺眞光院僧正尊海清涼殿に於て辛酉御代始の修法を修す

廿日、參内、依召也、自今日被行法修法(御)、伊長爲御祈奉行申沙汰也、不弁東西之間、相替所參也、兼日其下知極臈、仍資直(富小路)參御所、陣事申含了、逼南寄御帳、自階間北三間可爲道場由、阿闍梨之承仕先例之由申之間、其分可洗由申了、無殊事間退出、

後土御門院の石塔を造立

廿一日、晴、旧院(後土御門天皇)御石塔事、時正中可被立由、女房奉書到來、石御大工有申旨、無相違之由勅答之次也、

辛酉文書書寫

辛酉文書終日書之、先日前左府(徳大寺實淳)少々被命名目等、以定等之儀、倩見旧記、

四六二六の事

今日四六・二六之術數得一義、可悅々々、蔀首了蔀ニ付テ可覺悟事也、陽メメ陰(マヽ)メメ不可巡廻、於蔀之所有子細、年數之樣愚案之趣、詣前左府亭可校合者也、猶殘説之(ミカ)可尋探、

三條西實隆を訪ひ辛酉革命のことにつき談合

廿二日、晴、向藤中禪門許、諒闇束帯具不審所尋決處也、令同道詣前内府(九條尚經)亭、先是、時元(小槻)宿祢在此亭、習此術數歟、於同席有對面、被勸一盞、四六・二六説々、少々演説、覺悟相違事等多、仍信此説了、

廿三日、晴、未斜參内、當番也、依便路向侍從大納言亭、談辛酉事等、理性院法印來、扇

二三本令持、和歌可書之由頻所望、依難辭染惡筆了、一本返了、亭主(實隆)一本被書之、有一盞、勸修寺中納(言脱)來、種々雜談頗移刻、次參御前、今日御修法第四日也、亥剋計始而子剋事畢、今夜爲御方違行幸長橋局、有一獻、天酌已後事畢、

御修法第四日

廿四日、自前左府清行朝臣奏狀被持進、則令書寫可返獻由返答、竹中被來、內裏石御大工理運之由落居、依有子細被召具於庭上、見其仁體返了、

三善清行奏狀　石大工

(中原)師富朝臣辛酉勘文案持送、則所書寫也、加點同寫留了、

中原師富の辛酉勘文

廿五日、晴、辛酉記書寫之外、無殊事、

廿六日、晴、大弁所望之由中御(門脱)宰相(宣秀)申入云々、久中絕可爲如何候哉、所存先日御尋候間、於中絕者既及六代歟、但於可經歷条者、不可爲過分候、可在時宜由申入、但無其闕、可爲如何之由有仰、左大弁宰相(坊城俊名)者今度所役、度(々脱カ)前(后歟)条未練至極也、雖然、今大弁參議被借召大弁者、末代大弁參議不可有規模歟、勸修寺中納言可被昇進由申意見云々、是又不勤所役、結句可被行勸賞条、御沙汰次第不可然候歟、所詮家幸朝臣(清閑寺)右大弁事被借召、被授一官者、不可有巨難歟由申入、さ被思食候由、源宰相(庭田重經)中將相談、但以奉行職事被仰出事如何、先內々可申試由有仰、仍遣書狀申送、以面申談由返答、大弁執心云々、

中御門宣秀右大辨に任ぜられんことを所望す

廿七日、晴、詣侍從大納言許、定又申詞所々談合也、右大弁(清閑寺家幸)來、大弁辭退事再三加意見、

右大辨清閑寺家幸を刑部卿

に任じ中御門宣秀を右大辨に任ず

中御門宣秀右大辨兼任拜賀

九條尚經任右大臣拜賀

辛酉改元仗議文龜と改元

任愚意由申之間、則令披露、悦思食由有仰、仍家幸朝臣被任刑部卿、

廿八日、雨下、詣前左府亭、定詞談合、被加筆被直之、

廿九日、晴、今日右大弁宰相宣秀中拜賀云〻、出門借請侍從大納言亭由兼日告之、裝束衣文事相語之間、未下剋着直垂向彼亭、暫雜談、酉下剋計、着束帶、予役之、吉服、右文（有欤）石巡方（巡方石）帶也、此外如例欤、予裝束令持惠命院旅宿、下河原殿、依陣外也、向彼所相待藤中禪門休息、小（少）時禪門入來、仍着束帶、袍平絹、フシカ子染、裏同色、薄シ、下襲鈍色、平絹、裏同板ニ不付、單白平絹、サヤ〱張、表袴平絹、鈍色、裏柑子色、不付板、班犀帶作物、黑漆太刀銀造、足革無文青革、平緒平絹、鈍色、タリ略之、大口柑子色、韈如常、沓如常、檜扇無置物糸ノサカリ、冠無文、卷纓着了、參內、先參御所方、右府（九條尚經）今日拜賀也、被參之由有風聞間、於臺盤所見物、頭弁（廣橋守光）・權大外記師親（中原）已下在床子座欤、則陣儀可被始行之由有沙汰、各下殿、予同之、次第着陣、今日參仕、右大臣・侍從大納言・勸修寺中納言・小倉中納言（季種）・予、以上奧、園宰相（基富）・源宰相中將・右大弁宰相等各着訖、先條事定有之、先文書取傳廻覽之、國解源宰相中將讀之、次第定申之、至予前攝津守《ツノクニノツカサ》申雜事三ヶ條事、右大弁藤原朝臣同定申《トウスサタメマウス》、如此申之、各定訖、參議後日可書上由、上卿有命云〻、仍上卿以官人召六位外記、召辛酉勘文、則持參、次第取傳加一覽、各一卷拔取見之、如元結中卷表帋又結中、押遣園宰相前、悉見訖、至右大弁前一〻並置讀申之、其體如形讀畢、可定申由上卿被命

之、自下﨟次第定申、右大弁書之、一句ツ、更聞書之、上首次第書之也、書畢自上首檢知、我定詞各見下而令淸書、未淸書已前及天明、淸書及兩人之詞間、巳剋計也、予爲重服代始改元可斟酌由、自兼日存之、但辛酉定詞奏聞後可退出之處、及遲〻間、依有難治子細、淸書中央令早出了、仍改元事一向不見及、可尋記、歸蓬屋終日平臥、

三月

一日、晴、退出已後、平臥之外無他行、

二日、晴、餘屈猶未休、平臥、

上巳の節句の御祝

三日、晴、無殊事、及晩參內、依御祝也、參仕人〻、侍從大納言（三條西實隆）・勸修寺中納言（政顯）・予・伯二位（忠富王）・源宰相中將（庭田重經）・頭右中弁（萬里小路賢房）・隆康（尙顯）・雅益（白川）等也、蓬屋程遠間不退出、

三疊敷

四日、晴、申剋許參內、有一獻、右衞門督（四辻季經）・前權中納言（正親町公兼）・勸修寺中納言・山科中納言（言國）・予・伯二位・源宰相中將・菅三位（東坊城和長）・頭弁・隆康（鷲尾）・雅益等也、紀傳勘文之難、予申詞ハシカク難申タル由有仰、可愛之、事畢候三疊敷平臥、

餘醉

五日、晴、餘醉無正體、終日平臥、一向不食、如病、

禁中酒宴

六日、晴、餘醉之氣猶未散、大略平臥、未剋計有召、當番之間旁則馳參、於小御所北面有一獻、及數盃、五獻之時御酌予懃之、女中已下御前也、參候人々、予・源中納言(田向)重治・伯二位・源宰相中將・賢房(萬里小路)朝臣・隆康等也、事畢候三疊敷、

七日、晴、無殊事、入夜雨下、

八日、晴、

九日、雨下、及晩向三位殿(後土御門院大納言典侍房子)許、進樽、有一盞、入夜之間、依近邊宿惠命院旅店、

禁裏女房及び廷臣等野遊小漬

十日、晴、禁裏女中少々有野遊、召具伊長訖、及晩歸、三位殿有小漬、可及大飲歟之間、一二獻之後、歸蓬屋了、

十一日、晴、中御門宰相(宣秀)拜賀之後未賀、今日所思立也、吉田齋場所近邊也、樽代遣之、有一盞、晩天雨下間留了、

後柏原天皇卽位の事

卽位の費用國役は有名無實につき唐船の利を期待

十二日、晴、自吉田歸京、今日當番之間、令用意早所令參內也、詣長橋局進樽、徙移礼也、入夜參御前種々御雜談、御卽位事、先可及御沙汰歟、雖難成立、就其儀弥不可被打置題目也、惣用事・國役等可爲有名無實、所詮於愚意者、唐船事可被了(申カ)武家歟、此儀有入眼者、雖爲何事一方可成立歟、唐船事調法、大方就先年儀、所令存知也、仍如此申入、誠

有興申狀之由有仰、數剋之後退御前了、季經卿(四辻)・永宣朝臣(冷泉)等候番衆所、右衛門督(季經)、前權中納言番代也、

禁裏女房ら酒宴

十三日、晴、可退出處於長橋局有一盞、藤中禪門(高倉永繼)之室同席、伊豫局・播磨局等混雜、及數盃了、無術餘逐電退出、及午時平臥、

十四日、晴、無殊事、

太秦堂の散花

十五日、晴、詣太秦堂、散花催興了、

禁裏觀花の會
當座和歌會有り

十六日、晴、未下剋計參內、有一獻、花見各申沙汰也、有御當座、三十首和歌、勅題無披講、依諒闇也、(依脫カ)召予參御座傍、被召寄御短尺、御題兼被遊之、置御硯・料紙等上持參、可支配由有仰、仍先折之、盛御硯蓋置御前、卷頭一首令取御後、取之進伏見殿御前、式部卿宮(邦高親王)、次不遠院宮(尊傳法親王)・就山(聯輝軒就山永崇)・宗山(萬松軒宗山等貴)等同進之、其後置女中御前、還本座、民部卿典侍一首被取之歟、其外故障、其後召公音(四辻)、侍從大納言以下令役之、一巡拜領之後、予又取持參御前、以上三首令取之御、式部卿宮已下如前令持參、先之臣下再反之衆事蜜(マ)々有仰、仍於其人々前堅責仰、參仕人々、侍從大納言・前權中納言・右衛門督・勸修寺中納言・山科中納言・万里小路中納言(勸修寺經郷)・予・伯二位・源宰相中將・菅三位・守光朝臣(廣橋)・富仲朝臣・公音・隆康・雅益・源諸仲等也、雅益・諸仲等不給御題、依仰也、出來之後各持參、置御硯蓋、又被召予間參御座

元長の詠歌二首
亡父親長の月忌
盃臺を作る
月次和歌會の御題支配以後元長の擔當となる
禁裏女房ら密密に酒宴
邊、小御所東御椽、可取重由有仰、仍先並置次第重之退下、予拜領之題、古寺花・花主也、
つらしとハ花にこそきけ古寺にとしへてなれし軒の松風、四方の山にいく木ちるより一
本の我家〔の脱カ〕さくらおしき比かな、我家櫻者さそあるらん之由有仰、旧宅炎上之後、思愚庭
心之由被思食寄歟、畏申了、七八獻之後事畢、蓬屋程遠之間、候御所、明後日可有御
沙汰、各可祗候云々、
十七日、雨下、御月忌也、廬山寺僧竹中被來、如每月、
十八日、晴、自勾當局書狀到來、以枝御盃臺可作進云々、得其意由返答了、先以漆置薄御
盃、五度入、仍八重櫻枝乞請勾當、隨出來令進上了、未剋計參內及數獻、事畢不退出、候
御所、依當〔番歟〕也、
十九日、晴、今日御月次御題支配可有御談合、朝飡已後可祗候之由有仰、可歸參由申入退
出、餘醉之間遲參之處、伊豫局送使者、衣〔急歟〕可祗候由被命間則參內、被召御前、百首御題
支配、畏帋勾當被行之〔折カ〕、小鬮切之付、來廿四日ト書之、畏紙上ニ、式部卿已下宮々・臣下公卿
書官、雲客・四位名字、尸〔マヽ〕五位名字二字書之、如恒、盛柳筥、每月予可相觸由有仰、仍悉
給之令退出、於勾當局有一盞、今夜於小御所西椽、女中等少々蜜〔マヽ〕々有酒宴、被招間應召、
及天明了、

廿日、晴、餘醉散〻、終日平臥、

廿一日、晴、無殊事、

廿二日、晴、同前、

廿三日、雨下、雜事不及記、

月次和歌會短尺執奏

廿四日、晴、御月次短尺自諸家持來、取集未剋許參內、付上﨟進上、相殘少〻直進上輩有之、宮〻各不及執奏、於權典侍局有一盞、及晚參御前、可取重之由有仰、仍所執(取)重也、令檢知次第閉之進上、被遊御裏書歟、褁紙等取集盛御硯蓋、退御前了、同候宿、

廿五日、晴、詣帥卿(町廣光)亭、小(少)時言談、

廿六日、雨下、中御門東向(宣胤室、元長姉)入來、

廿七日、陰晴不定、向侍從大納言亭、暫雜談、

元長の姉大納言局尼年忌最勝王經書寫

廿八日、晴、景綱(總)菴予姉(親子)、大納言局尼、年忌也、崛請一僧畢、最勝王經每月令書寫、仍今日所令書寫也、聊歡樂之氣有之、入夜終劫(功)畢、料紙手自用意、每度如此、

玉浦宗珉美濃より上洛し大德寺住持たらんとす南都訴訟未解決

廿九日、晴、大德寺入院可爲來月七日由風聞、伊長可參向旨仰之由、先日勸修寺中納言所示送世(也)、南訴中如何之由猶豫、可引勘先規由返答、其後不得所見、近日、康永四年藤─(甘露寺)長卿御拜賀・改元御參・放生會御參向等、所得所見也、仍治定由存定也、仍今日瑞龍寺(玉浦宗珉)自

松陰庵は齋藤利國の室

美濃上洛、可有入院条珍重、殊松陰庵持是院（齋藤利國）後室、予有子細、無二歸依之由承及間、伊長參向宿緣也、

美濃小刀

祝着之由遣使者了、未斜被送僧云、松陰菴無等閑、殊參向一段本望云々、小刀五ヶ被送之、

大徳寺入院供給

祝着之由返答了、供給五百疋同到來、遣請取了、

　請取申　大徳寺入院供給事

　　合五百疋者

　右任例所請取申、如件、

　　文龜元年三月廿九日　　甘露寺右少弁 親繼

每度自寺家出之、四方輿力者四人、布衣侍一人、小雜色六本、笠持白張〔丁〕一人也、烏帽子着侍員數四五輩、隨時也、

卅日、晴、無殊事、

四月小

○一日ヨリ五日マデ日付ノミ、今コレヲ略ス、

六日、雨下、參內依當番也、及晚退出、明後（日脱カ）伊長（甘露寺）入院參向、裝束衣文已下、依有所用不

可歸參由、申請了、

玉浦宗珉大德寺入院
甘露寺伊長勅使としてこれに臨む
玉浦參內

七日、晴、未明僮僕等用意、於安禪寺殿伊長着裝束、蓬屋狹少之故也、力者六人・侍一人布衣・雜色六本、四方輿借請尊勝院光什僧都也、午下剋事終歸了、未剋許新命（玉浦宗珉）參內、則又伊長爲申次參內、無案內之間予召具之、進物盆・香合・十帖如例、次被來勅使宿所、借請紫久庵令對面、百疋被持如例、

金春大夫の勸進猿樂

八日、晴、伊長詣大德寺、扇一本・十帖如例、予勸進猿樂見物今〔金〕春大夫、

九日、晴、万松軒（宗山等貴）有象戲、相伴親就（和氣）、至夜半鐘一睡了、

十炷香の御會
賭物

十日、晴、依召參內、有十炷香、記六〔錄〕予可書由有仰、仍書之、御人數、式部卿宮（邦高親王）・聯輝軒（就山永崇）・万松軒・侍從大納言（三條西實隆）・右衛門督（四辻季經）・按察（綾小路俊量）・予・源宰相中將（庭田重經）・菅宰相（東坊城和長）・守光朝臣（廣橋）・賢房朝臣（萬里小路）等也、賭物被出之、一裹、十帖、文沈・宗山御拜領、其後有一獻、入夜自女中已下懃御酌、其後不事終已前退出、

豐原寺卷數

十一日、晴、無事、豐原寺御卷數幷礼物貳百疋到來、

卽位の事につき群臣をして議せしめんとす

十二日、晴、參內、當番也、於末有一盞之後、於勾當局一盞、入夜被召常御所御庇、有一獻、先日御卽位方事、可被召由所思食也、雖然不及觸条、曲事之由有仰、畏申了、御盃二之後退御前、菅宰相・公音（四辻）等於傍傾盃歟、

十三日、晴、無事、參安禪寺、

十四日、晴、無殊事、

最勝王經書寫
元長太秦執行坊の建物を買得し移建す

十五日、陰、及晩雨下、最勝王經六日之殘書寫之、猶聊殘之、十八日申日可書之也、詣光慶院、有一盞、太秦執行坊沽脚〔却〕之由、先日有沙汰間、可召留申遣了、近日治定、明日可疊〔マヽ〕初也、地引等同明日由申付了、來十九日悉可到來、子細有之、廿二日立柱上棟移徙等也、

礎石を据う

十六日、雨下、地引、礎居停止、但及晩屬晴間、四方礎居如形致沙汰了、來廿日可令沙汰也、

亡父親長の月忌

十七日、晴、竹中入來、依御月忌也、借請花雲菴、請入燒香已下所沙汰也、最勝王經今月分書寫之、

(後補表紙題簽)
「元長卿記　文龜元年」

○自筆本、宮內廳書陵部所藏、原寸、縱二五糎、横二二糎、

(原表紙外題、別筆)
「資益王」

八月

親長一周忌法要の準備
法華經書寫表裝
臨終佛
勸茶

十六日、晴、明日故禪閤(門カ)(甘露寺親長)御周忌也、仍去自後六月七日精進、稱名百万反、法花經八輕(軸カ)所令書寫也、料紙・界・表紙、一向不假經師之手、懇志之餘以細工致沙汰畢、今日招淨蓮花院住持有諷經、梵網經、堂莊嚴具已下每事申合竹中、盧山寺僧、以前之籠僧也、自未斜、竹中同弟子一兩輩被來、構佛壇以下、本尊阿弥陀懸物也、御臨終佛之間、阿弥陀繪像一幅同懸之、諷誦(中原)師富朝臣草之、淸書予書之、及酉下剋、盧山寺・想蓮庵以下五六輩有御宿忌、八句念佛之間、予以□(笛カ)付之、事訖以茶子勸茶、于時戌剋許也、竹中終夜被留、

亡父親長一周忌法要
淨土三部經頓寫

十七日、晴、早旦有粥、般舟院統惠西堂爲導師、兼日所申送也、其外五人、盧山寺衆一人、西堂件、以上七人、有淨土三部經頓寫、爲助筆一門中、其外由緒方〻招之、中御門(宣胤)亞相・侍從(三條西實隆)亞相・勸修寺(政顯)黄門・淸閑寺(家幸)右大弁・中御門(宣秀)宰相・万里小路(賢房)頭弁・左少弁(勸修寺尚顯)

烏帽子子

勸・皆明寺（故禪閤猶子也、）・師富朝臣・親就（烏帽子子也、）寫經早速事終、導師表白・供養事訖諷經、自所

一品經

〻一品經被送之、付供養了、布施褁物一在脇机、事畢行時（齋）、〻畢各分散、則參淨蓮花院

墓所淨蓮花院

御墓、細雨下、歸宅以後降雨甚頻也、

十八日、雨下、今日猶精進也、自少年每月今日如此、詣竹中坊、爲禱（謝）〻粉（分）骨也、柳壹荷隨身

之、有一盞、

四月廿二日新屋立柱上棟

十九日、晴、今日設魚味饌、大方殿（元長母）・東向（中御門宣胤室、元長姉）等奉留了、抑去二月辛酉仗議已後、蓬屋可取立

事、晝夜物忩、仍大小事一向不記之、四月廿二日立柱上棟以來無安心、每事如存如亡、

公私多忙につき日記を記さず

件作善以後、御佛事・傳奏方事、公私之元（冗カ）務連續之間、身心苦勞不遑記、

九月

後土御門天皇聖忌法會

十五日、晴、依當番參內、於御前數剋承仰条〻、不能記、

來廿八日、於般舟院（爲）可有旧院御佛事、可有御經供養、任例可令申沙汰給、中納言（元長）殿所

御奉行也、仍執達如件、

九月十五日　　佐渡守親繼 奉

謹上　大藏大輔殿

追申

御本尊可爲勢至像、兼又件日、長官一人可被召進候也、

（表紙）「元長卿記

文龜二年

正月　二月　三月

四月　五月」

（扉）「文龜二年愚記　元長」

文龜二年

正月小

四方拜

關白九條尙經拜賀

一日、天晴、君臣歡娛可有此春、幸甚〻〻、早旦行水・四方拜如例年、次三獻如恒例、今夜殿下（九條尙經）可有拜賀、蓬屋可被點由、自旧冬有御命、仍掃除等少〻致沙汰、酉斜有渡御、侍從大納言（三條西實隆）被來、爲令着裝束也、及秉燭、右大辨宰相（中御門）宣秀・冷泉中將爲孝朝臣等來、各扈從輩也、藤宰相（高倉）永康殿下依召參、令着束帶給、予御前裝束致沙汰、（次カ）以侍從大納言着束帶、藤宰相同沙汰之、前同、予卷之、其後、於傍右大辨宰相・爲孝朝臣等予令着之、次予着

家禮

小朝拜及び節會を復す

束帯、有文巡方付魚袋・紺地平緒・餝太刀如常、次有三獻、座列人々、侍從大納言實際（隆）・權助（帥）（町）廣光・民部卿（冷泉）政爲・勸修寺中納言政顯・予・右大辨宰相宣秀・頭右中辨（萬里小路）賢房等也、三獻殿下令執酌給、召予、上首歷々之間雖斟酌、及遲々間、進傾盃、次第乱盃也、事終有吉書、此間公卿各下殿、先藏人方賢房朝臣覽之、次官方伊長（甘露寺）覽之、次外記月奏家司役之、爲孝朝臣、次又官方伊長勤之、次令下殿給、其儀於妻戸令下沓脫給、隨身番長立左右取松明、發聲北行、公卿列在東腋（立）、南上西面、侍從大納言・予・右大弁宰相也、有揖答揖如常、右大丞依家礼蹲居、相從侍從大納言、予令同道、聊引サカリテ參內、抑今日扈從公卿無之間被相語、於無由緒者古來不扈從、予無由緒如何、但渡御之恐爲謝申所加列也、仍路次不相從、今日節會伊長奉行也、無案內之間、予向（問）諸司參否、殿下御舞踏并御對面已後有小朝拜、立無明門前、東上北面、關白・侍從大納言・予・源中納言（田向）重治・右大弁宰相・中次答事日欲歸處殿下、賢房朝臣・爲孝朝早速雖列給異失歟、臣・尚顯・伊長・藤原（富小路）資直等也、至東庭舞踏之後、自下﨟退、侍從大納言・予相殘間、殿下令退給、此後自上首可退之由予御氣色、（實隆）拾遺亞相予可退被命間退畢、此間令着陣、一級之後未遂藏人方吉書許也、伊長覽之則起座、陣儀可始歟之由、付內侍令伺、可始行之由仰之後命侍從大納言、仍下殿予相從、拾遺亞相着終後、出宣仁門外令請益入門着座、源黃門不着、右大丞着横敷、次伊長進出仰內辨、內弁二、退入之後、侍從大納言起座移着端座令敷軾、召外記問諸司欤、不聞、次奏外任奏、伊長進軾出宣仁門入無名門、昇小板敷出上戸、於臺盤所妻戸、付内侍奏聞、則被返下、已下如常、依爲万機旬以前、無出御、先是南殿御装束綿〔錦欤〕端御簾事、當時不合期、其長享〔去〕任大臣節會不儲〔儲〕之、殊今度節會用途有〔有名無實カ〕無名實事有之間、既昨日令必定、彼是不事行之間、用尋常御簾、下外任奏後、可出外弁由有氣色之間、予起座、於床子座立蔀南着靴入幔門、着第二兀子、源黄門已下至召使各着座、々定、予正笏召々使、二音、々々來前、令下式筥、其詞云、式ノ筥下セ、召使退之後又召之、二音、來時外記召セト仰之、六位外記進來向〔問〕云、大舍人ハ候や、候由申之、國栖ハ候や同、侍從ノ列ハ候や、外記一々候由申之、仰云、候ハセヨ、外記唯稱退、次予揖起座、已下起座列中門外、窺見謝座、次内弁堂上開門、圍〔闌カ〕司舍人等如例、少納言氣色之間、參列守階西柱立也、各立定、内弁宣敷、予次二拜、次酒正持空盞來、予蹲置笏取盃、酒正過橘木之間小揖起、各二拜、予持盃猶蹲、次酒正來前間、授空盞取笏、小揖立、々定揖、堂上已下同、依爲奥座、予入南面妻戸、昇降逼南欄也、次第如常、宣命拜及巳剋了、内弁歸昇間停留軒廊邊、於門下給錄〔マヽ〕、一拜退出、先參御所方有對面、關白遲參如何之由有御尋、地下移剋由申入、相替伊長兼日種々粉骨、悦思食之由、叡感之旨畏申入、御〔マヽ〕退出了、歸宅漸午剋許也、三獻如例、其後先平臥、入夜參内、御祝過之間、元日既遲

二日晴、
參、今日如此、御小盃可申出之由申入、被召御庇、聞食供御時分也、被下天盃則退出、

三日、晴、三獻如例、餘窟(マ)猶未散、無殊事、自殿下有御使俊通朝臣(富小路)、条々被謝仰、參可申入也(由カ)命之、入夜參內、御祝參仕人々、侍從大納言(正親町公兼)・前權中納言・予・伯二位(忠富王)・菅宰相(東坊城)和長・賢房朝臣・雅益(白川)・隆康(鷲尾)等也、御畫之後、於閑所有酒宴、賢房同席、

御畫

薫物を女官らに贈進

四日、雨下、依當番酉斜參內、局々賀申、於民部卿內侍局有三獻、謁勾當局、被出盃、沈醉間頻故障、仍一獻之後起座、任佳例一樽・薫物等携之、前權中納言・永宣(冷泉)朝臣等祗候、

五日、晴、無殊事、

樂の稽古

三條西邸の朝食の會

連歌師玄清

六日、晴、吹樂、萬歲樂・五常樂急・太平樂急・鷄德、次朗詠德是一反、林歌、自侍從大納言許送書狀、今朝可來朝湌云々、領狀了、仍送美物、使者催促之間詣彼亭、俊通朝臣外無人、飯後玄清來、携一樽、俊通遂電(マ)、仍三人廻盃、伯二位來、又更被出盃、玄清遂電(マ)、又三人及數盃、晩陰令歸宅了、則平臥、

人日の祝

七日、晴、無殊事、入夜參內、召具伊長、參仕人々、
侍從大納言・前權中納言・勸修寺中納言(政顯)・予・伯二位・守光(廣橋)朝臣・賢房朝臣・阿古丸(庭田)・

永宣朝臣・公條（三條西）朝臣・尙顯（勸修寺）・伊長・公音（四辻）・實枝（正親町）・雅益・隆康・源諸仲等也、於宮御方（知仁）有御祝、初予御酌也、可祝着之、各祗候如前、事終出禁門、

太元護摩を修す

八日、晴、無事、飛鳥井宰相（雅俊）・山科中納言（言國）・尊勝院・惠命院・疋壇・齋藤大和守（元右）等來、太元法御教書、先日可書遣由申付訖、定自今日始行歟、阿闍梨理性院法印也、

蹴鞠始

九日、晴、蹴鞠始之、堅固內〻人數七八人、勸一盞、

廷臣幕府に參賀

十日、晴、武家參賀每年之儀也、召進伊長、所〻參賀申付了、禁裏參賀申次事、伊長可祗候之由、自昨日被仰下、召進武家間、急罷出則可祗候之由申入了、仍改束帶參內、酉下剋歸宅、今日當番則伊長晝間爲代、秉燭予參內候宿、

伯邸に於て女官らを迎へて酒宴

元長沈醉

十一日、晴、自伯卿許有使者、大納言典侍・民部卿典侍・勾當等入來、無調法可來云〻、大飮難治之間令故障、重而猶有使、仍午斜詣彼亭、侍從大納言外無人、數獻、入夜歸宅、沈醉一向失正念、不可說〱、

十二日、晴、餘醉終日平臥、無他事、

十三日、

十四日、

十五日、晴、戌剋參內、召具伊長、參仕人〻、侍從大納言・前權中納言・右衞門督（四辻季經）・按察（綾小路俊量）

参議左中將庭田重經前年十月二十五日卒

廷臣等酒饌を献じて宴有り

地下の音曲者歌舞す

亡父親長の月忌

禁裏三毬打燒雜人群集大黑黨

・勸修寺中納言・予・伯二位・菅宰相・阿古丸・故源宰相中將(庭田重經)遺跡小兒等・賢房朝臣・永宣朝臣・公條朝臣・尚顯・伊長・公音・實枝・隆康・雅益・言綱(山科)等也、於宮御方御酌如例、事畢遂(マヽ)電退出、

十六日、晴、今日近臣佳例申沙汰也、松拍子被略之、御樽・御肴一種金鈍(マヽ)進之、未斜參內、少々參集、昨日之外、中御門新大納言宗綱(松木)・源中納言・守光朝臣・爲學(五條)朝臣・富仲朝臣・源諸仲等也、近臣外、藤宰相(高倉)永康祗候、地下音曲者七八輩敷打板、候御學文所前、歌舞催興、當番之間候御所、御前之儀事終於傍有盃杓(マヽ)、被招之間列其席、及曉更歸番衆所平臥、

十七日、晴、早旦出禁門歸蓬屋、餘醉散々、先平臥、先人(甘露寺親長)御命日也、盧山寺僧被來、不能對面、歸之後令燒香、光慶院入來、前左府(花山院政長)妹、三獻之後令歸給、

十八日、晴、入夜參內、三毬打爲見物也、雜人男女成群、大黑黨拍子之如例、武家(足利義高)可有御見物之由、勸修寺中納言粗令申間、及遲々無其儀之由有左右、仍被燒之、事畢退出、

十九日、雨下、

廿日、晴、

廿一日、晴、

御祈始

十炷香

廿二日、晴、參內、當番也、御祈始六位申沙汰例也、仍藤原(富小路)資直申出、御撫物使行季取傳之、陰陽頭給申欤、於御前有十炷香、火下〔本〕記〔錄〕六、

廿三日、晴、

江南院龍霄

幕府樂會元長等廷臣參加

廿四日、朝陰、詣藤中禪門(高倉永繼)許、儲朝飡、江南院(龍霄)同道明重(和氣)朝臣在此席、未斜雨下、有一盞、三條(實望)中納言奉武命召予、可隨身笛云々、則參室町殿(足利義高)、新大納言(四辻)實仲兼參云々、源中納言(田向)重治加參、雖被召園中納言(基富)、稱物詣遲々、仍參御前、平調音取之後吹三臺急、新亞相命也、仍吹此樂、其後五常樂急・太平樂急等、依御所望吹了、其後園中納言參、盤涉調・青海波・越〔天〕殿樂等有之、其後又平調小樂相交、美聲御所望、水(マヽ)俵曲已下雜藝少々唱之、御盃各拜領及數盃、亥剋計退出、各同道、屬晴了、

和歌御會始

廿五日、雪時々飛、今日和歌御會始也、兼日予奉仰御題以廻文觸遣、以釜殿爲使、巳剋參內、衣冠、各遲參、少々加催促、未斜皆參、先取集懷紙、參御所方、侍從大納言在御前、相共取重置文臺上、各可召之由有仰、各在殿上邊、召之、中御門大納言宣胤・侍從大納言實隆・民部卿(冷泉)政爲・右衞門督(四辻)季經・左衞門督(冷泉)爲廣・按察(綾小路)俊量・勸修寺中納言政顯・小倉中納言季種・山科中納言言國・予・源中納言重治・伯二位忠富・飛鳥井宰相雅俊・菅宰相和長・賢房朝

臣・永宣朝臣・濟繼朝臣（姉小路）・爲學朝臣（五條）・富仲朝臣・尚顯・伊長・公音・隆康等也、常御所於御三間有此事、各在御庇、讀師侍從大納言、講師濟繼朝臣、講稱之衆群列講師後、發聲、爲廣卿、爲廣卿歌雅俊卿勤之、事終入御、猶可在此席由、予奉仰告各、仍被下天酒、及數盃各退出、

廿六日、

廿七日、

廿八日、雨下、參內、當番也、

廿九日、

二月

一日、晴、

二日、晴、

三日、晴、

四日、晴、

春日法樂勸進和歌
二階堂行二
金山備中入道齋藤大和守早歌を唱ふ
別殿御幸
伯邸の朝食の會
十炷香
千本釋迦堂參詣

五日、晴、今日於二樂院(飛鳥井雅量)有披講、件五十首虎門庵春日法樂勸進也、借請彼亭、中御門新大納言(松木)宗綱・侍從大納言(三條西實隆)・民部卿(冷泉政爲)・勸修寺中納言(政顯)・予・江南院龍霄・濟繼朝臣(姉小路)・行二(政行)、二階堂入道也、披講以前、樂所望之間宗綱卿与予吹之、三臺急、樂終後則講之、讀師侍從大納言、講師濟繼朝臣、發聲二樂院、二樂院歌民部卿勤之、事訖有獻、再往再反、金山備中入道・齋藤大和守元右唱早歌、亭主又種々音曲催興、數盃之後各歸畢、于時酉剋歟、則改衣冠參內、別殿行幸也、內儀、勾當局御吉方也、仍儲一獻、今朝御盃臺獻之、間(愚カ)人作也、數獻之後還御、及三更歟、當番之間令候了、
六日、晴、餘醉散々、無他事、
七日、晴、伯卿(忠富王)招之間、餘醉之氣雖未散向彼亭、儲朝飡、及晩參內、有十炷香、火本、予勤之、
八日、
九日、
十日、
十一日、晴、參內、當番也、
十二日、晴、詣千本釋迦堂、先是有召、右衛門督(四辻季經)當番之間、來十六日御樂可有御習礼云々、

後柏原天皇樂を習はる
廷臣等聽聞
地下樂人
御學問所三疊敷

可祇候之由申入間、式以後則逐電歸宅、聽聞所參會人々、近衞准后(政家)・同前關白(近衞尚通)・新大納言(四辻)實仲・武者小路前中納言(緣光)・伯二位・飛鳥井宰相雅俊等也、地下樂人景範(山井)予召具之、諸秋・季音(安倍)舍利講式、三段未參詣、無樂後段々吹樂、四段目春楊柳、五段目太平樂急也、樂終後於遺教經双調不及聽聞、酉剋許着直衣參內、右衞門督・源中納言候番、御學問所於三疊敷有御樂、管御所作也、微妙殊勝々々、及黄昏退出、

梅見の宴
花山院邸において樂の習禮
終つて大飲沈醉

十三日、雨下、入夜伯卿招之間罷向、有悔(梅)見、伯卿室杉向出座、及曉天歸了、

十四日、晴、於花山院前左府(政長)亭有習礼(マヽ)、公宴御參仕輩、堂上・堂下各罷向了、被儲朝飡、樂之後大飲、餘醉氣未散之間、每事忙然、

時正結願
眞如堂參詣

十五日、晴、向前權中納言(正親町公兼)亭、今日時正結願、可參詣眞如堂契約也、仍可儲朝飡云々、新大納言・右衞門督・菅宰相・永宣朝臣・師富(中原)朝臣・師象(中原)等在此席、未剋許詣眞如堂、酉下剋歸宅、餘醉連續之間不食、無力散々、

禁裏御樂始
樂人等服裝不具

十六日、雨下、今日御樂始也、午剋可參之由、山科中納言兼日以一通催之、景範不具之由申間、五位冬袍借(貸)遣、景隆又不具難參云々、雖他流當管之好有之間、五位夏袍借(貸)遣之、未剋許着衣冠參內、少々參集、式部卿宮(邦高親王)御遲參云々、左府(今出川公興)遲參頗移剋、雨傾盆、未下剋被參、則欲被始、各廻御湯殿前、圓座議定所簀子一列儲之、參仕人々、花山院前左大臣政長公、笙、

・左大臣直衣公興公、批把、(琵琶、以下同ジ)・中御門新大納言衣冠宗綱、笙、・新大納言直衣實仲、琴、・右衛門督衣冠指貫宿德季經、琴、・按察直衣俊量、笛、・山科直衣、夏中納言言國、笙、・予直衣笛、・源中納言重治、笙、・園中納言衣冠基富、批把、・公音衣冠琴・地下統秋束帯引裾鞨鞁・朝秋笙・益秋笙・景隆笛・景範笙・諸秋大鞁・季繼篳篥・季音篳篥、各座定置器、富仲朝臣置左府前、藤原資直新大納言・右衛門督等前再反、園中納言菅原在名置之、置定山科中納言自懐中取出目六(錄)授左府、其儀起座至左府座前、被請取後復座、次第廻覽至地下、各廻覽之後返上、按察取之置前、音頭也、氣色予、々令目、次調子令吹出給、笙次第吹之、二句終程、篳篥音取調子吹之、次笛音取調子、々々三手目之時予吹之、已下同調子畢、万歳樂只拍子・三臺急殘樂、笙御所作、批把式部卿宮、笛按察、篳篥安倍季綱、甘洲・五常樂急殘樂、笙花山院前大(衍)左大臣、批把左大臣、所作散々、中央被留所作、笛予、篳篥安倍季音、春楊柳・太平樂急殘樂、笙中御門新大納言、批把園中納言、笛景隆、篳篥安倍季繼、次朗詠依松根也、右衛門督出之、三句按察、四句予二反、二句源中納言、三句右衛門督、四句按察、次林歌、事終出役人撤器、自下﨟退、先是地下輩各退出、前左府・左府於御前有一獻、堂上衆於鬼間給天酒、地下於陣座被下之、秉燭有召出、前左府御酌、少々參御前有御樂、予打大鞁、郢曲輩發美聲、左府又御酌、有取違、事訖退出、屬晴了、

郢曲

十七日、晴、參內、依當番也、今日先人(甘露寺親長)御月忌如例、月次御會御題被下、各賦遣了、及晩

亡父親長月忌

十炷香

大和節音曲

將棋
圍碁の上手重阿彌

元長の母病む

元長の母病み落髮

若狹の武田大膳大夫の被官等甘露寺邸にて蹴鞠

春日社法樂和歌

勸修寺邸朝食の會

龍安寺訪問

西源庵

退出則歸參、有十炷香、火下予勤之、御人數、式部卿宮(邦高親王)・不遠院宮(尊傳法親王)御連枝・上﨟・二位殿旧院上﨟局・三位殿旧院新大納言典侍・大納言典侍・新大納言典侍・新典侍・勾當内侍・賢房朝臣、至予十二人也、六人宛引別御勝負由被定、左御・二位殿・大典・新大典・新典・勾當、各御負也、事訖有獻、御樂不遠院宮頻御所望、仍可仕之由有仰、出鷄德、令付御、其後甘洲已下小樂五、此間大和節音曲少〻、賢房朝臣・永宣朝臣等發聲、公音彈琴、曉鐘已後事終、平臥、

十八日、晴、參聯輝軒(就山永崇)、有齋、江南院・親就(和氣)朝臣同道、有象戲、又碁上手重阿幷弟子小法師十歳參、曉陰退出歸蓬屋、大方殿令煩給、大略御難義欤由、無所憑、

十九(日脱)、晴、

廿日、晴、大方殿御落髮已後、四足・二足不聞食、雖然御無力之間、今日頻奉勸鳥、午時御服用之、酉剋許又令用給、卽剋有御減氣、御顏色宜之間祝着、晩陰有鞠、武田大膳太夫(元信)被官五六輩來、万松軒(宗山等貴)御勸進品經歌、今朝令書進上之、隨喜功德品、

廿一日、晴、早旦行水、吹神樂、毎旬之儀如例、自前關白春日社御法樂和歌令淸書送進、大方殿弥御減氣之間安堵了、向勸修寺中納言亭、儲朝飡云〻、江南院・伊長同道、中御門新大納言參會、飯後可詣龍安寺、可同道之由亭主頻誘引、仍各向彼寺、中御門新亞相・亭主・予・江南院・賢房朝臣・永宣朝臣・尚顯・伊長等也、於方丈有御盞、其後於西源庵

有點心、其後數盃、美人兩人出現催興、件兩人送而被出門外間令相伴、（路次音曲）至馬場未被歸間、各又送而於門前候礼歸畢、門外・庭前一重櫻無所殘、興遊難忘、

美少年と興遊
龍安寺門外庭前の一重櫻

廿二日、晴、大方殿御精進、及晩有御再發氣、俄自安禪寺殿有召、三位殿御參云々、雖稱歡樂頻仰之間、黄昏令祗候、有一獻、遲參之間早速事畢退出、于時亥剋許歟、

廿三日、晴、候番、

廿四日、晴、於御前書廻文、明日御法樂御連歌云々、書終出禁門、

北野社法樂連歌御會
湯漬
花見

廿五日、晴、巳剋許參內、（衣冠）聖廟御法樂御連歌也、參仕人々、式部卿宮・侍從大納言・按察・勸修寺中納言・予・源中納言・伯二位（輕服不憚云々）・菅宰相・永宣朝臣・爲學朝臣（執筆）・富仲朝臣、五十韻已後有御湯漬、百韻已後勸盃一巡、東庭其外花漸解紇（紀歟）〔綻カ〕、各令同道巡見了、退出、于時酉下剋歟、

廷臣女官等酒饌を獻じて觀花の御宴

廿六日、晴、今日女中・近臣等申沙汰、花御賞翫也、依有故障子細、雖召進伊長猶有召、然者雖遲々可祗候之由申入、晩陰參內、（直衣）三獻末之程也、沈醉如巳（マヽ）、

廿七日、晴、餘醉散々、

廿八日、晴、

廿九日、雨下、依當番參內、

三月大

一日、晴、參內、有一獻、事畢有御祝、天酌之後逐電退出、

廷臣女房等伏見殿へ參向し酒宴歌舞

二日、晴、今日禁裏女中少〻御參伏見殿(邦高親王)云〻、可參由自竹園度〻被仰下、仍未斜參候、左府(今出川公興)・右衞門督(四辻季經)・按察(綾小路俊量)・勸修寺中納言(政顯)・予・源中納言(田向重治)・菅宰相(東坊城和長)・江南院(龍霄)・阿古丸庭田、女中、二位殿・三位殿・大典侍・新大典侍・新典侍等局也、五獻已後御折・御盃臺等出現、件臺有鬮、御酌可懃之間有御命(旨)、再往斟酌無御承引、仍勤之、最末予飮之起座歌舞、不顧輕忽、各翻(翻)袖(袖)了、天既欲曙間退出、後聞、女中御歸路於御庭又有入堀(マヽ)云〻、目(日)出後事畢云〻、

上巳節句

三日、晴、餘醉失本心、唯如夢、戌剋參內、依御祝也、侍從大納言(三條西實隆)・前權中納言(正親町公兼)・勸修寺中納言・予・伯二位(忠富王)・阿古丸(庭田)・永宣朝臣(冷泉)・公條朝臣(三條西)・實枝(正親町)・隆康(鷲尾)・雅益(白川)等也、

元長盃臺を作り聯輝軒に進上

四日、晴、自聯輝軒(就山永崇)盃臺事、自先日被仰了、依無隙連〻無沙汰、今日於武家御用云〻、如形作進了、

五日、晴、金剛幢院來、勸一盞、

石淸水八幡宮法樂續歌

六日、晴、入夜雨下、參內當番也、石淸水御法樂御續歌被賦遣、褁紙銘・小筒〔簡欤〕等於御前予書之、承仰以釜殿賦遣之、予二首拜領了、

禁裏御酒宴

七日、雨下、早旦退出、今日可有一獻云々、御沙汰也、可早參之由勾當被命了、未斜參內、式部卿宮（邦高親王）・不遠院宮（尊傳法親王）・就山（聯輝軒）・宗山（萬松軒）等御參、中御門（松木宗綱）新大納言・侍從大納言・前權中納言・右衞門督・按察・勸修寺中納言・予・伯二位・菅宰相・江南院・永宣朝臣・爲學（五條）朝臣・隆康・雅益・言綱（山科）等祗候、七獻天酌、

押物

被下押物ヵへ、欲懷中處、於御前可食之由有仰、仍則一食所殘一令懷中、其後一獻、以上八獻之後事畢退出、于時曉鐘數聲、

八日、晴、餘醉散々、終日平臥、無他事、

若狹守護武田の被官等甘露寺邸にて蹴鞠

九日、晴、無事、及晚有蹴鞠、武田大膳大夫（元信）被官六七輩來外、無外人、

上﨟局主催の御宴

十日、晴、今日上﨟局被申一獻云々、自兼日可祗候之由有其催、雖然稱歡樂故障、度々書狀到來、必可參と、頻故障申了、

飛鳥井雅量に歌鞠の故實の指南を受く

先詣二樂院（飛鳥井雅量）、可請庭訓子細有之間暫雜談、歌・鞠故實等少々請諷諫了、歸宅已後休息、未剋許着衣冠參內、二獻過程也、對屋南面懸翠簾、疊於敷馬道、侍從大納言・右大將（三條）實香・前權中納言・按察・勸修寺中納言・予・伯二位・菅宰相敷圓座、殿上人群集釣屋邊也、守光（廣橋）朝臣・賢房（萬里小路）朝臣・尚顯（勸修寺）・隆康・雅益・言綱・源諸仲等也、

手猿樂澁谷大夫

三獻之後有手猿樂、澁屋（谷ヵ）大夫翻袖、不可說之者也、秉燭以前猿樂之衆退出之間、

則卷御簾傳蠟燭、堂上音曲巡舞等如例、不可說〻〻〻、還御後遂(マヽ)電退出、于時聞曉鐘了、

十一日、晴、神樂如每旬吹之、無殊事、賢房朝臣來、明日講師可存知云〻、可請諷諫云〻、雖不足信用、愚意之趣申聞了、

近衞政家ら酒饌を獻じて御宴

十二日、晴、今日近衞准后(政家)・前左府(德大寺實淳)等一獻可申沙汰云〻、兼日有其催、加奉了、仍午時着衣冠參內、參仕人〻、准后政家・前左大臣實淳・中御門大納言(宣胤)・侍從大納言・民部卿(冷泉政爲)・左衞門督(冷泉爲廣)・勸修寺中納言・予・飛鳥井宰相(雅俊)・賢房朝臣・隆康・雅益・藤原資直(富小路)・同懷幸《ヤス》等也、於小御所有此事、先三獻、准后・前左府外無他人、侍從大納言御陪膳之間御相伴也、

勅題を探り三十首續歌

三獻已後、三十首御續歌被出勅題、各探之、各淸書之後置御硯蓋、傍也、讀師前左府、講師賢房朝臣、進文臺下講稱之、衆各候講師後如例、發聲雅俊卿懃之、雅俊卿歌民部卿懃之、左衞門督咳氣之間不能助音、御製初度七反、准后・前左府三反、後〻御製反數省略、事畢諸卿候御前、一獻兩丞相前許也、諸卿前折或土器物、七獻天酌、五度入三盃巡流也、雅益取盃退之後、各退出、前左府目不合期之事有之間予携手、上戶下殿間予相從、致礼了、依有由緒也、今日雖當番、沈醉間不歸參、

十三日、晴、無殊事、

十四日、晴、

亡父親長月忌

今出川季孝及び花山院忠輔同日上階の事

元長の母病篤し

越前より元長の母の妹上洛

宴を廷臣に賜ふ

曲舞八方大夫

十五日、晴、

十六日、晴、

十七日、晴、先人(甘露寺親長)御月忌如例、

十八日、陰、依當番參內、於御前種々有仰旨、左府息(今出川季孝)・花山院三位中將(忠輔)上階同日事、被付伊長、相代予奏聞、不可經八座由粗被聞食了、代々經歷也、不可然、被經歷者可有御沙汰云々、自先日此趣御問答、今日落居、可經歷之由被申執書狀令披露了、勅許無相違、大方殿御病氣無所憑、今時欤之由人々見給間、不候宿、召進伊長予退出了、

十九日、雨下、自越前庵室殿(朝倉室)上洛之由有使、依大方殿御病氣也、但今日依雨逗留坂本云々、則遣使、今日尤危、雖然及晚間、明日早々可有上洛之由告送了、

廿日、晴、庵室殿上洛、御病躰見及悲涙無限、

廿一日、晴、今日可有一獻云々、御沙汰也、准后・前左府・花山院前左府(政長)・侍從大納言・右衛門督・勸修寺中納言・山科中納言(言國)・守光朝臣・賢房朝臣・富仲朝臣・隆康・雅益等也、予難參之由申入、雖片時可參之由有仰、仍遲參了、三獻畢四獻末程也、前左府酌、有召出傾三盃、五獻天酌、此後退出了、已後之儀可尋記、有曲舞大夫八方ト号、大夫兒也、女房一人、共行、各大口、水干、

廿二日、晴、無殊事、大方殿至今日四日、御本心一勺(向欤)無之、但時々念佛令唱給、殊勝々々、
今日御茶三服御受用之外、無他事、
廿三日、晴、

月次和歌御會懷紙
主上元長母の病狀を問はる
南都興福寺別當還補事

廿四日、參內、依當番也、御月次懷紙少々到來、令隨身付女房進上、被召御前、御學文所、老母歡樂之樣巨細有御尋、雖一日遲々条可然由被仰下、畏申了、直進上之懷紙等被出、執重問之、書裏書訖、自南都有注進事、別當還補事也、則披露、修南院僧正猶可存知之由可申付也、有御氣色、及黃昏退出、不候宿、依大方殿御歡樂也、
廿五日、晴、俊通(富小路)朝臣來、御脈猶以御同篇、但弥御無力由語之、及晚雨下、

富小路俊通加賀の湯に赴く

廿六日、細雨時々下、俊通朝臣爲湯治可入加賀湯云々、爲餞別向彼宿所、他行、謁資直(富小路)歸了、詣光慶院(花山院政長妹)、依歡樂也、藤中禪門(高倉永繼)先日歡樂平愈(癒)之後、依取乱未向、便路之間向彼亭、西向(永繼室)出逢、被勸一盞及數盃了、
廿七日、晴、大方殿御身痛再發、晝夜無安堵之思、
廿八日、晴、御病相同前、
廿九日、晴、無殊事、

四月

元長の母逝去
七十八歳
後廣大寺殿と
號す

一日、晴、曉天既御臨終欤之由令見給間、奉勸念佛、暫而御氣色聊令直給、于時天欲曙、戌剋計近御枕處、御氣色楚(違カ)例了、則奉勸念佛、江南院(龍霄)・東向(宣胤室)・庵室殿(朝倉室)以下在此席、知死期之終、既如入禪定御息終了、押悲淚暫在御枕、移剋間各分散、御北首事申含江南院了、宗壽(親繼男、元繼僧)、終夜在傍、御枕方立机、灯明・燒香供之、

亡母の遺骸を
寶泉寺に移す

二日、晴、早朝使出遣陰陽頭有憲(安倍)朝臣許、御入棺已下御葬礼・七〻中陰之日次尋之、着服日次・御葬礼日、無相違之樣可相計之由申付了、戌剋許先奉出變(寶欹)泉寺、靈山末寺梵阿庵也、多年歸依之故也、於此所則沐浴・入棺等事、今夜可致沙汰由申付了、江南院・宗壽等令奉付給、御葬礼來六日由見日次、於千本可有此事間、以梵阿示合彼所訖、御出時、御輿差寄時分、予下殿、令出給間蹲居、如夢〻〻、

三日、晴、僧衆事、從兼日廬山寺衆申合了、仍遣人申調畢、

四日、晴、用意之外無他事、

元長の母の葬
儀

五日、晴、依可爲曉天、自今夜向寶泉寺一宿了、江南院・東向・北向(元長室、高倉永繼女)・庵室殿・攝取院(元長妹、眞益)等也、

六日、晴、寅剋廬山寺之衆十一人被來入、有諷經、先是予着素服、僧衆於三昧所參會云〻、

仍先被歸、次差寄御輿、先之予下地上着藁沓、先御輿前火役人親繼、元國、在左右、次東向輿、次北向輿、次攝取院幷庵室殿歩行在此後、次予・江南院奉相從、寶泉寺大宮邊也、彼三昧〔所脫カ〕近邊、依有便如此、到無常堂立御輿、備供具鳩美榮、供蠟燭六丁、僧衆十二人一列有諷經、想蓮庵引導、事終間擧御輿間、予進參懸手退了、至爐上、路次供蠟燭、僧衆引列唱陀羅尼、奉置爐上間予蹲居、江南院同之、下火之間〔後カ〕暫而歸寶泉寺了、先〻立前机前燒香、伊長着吉服燒香直垂、於寺夜猶殘間一睡了、天明歸蓬屋、御拾骨未剋、參葬場奉拾之、奉入予輿中歸了、自今晩忌中可始行也、仍堂莊嚴内〻用意、未剋計自廬山寺僧一兩人來儲之、供具等予手自致沙汰了、酉下剋忌籠之僧三人入來、暫而始法事、入夜陀羅尼如常、

想蓮庵引導

初七日法事

七日、小雨下、今日修初七日法事、廿五三昧也、修《臨歟》時僧兩人相加、僧衆定齋也、予・江南院同之、

○八日ヨリ十二日マデ日付ノミ、今コレヲ略ス、

二七日法事
舍利講
四十八願書寫

十三日、晴、修二七日法事、臨時僧兩人、以上五人、有舍利講、寫經・念誦等無寸隙之間、日〻無殊事間、不記之、今日之經營江南院沙汰也、御書寫四十八願了、

○十四日ヨリ十七日マデ日付ノミ、今コレヲ略ス、

三七日法事
羅漢供

十八日、晴、修三七日法事、僧衆如例、羅漢供也、北向・攝取院等修此事、

四七日法事

五七日法事
法華懺法
淨蓮花院の墓所に納骨し誓願寺にも分骨奉納

十九日、

廿日、

廿一日、

廿二日、晴、四七日分也、有隨行念佛、予令共行、

廿三日、

廿四日、晴、今日五七日、有法花懺法、庵室殿一向沙汰也、僧衆如例五人、令書寫血盆經幷法花廿八品了、御拾骨奉納淨蓮院（マヽ）、御石塔數年已前御道〔逆歟〕修也、予執鋤奉入土、分散奉納誓願寺了、

○廿五日ヨリ廿九日マデ日付ノミ、今コレヲ略ス、

五月

六七日法事
往生講式

一日、晴、今日六七日法事奉修之、有往生講式、竹中讀之、

○二日ヨリ五日マデ日付ノミ、今コレヲ略ス、

六日、陰、明日可修盡七日也、仍宿忌、有隨行念佛、予・江南院共行、

亡母の盡七日法事

提婆品書寫

七日、陰、盡七日也、有例時〔齋〕、臨時僧四人、已上七人、自午剋計雨下、修中無爲祝着〻〻、令書寫提婆品、詠一首書付表紙懷了、

たのみこしは、そのかけの枯しより
根にかへる苔の下をしそ思ふ

諸家之訪、或自身、或使者、不能記、道場寫經、法華經一部・三部經二部幷梵納《網欤》經、今日事終後、脫素服、陰陽頭麻糸之帶祓等送之、脫服遣了、寫經等事多間、每事不記、且又無殊事、

〔表紙題簽〕
「□〔資〕□〔益〕王記　□┌　└┘」

〔別筆〕
「後花園院卅三回忌事
資益王　」

○自筆本、宮内廳書陵部所藏、原寸、縦二五糎、

〔文龜二年〕

〔八月〕

〔廿七日〕○卷首缺、

仍予一首詠之、寄雨戀、

廣大寺殿正忌

廿八日、雨脚猶未休、早旦□〔行カ〕水、可書最勝王經□〔也カ〕、廣大寺〔甘露寺房長室〕殿御正忌也、如形營之、自神□〔光

□〔院カ〕中坊送狀、就神光院由緒院號□□仁有之、拙者可任意見云〻、遣┌　└┘

院號事由緒之內┌　└┘可被申談条無子細┌　└┘謹言、

八月廿八日

金剛幢院僧┌└┘

廿九日、雨下、巳剋許大風、□　□風雨休止、今日月次□　□依風雨歟、來月二日□　□使者示此旨、

九月大

覺勝院了淳

一日、晴、覺勝院僧正（了淳、元長弟）自去月廿五日出京、今日被歸北嵯峨、

來る十八日の後土御門天皇三回聖忌懺法講に樂人ら不參を申す

二日、晴、午剋許參內、依御樂也、以次□□奏事御懺法講地下樂人不可參云々、相催事□（奉カ）行職事直以御教書相觸之条、先規之由益秋申之云々、地下輩以御教書可相觸条不知子細、於樂人或節會立樂、或內侍所御神樂、各次第之下知也、不可依御懺法由、予同所存也、雖然文明十四年度勸修寺□□□（中納言カ）（政顯）于時頭右大弁、遣內狀云々、恐々謹□（言カ）、某□□如此書由出案文、日來猶□（不カ）□今日正文益秋持來、□　□雖有正文於子細□　□如此不書下者、傍輩中之觸□　□由申切了、猶予ｏ（雖）相宥不□　□御樂無爲事畢、給天酒及晩退□　□

毗沙門堂

三日、晴、自毗沙門堂送使者云、今度御懺法大▒衆參懃事、被申合座主条違先規歟、當室彼僧衆進退之由緒異于他、每度被尋下、注進交名、其內被出御點流例也、但僧名治定上

者不及力、所詮一人可▒擧申、有勅許者可爲本望由被申、今日當番參內、可披露由返答、未斜參內、奏使者旨、仰云、被申旨定可有子細、但被申合座主事近例也、去文明八・同十四年□巨細御談合也、故僧正其時不及一言異乱、非新儀、自然向後者可被仰合欤、爲兩樣欤由有勅語、兼又御承仕事、故盛賢子春虎有歎申子細、可得度事難治之間、不繼家、仍同名右京亮子令契約了、雖然彼者號才鶴、又加首服間、春虎實子出來之間、幸盛賢嫡孫之上者、彼猿千代爲遺□、今度御懺法可懃仕之由申之、予申云、可繼斷絶条且可然欤、但御承仕今度參役之事相應欤、其故者、良喜年來致奉公□□今度又被仰付了、只□□□被改爲□且可失面目欤、殊晴之役、年少之輩不可立御用、於今度者斟酌可然欤、不限于今致得度、連々良喜等加扶諫、隨所役者可爲近路由、一往申聞訖、但於申旨具致披露了、

勅答、予申詞無所相替、且又伏見殿奉公者也、何樣可伺彼御氣色事也、

淨教寺住持に香衣着用を許す

四日、晴、樂稽古之外□（無カ）他事、淨教寺香衣御教書事、夜前可仰伊長（甘露寺）由有仰、仍今朝令書之、自二條爲御使櫛田（陣官人也、依無御侍、件□□致奉公、不可説々々々、）來、件香□□被執申了、仍付御使御教書可進云々、予申云、度々申沙汰大略住持來而拜領、若者僧來請取也、可給僧由申處、使者難澁、相尋伯卿（忠富王）欤、伯卿送使者云、御教書事予違乱之由櫛田申□□多以申次時、如予申、二條殿御申不可然

由申訖、殊着香衣不可參內、是又爲家門自專之故云々、不知子細□也、不承引者御教書不可渡遣由申之、同心先以本望、心得之由返答、其後櫛田歸來云、所申尤也、侍者僧相伴申參內事、可爲何日哉之由申之、明日御衰日・七日御樂、然者六日御閑日歟之由返答了、仍予對面、御教書渡僧了、　相代伊長、

綾小路邸にて樂の習禮

五日、晴、於按察卿(綾小路俊量)許習礼之由聞及之間、罷向了、新大納言(四辻)實仲・源中納言(田向)重治等也、宗明樂過了、蘇合三帖時分也、其後自急令同樂了、更宗明樂三帖等令合奏了、其後壹越調、予音頭、當日可与奪云々、去文明十四年度如此、及晚歸宅、入夜雨下、

六日、雨下、

樂御習禮

元長笛を吹き損ず

七日、天陰、御樂御習礼也、午剋許參內、亥斜被始、式部卿宮(邦高親王)・新大納言・右衞門督(四辻季經)・按察・山科中納言(言國)・○予・源中納言・園中納言(基富)等也、先盤(渉)頻調、宗明樂只拍子、二度被遊之、已下千秋樂□□於男末有盃酌、則被始壹越調、予音頭、迦陵頻破只拍子、破損了、同急殘樂予吹之、吹損了、不可說〱、已下陵王破了、後又只拍子被遊之、今度大概無子細、事畢各退出、

後土御門天皇三回聖忌御經供養の事般舟院

有御用間、猶可祗候由有仰、被召御三間御庇、來廿八日御經供養事、奉行・傳奏別人、御忩劇中難被定、同可存知、奉行又可爲尙顯(勸修寺)由有仰、無所辞申領狀了、可仰尙顯也、來十八日堂莊嚴方已下可闕如事無之歟之由有御尋、不可有殊事歟、但万一之事可爲如何哉之由申

入退出、入夜雨下、

花山院政長樂人不出仕の事につき調停

八日、天陰、風吹、自花山院(政長)前左府送使者、可申談子細有之間□□(可被參カ)云々、令領狀了、午剋許謁彼亭、地下樂人、參否事也、寛(文)正大嘗會吉志舞事、奉行職事五位(町)廣光卿其時遣直札、彼一通出之云々、如此上者、雖非相當、書遣無爲可然歟之由入魂也、可申談由返答、以次可合奏云々、山科中納言被招寄、盤頻(涉)調樂吹之、入夜歸宅、

月次和歌御會懷紙

重陽の節句

九日、晴、景範爲稽古御大皷申遣之、御月次懷紙少々到來、取調可持參、依當番之次也、未斜參內、自般舟院堂莊嚴具到來、可入小御所由有仰、仍取入之、幡・花鬘之箱并花莒之箱等、入御三間御庇、是雖佛具、依不苦歟也、御祝參仕人々、侍從大納言(三條西實隆)・勸修寺中納言・予・賢房朝臣(萬里小路)・雅益(白川)等也、事畢後被召御前、數剋条々有仰旨、明日右衛門督(四辻季經)・源中納言當番也、次可有御習札、前權中納言(正親町公兼)代按察今夜祗候歟、明日之事同可申旨有仰、仍仰其旨、可爲未剋云々、

樂御習禮

十日、晴、參內、依御習□□(礼　也カ)、右衛門督物詣云々、然者新大納言實仲可召由有仰、遣人則祗候、壹越調許被合、事畢給天酒退出、

甘露寺伊長孟子を學習

十一日、晴、早旦謁長橋局、惣用目六(錄)談合也、中定歸宅、局務來、伊長爲讀書也、孟子、

十二日、晴、早旦先吹樂少々、詣勸修寺中納言許、樂所申直札事談合也、所勞間乞請書狀、遣花了、

俄儲朝膳、其後種〻雜談、及晩歸家、極蒻御訪幷疊御大工等切符書遣了、

疊大工

十三日、雨下、及晩有樂、御習礼［　　］按察・源中納言等也、（御三間庇）盤頻(渉)調御樂訖、於當日着座所、壹越調樂被□(遊カ)、御座御學問〔文〕所、予音頭、事訖各賜天酒退出、予猶可候云〻、別殿行幸也、爲長橋局依此儀也、番衆山科中納言・守光朝臣(廣橋)外無人、御懺法地下樂人不參輩事、山科中納言申出、予及問答、頗狼藉歟、山科中納言申狀[illegible]不可然、依沈醉歟、然者飲酒計無用由有仰、元長所申其理無相違聞食入歟、祝着〻〻、事畢退出、

樂御習禮

懺法講不出仕の樂人の事

十四日、晴陰不定、依召參內、黒衣方御法事幷樂人事、条〻有仰、可調法仕由申入退出、花山院指貫下絬事、藤中禪門(高倉永繼)可申試云〻、則令隨身謁禪門許、則沙汰致使者遣了、条〻以次口傳了、

自十五日以後御懺法事等在別紙、御懺法已後無沙汰不書之、

十二月

十五日、晴、今日宮(知仁)御方御着袴也、爲御祝可祇候之由、昨日勾當內侍以書狀被觸、殊當番之間必可祗候之由申入、仍午剋着衣冠參內、御服未出來云〻、及酉斜於小御所着御、〻〻腰

第一皇子知仁の着袴の儀を行はる

花山院前左大臣(政長)被結之、依召也、御童裝束藤宰相(高倉永康)奉仕之、御參常御所、有三獻、祗候人々、侍從大納言(三條西實隆)・前權中納言(正親町公兼)・右衛門督(四辻季經)・按察(綾小路俊量)・勸修寺中納言(政顯)・山科中納言(言國)・予・藤宰相等、候三間御庇、給獻、三獻之時天杓(酌、以下同ジ)、殿上人守光朝臣(廣橋)・賢房朝臣(萬里小路)・永宣朝臣(冷泉)・雅益(白川)・言綱(山科)・源諸仲(五辻)等也、四獻御杓惣勸修寺中納言、五獻侍從大納言、事畢各退出、各參宮御方申御礼、有盃杓、沈醉之間一巡之後退、候番衆所、抑今日御童裝束之時、被解懸御髪条不審之由、藤宰相談之、可爲御總角覺悟也云々、

十六日、晴、

亡父親長月忌

十七日、晴、竹中被來、依御月忌也、予相伴、時(齋)已後暫雜談、曼陀羅供讃衆ヲハ、衆ノ字澄吹濁吹之由相尋、可濁云々、讃衆聲如此山門ニハ云由被語之、

十八日、晴、

後花園天皇三十三回聖忌曼陀羅供を安禪寺に修す

十九日、雪下、今日後花園院卅三回被縮行、於安禪寺殿有曼陀羅供、阿闍梨水本賢深僧正也、傳奏中山中納言(宣親)、奉行守光朝臣也、侍從大納言裝束衣文事所望之間、早旦令用意、於榮久庵可着用云々、御門内便宜之所也、仍行向所相待也、下姿、先見廻堂莊嚴、三間四面南面之道場也、三方有覆御簾、每間幡・花鬘懸之、佛臺於立中央、其中尊虛空藏𦬇像、東胎藏界 西金剛界万荼(曼)羅、壇上莊嚴四面佛具・五色佛供・五色蓮花供之、大概圖之、

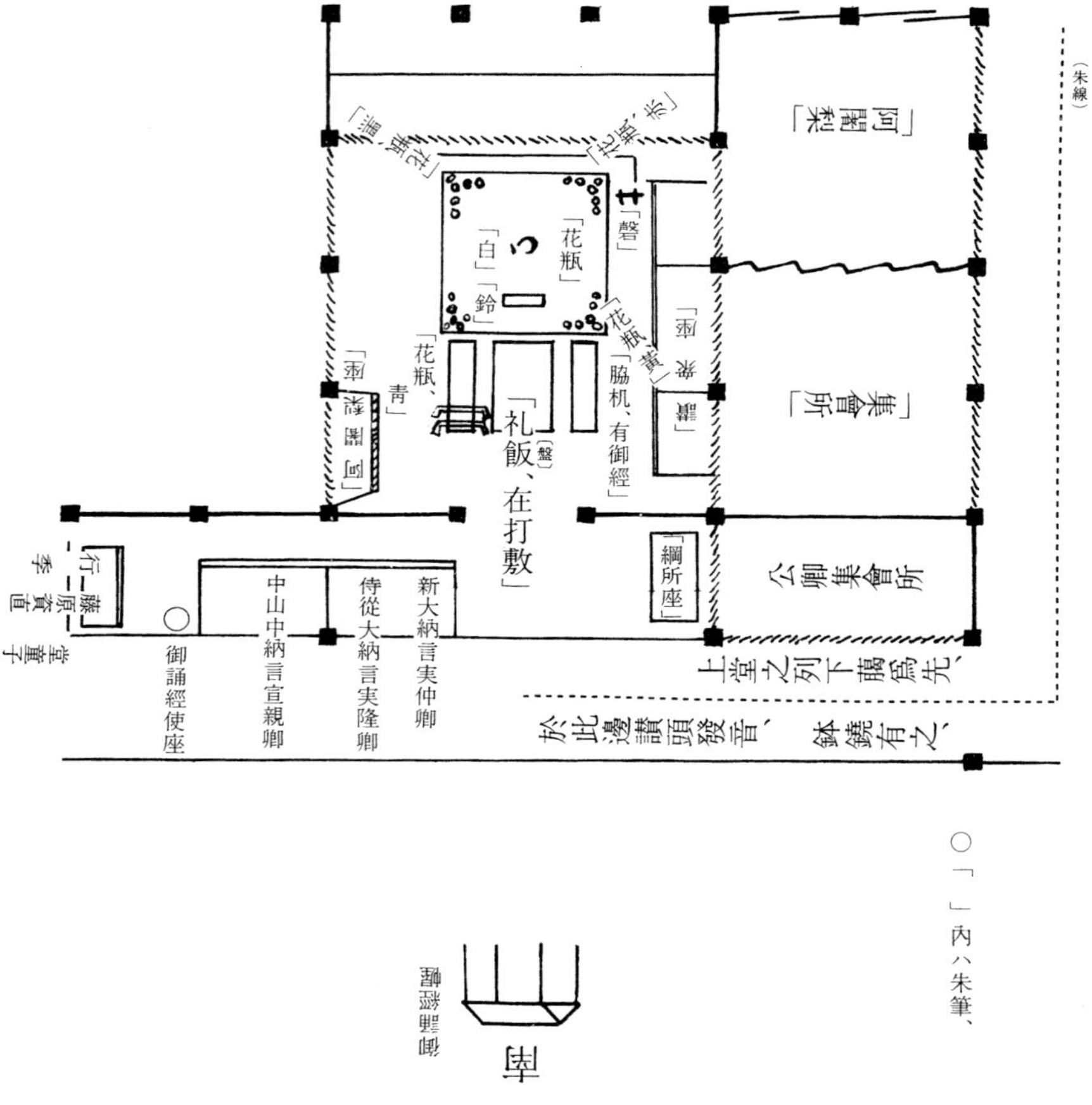
（朱線）
「阿闍梨」
「集會所」
公卿集會所
「綱所座」
上堂之列下﨟爲先、
於此邊讀頭發音、
鉢鐃有之、
「磬」
「花瓶」
「白」
「鈴」
「脇机、有御經」
「礼飯、在打敷」
〔磬〕
「花瓶、青」
新大納言実仲卿
侍從大納言実隆卿
中山中納言宣親卿
御誦經使座
藤原資直
堂童子
南
御誦經

○「」内ハ朱筆、

山槐記

讃衆十口、十弟子二人、毎時省略之定欤∩▒▒▒御誦經幄屋立庭上、

○指圖アリ、便宜前頁ニ移ス、

公卿座未敷定、傳奏・奉行遲參、暫中山中納言着夏直衣參、侍從大納言同着夏直衣參、於便宜所可改由也、座之躰各談合、御誦經使座幷十弟子座等［　　　］於十弟子座者可略云ゝ、侍從大納言云、堂童子座所役以後不可指合、御誦經使可通用［　］誠非通用□了簡欤之由予同之了、但有思出事、御誦經使座者圓座之由、建久三年度見山槐記由予申之、侍從大納言然者可別構由命、中山中納言仰承仕令敷之、毎事遲ゝ及午剋、事具公卿着集會所、守光朝臣進新大納言仰鐘、（朱書）「貫首直仰欤否、此時不見及、可尋記、」圖書官人懃之、次第着座、次僧衆列立唱讃、阿闍梨着礼盤、讃衆同着座、願文次諷誦綱所傳之、堂達請取傳阿闍梨、建久記曰、諷誦藏人親俊傳之、如此有之、今日綱所傳之、如何、供養法先之御誦經使着座爲（冷泉）孝朝臣、束帶劒笏、綱所仰御誦經、鐘圖書官人懃之、則使起座不揖、事訖阿闍梨着平座、公卿取被物三重、裹物守光朝臣取之欤、不見及、此時於方丈御方有一盞、三位殿（後土御門院新大納言典侍房子）御參也、御母儀也、取布施退出、各退入、於公卿集會所、粗窺見、酉剋許事畢歸宅、

廿日、晴、

廿一日、晴、候番、

勸修寺邸の月次連歌會

廿二日、晴、勸修寺中納言法樂月次會連歌也、招之間、退出之後向彼亭、連歌之後有鞠、及昏歸宅、

常樂院忌日

廿三日、朝飛雪、午已後晴、常樂院殿（甘露寺房長）御忌日、淨蓮花院僧來、

「(表紙)元長卿記　文龜三年　六月」

「(扉)文龜三年愚記　元長」

文龜三年

六月

着到和歌滿了

十四日、晴、今日着到和歌滿日也、各可祗候由、兼侍從大納言(三條西實隆)等申合、以次一獻如形可申沙汰云々、次御歌合事、去月廿日比有被仰合旨、仍廿六日予令申沙汰、依爲內儀非職事、攝家・清花之丞(相丞歟)相持向、勅題、大納言已下以廻文相觸之、

禁裏歌合の會の通知

樹陰　水邊　追書袖ニ書也、

夏月　納涼　可有御歌合由、內々其沙汰候也、

寄道

祝言

右題、來月十四日、凝
風情可令詠進給由、
被仰下候也、
　五月廿六日　　元長
中御門（宣胤）大納言殿
侍從大納言殿
民部卿（冷泉政爲）殿
右衛門督（四辻季經）殿
左衛門督（冷泉爲廣）殿
按察（綾小路俊量）殿
中山（宣親）中納言殿
勸修寺（政顯）中納言殿
小倉（季種）中納言殿
飛鳥井（雅俊）中納言殿
飛鳥井中將殿

冷泉中將殿

冷泉少將殿

御人數、此外、式部卿宮(伏見殿)・准后(近衛政家公)・一條前關白(冬良公)・前左大臣(德大寺實淳公)・花山院前左大臣政長公・左大臣(今出川)公興公・宰相中將殿(足利義澄)、法中、座主宮・仁和寺宮、愚詠獻之、一条前關白・花山院前左大臣

詠進歌の結び方の諸方式

裹高檀紙、以細切紙卷腰、被付封如申文、中納言入道以切帋書名字二字、如帯引廻テ結テ、眞結ニメ切テ不引墨、飛鳥井宰相立紙ヲ以テ裹懷紙入文莒、緒ヲ結テ緒ノ結目ニ切紙ニ判ヲ書テ、眞結ニメ切テ墨ヲ付封之、結相違如何、各付予許、雖相侍(侍歟)及遲々間、少々取集、先未剋許參內、着到衆未參集、於御所殘懷紙等待調間未及奏覽、遲々方遣使者、少々又來、御尋之間不調由申入、且可入見參由仰之間、持參御前御三間、其後隨到來進上之、着到衆漸以參集書之、次有一獻、明日侍從大納言「相伴令祇候、(内閣文庫イ本ニヨリ補フ)番之事可致沙汰由被仰下、畏由申入了、子刻許退出、

將棋

十五日、晴、餘醉散々間、以象戲暫慰之、未剋許參內、寄書於御前、先予一身書之、侍從大納言遲々間也、懷紙三四書之間祇候、相共書之、番之樣申合了、隨番終續之、三十六番事終、閇懷紙、法中各別閇之、書裹書、

文龜三年六月十四日　和歌御會

各置御前硯・搔板・小刀等、取調置便宜之所、不可有定法歟、可隨便宜事也、仍兩人退出、粉骨之由有叡感、於常御所御庇給天酒、其後退出、先是淸書事、元長可存知由仰也、粗故障申了、重而仰之間、畏由申入了、

楊弓

十六日、晴、自准后〔近衛政家〕有御音信、楊弓御張行可參云々、久打捨間、一向無菟方、雖然爲見物可祇〔候〕公歟、但御哥合淸書、今日定可被下歟、若不被下者、可參候由申入了、

親長月忌

十七日、晴、先人〔甘露寺親長〕御月忌如例營之、午下剋參內、依當番也、被召御前種々有勅語之旨、御哥合御料紙、今日到來、明日可被出由有仰、不退出候宿、及晩雨下、頗傾盆、去十二日」雨御祈事、伊長相觸諸方諸社、忽高驗、雖末代法力猶不盡上、珍重々々、甘雨云々、

歌合淸書して進上

冷泉爲廣判詞

革堂の談義諸人群集

十八日、晴、早旦退出、隨身御歌合則令書之、午剋許終功間、持向侍從大納言許令校合、直持向勾當內侍局、付進上之、早速条神妙之由有叡感、餘分之料紙奥可切之由依仰切之、裹引合二枚置柳莒、以水引結中、片身替、紅白、遣左衞門督判詞可書進上之由、可申由有仰、可持向之由申入退出、則可持向處、彼宿所革堂之內也、有知輙談義、甲乙人成群由風聞之間、相待分散時分、令猶豫了、雨下如昨日、則雖屬晴、陰氣未散、向左衞門督許對面、判詞事未練、旁斟酌之由再三故障、予堅不可然之由問答、然者先預置由申了、則謁勾當局申入退出、

十九日、晴、

七夕に備へて樂練習
水飯
冷泉政爲移徙
姉小路邸造作

廿日、晴、伯卿(忠富王)有音信、侍從(白川雅益)七夕參(マヽ)可參、近日稽古云々、合奏以前爲聞笛今日可來云々、仍領狀了、先向按察亭、樂少々吹之、此間使者兩度到來、仍向伯卿許、先有水飯、其後習礼、万歳樂只拍子・三臺急・郎君子・鷄德・王昭君・林歌、七夕可有甘洲、雖然未出來云々、仍今日加五常樂急了、其後向民部卿許、昨日徒〔徙〕移云々、次見姉小路中將(濟繼)造作之功終、暫雜談、源中納言在習礼席、令同道了次歸宅、

蹴鞠

廿一日、晴、旬行水如例、法樂神樂吹之、及晚侍從律師來、執當息也、明日朝、鞠可張行由令約束了、

月次和漢御會

廿二日、晴、未明着葛袴、庭上灌水掃除、迎之者遣使、少々見來人數先始之、事訖行水向膳、月次和漢御會去十二日延引、今日云々、可參之由有催促、則參內、及昏黑事畢、退出之處、侍從大納言有私子細、令同道向彼亭、勸修寺中納言・頭右中弁同在此席、走(赴カ)於三位殿可有酒宴云々、近日造作、禁裏女中數輩來臨也、有晚飡、其後及曉鐘事了、宿侍從大納言許、

祈雨卷數

廿三日、晴、餘醉散々、持明院三位(基春)來暫雜談、番代召進伊長了、雨御祈御卷數取調、近日進上之、

禮服の衣料染色

月次和歌御會短尺

廿四日、晴、今日礼服大袖分、先付色、麹塵、赤染也、予手染也、裁縫近日可致沙汰、女房不得隙事連續、仍于今延引、且者依不可闕如也、其色表黒〔青〕、今日御月次和歌御會御短尺早旦書之、品〻到來遲〻、相待間未進上、

（表紙）「元長卿記　文龜四年　正月　二月」

（扉）「文龜四年愚記　權中納言藤原判」

文龜四年

正月

四方拜を行ふも經濟的不如意により節會を停む

一日、雪下、早旦行水、拜天地四方、次看經、祝着之儀・三獻如例年、飯後着衣冠參內、依當番也、秉燭退出卽歸參、御祝參仕人〻、侍從大納言（三條西實隆）・前權中納言（正親町公兼）・勸修寺中納言（政顯）・市《予欤》・伯二位（忠富王）・右兵衞督（冷泉永宣）・賢房朝臣（萬里小路）・公條朝臣（三條西）・伊長（甘露寺）・實枝（正親町）・雅益（白川）等也、事訖參宮御方、御酌畢各退出、予候宿、今朝聞、四方拜出納遲參及天明云〻、出御取脂燭、入御不取之云〻、御劒公條朝臣、脂燭殿上人爲孝朝臣（冷泉）・藤原資直（富小路）、頭弁（廣橋守光）不參、藏人弁在國、藏人侍從（日野内光）未拜賀、職事無人、賢房朝臣御簾御裾・御笏勤之、

伊長勤御草鞋云々、節會依無用途不被行之、

新續古今集書寫

二日、晴、不出仕、新續古今集依或人々(之歟)所望馳筆、終日無他事、
三日、晴、不出仕、如昨日、
四日、雪下、無事、平調樂三吹之、
五日、晴、時々雪飛、双紙書寫之外不交他事、
六日、陰、無事、

人日の御祝

七日、陰、當番召進伊長、秉燭着直衣參內、依御祝也、侍從大納言・前權中納言・按察(綾小路俊量)・勸修寺・中他(院歟)・予・伯二位・松壽丸・賢房・公條等朝臣・伊長・雅益等祇候、事畢參宮御方、併如朔日、次詣勾當局、有獻、召置伊長御退(令歟)出了、

元長の子息阿古丸

八日、晴、自賀茂阿古丸來、予息也、金剛幢院同弟子・千手院弟子等召具之、獻之後遣佳例扇子了、今朝伊長退出之次、御扇被傳下、佳例也、祝着々々、
九日、晴、

將軍足利義澄參內し歲首を賀す

十日、晴、辰下剋許殿下(九條尚經)渡御、今日武家參賀云々、爲被刷衣文云々、予沙汰之、今日宰相中將(足利義澄)殿御參內也、可參會間內々令用意、未剋許着衣冠參內、侍從大納言・前權中納言・左衞門督(冷泉爲廣)・中山(宣親)・中院(通世)・勸修寺中納言・予・三條中納言(實望)・賢房朝臣・言綱(山科)等、出向御下輿之所

奉相從、御直廬勾當局也、酉斜御參御前、三獻畢、右京大夫政元(細川)朝臣被召出御眼路、賜

細川政元に天盃を賜ふ
定親卿記

天盃、永享持之(細川)朝臣例云々、其躰、折烏帽子・小スワウ、永享直垂之由見定親卿記、酌勸修寺中納言、言綱持提、於常御所北面簀子、三盃傾之取之退出、經御鞠懸壺入土戸參入了、事畢御退出、於直廬有獻、參會所被召出武家近習之衆、始終祗候、子剋許發出禁門給、其後令退出了、

元長等幕府に參賀

十一日、晴、昨日武家參賀候也、雖然參會衆翌日可參由、去年武命也、仍今日參賀了、前權中納言・右兵衞督・頭右中弁等也、御對面被中(後カ)御臺御方女房出逢對面哉、晩間參近衞(政家)殿外、不詣他所歸宅、被下佳例美物、祝着之、節分也、打大豆、祝着之儀如例年、

節分の豆打ち

延喜式書寫

十二日、晴陰、舊冬被下延喜式書寫之候処、新續古今料紙殘、經師良喜送之間、就急用則書寫了、今日元三爲御祝、着直衣參內、侍從大納言・前權中納言・按察・予・賢房朝臣・雅益等也、宮御方御祝被畧之、

元三の御祝

十三日、晴、東向來臨(中御門宣秀)右大弁宰相母堂、予姉也、用意朝飡、番代召進伊長、及晩有召、御比丘尼御所〱御參有獻云々、着衣冠參內、及數盃、事畢退出、宿仕召置伊長了、

中御門宣胤室

十四日、自濃洲齋藤彦四郎書狀幷青銅三百疋到來、旧年遣段子壹端・十帖反礼云々、新續古今上今日終功了、

美濃の齋藤彦四郎三百疋を元長に贈る
新續古今集上卷書寫終功

三毬打燒
新續古今集下卷書寫

十五日、晴、早旦粥如例、三毬打三本燒之、新續古今下卷書之、秉燭着直衣參內、依御祝也、召具伊長、參仕人〻大略同前、事畢三毬打於東庭被燒之、見物之後退出、

甲子仗議參仕の公卿御點の事

十六日、晴陰不定、申(甲)子仗議參仕公卿御點事、漸可被思合計由驚申入、明日白地可祗候之由有仰、

亡父親長月忌

十七日、陰、先人(甘露寺親長)御月忌、竹中來、諷經如例、時市(齋)予相伴、可被持齋由何之(例歟仍歟)、遣扇子、佳例也、自勾當局可祗候之由折紙到來、則着直衣馳參、被召御前、(三間御庇)、仗議御點之樣被仰合、

元長甲子仗議出仕を辭退

予雖非辨(殊歟)故障、父子出仕當時斟酌、且又少〻可有不具子細、人數不及闕如者、可被免歟、此內過半故障之時者、可構參歟、非如在之由心中趣且申入了、早速祗候神妙之由有仰、

和歌御會の廻文

兼又明後日(十九日)可有和歌御會、可相觸之由有御氣色、廻文於御前可書由仰之間則馳筆、雖無定樣如此書之、

松有春色
右題明後日(十九日)
可有披講、可令
豫參給由、被仰
下候也、

正月十七日　元長

中御門大納言殿（宣胤）　侍従大納言殿　民部卿殿（冷泉政爲）
前權中納言殿　左衞門督殿　按察殿
中山中納言殿　勸修寺中納言殿　小倉中納言殿（季種）
源中納言殿（田向重治）　園中納言殿（基富）　三條中納言殿
新中納言殿（飛鳥井雅俊）　伯二位殿　右大弁宰相殿
菅宰相殿（東坊城和長）　右兵衞督殿　頭弁殿（廣橋守光）
頭右中弁殿（萬里小路賢房）　姉小路中將殿（濟繼）　三條中將殿（公條カ）
大內記殿　四辻少將殿（公音）　鷲尾少將殿（隆康）

一行ニ書之、袖ニ可爲午一點由其沙汰候也、如此書之、以釜殿相觸了、
入見參被返下之後、退御前出禁門、

三毬打

十八日、晴、三毬打一本、伊長進上如例、

和歌御會始

十九日、晴、早旦勸修寺中納言來、番退出之次云々、有招事、可罷向之由返答、歸後令用意向彼亭、携一樽、於爐邊閑談、有申讀（談欤）事等、朝飯之後歸宅、書懷紙着衣冠參內、大略參集、懷紙等取集、持參御前、召左衞門督可取重之由、可仰由御氣色也、讀師侍從

大納言、講師伊長可懃仕之由、同可申左衞門督由有仰、仍市《予》召左金吾(冷泉爲廣)三間御庇懷紙等取重之、市《予》相共展之重畢、加檢知、次第相違之處改之、法中御懷紙同重之、座主宮・仁和寺宮・聖護院宮・滿壽(曼殊)院宮等也、置文臺上退、次出御、仍市《予》召御人數輩、各座列御前、次侍從大納言着讀師座、召伊長、ミ〻參近《進歟》、先法中御師《御本マヽ、懷紙歟》被講、其讀樣、三首ヲヨメルヤマトウタ、滿壽(曼殊)院ノ宮、如此讀之、事畢、次俗中隆康(鷲尾)ヨリハシマル、式部卿宮(邦高親王)御懷紙

御製の讀様

讀了有可起座之氣色、讀師召留、仍安座、臣下歌講畢、置御製御懷紙、其讀樣、松ニ春ノ色アリトイヘルコトヲヨマセタマヘルヤマト歌、如此讀之、御製讀畢起座、七反講了、各復本座、次入御、於此所賜天酒、今日發聲左金吾、左金吾歌民部卿也、事畢白地退出、改着直衣候宿、御懷紙可閇由有仰、沈醉之間明日可閇之由申入了、

廿日、晴、早旦閇御懷紙書裏書、其書樣、文龜四年正月十九日和歌御會始、如此書也、詣新大典侍局、勸修寺中納言談子細演說、其後退出、先是甲子仗議御點、被出中山中納言

甲子仗議の準備

許由有仰、歸宅後宸筆御點御折紙送之、則日次之事尋遣陰陽頭有憲(安倍)朝《臣歟》行許、他行之由稱之、及晚風記到來、則遣中山中納言許、

廿一日、陰、仗議可爲十八日之由被仰出之間、中山中納言有書狀、及昏之間、明日之分書御教書案、遣伊長了、及晚雨下、

廿二日、陰、

小倉季種裝束不具により仗議參仕辭退の意志を表示

廿三日、晴陰不定、有女房奉書、明後日可有和漢御會、可觸遣云〻、是〔者歟〕近年菅宰相(東坊城和長)承仰了、當年依不出頭歟、則書廻文遣了、及晩小倉中納言入來、仗議參仕不具故障云〻、於不具之儀、公物裝束等可調法由答之、然者可構試由有氣色、

廿四日、晴、

和漢聯句御會

廿五日、晴、巳剋許着衣冠參內、依之會也(和漢脫カ)、侍從大納言・市〔予〕・源中納言・右兵衞督・賢房朝臣・章長(高辻)・爲學等朝臣・廷藏主等也、就山(聯輝軒就山永崇)御遲參、亥剋許事畢、當番之間候宿仕、

廿六日、晴、

廿七日、晴、

廿八日、晴、

德大寺邸始め諸方に年賀

禁裏近邊火事

廿九日、雪下、所〻參賀、遲〻間今日所思立也、於前左府(德大寺實淳)第數尅雜談、及晩欲歸宅處、於路次見火事、宿所近邊之間忩走入、其間不過半町、正親町鴈〔烏〕丸隅也、雖然爲風上之間令安堵、禁裏御近所之間馳參下姿、御所〻〻燒上、雖然無爲、聖運之至、珍重〻〻、及昏黒退出、

二月大

亡母月忌
仗議參仕辭退者多し

一日、晴、早旦行水如例、想蓮庵不來、一堂故障云々、招他僧、
二日、晴、未斜參內、依當番也、仗議參仕故障幷理性院法印加任長者辭退等披露、參三間御庇、數剋有仰旨、追加御點等御談合、無其仁、所思食煩也、兩三輩可申試由承仰了、加任長者辭退不可叶之由仰也、

風呂

三日、晴、及晚入風呂、
四日、晴、
五日、小雨下、

桃花坊和漢聯句會

六日、晴、桃花坊《和漢》御會也、
七日、晴、

甲子仗議參仕の公卿故障續出

八日、晴、參內當番也、及晚於上﨟局有御盞、入夜被召御前、御學向《問歟》所下、仗議參仕《輩歟》奉故障、如今者難被行條、珍事之由種々有仰、仍一條前關白(冬良)・前左府(德大寺實淳)等有被仰讀《談歟》旨、委細承給了、
數剋御雜讀《談歟》後入御、

甲子仗議不參の輩多きにつき勅旨を承け一條冬良らと談合

九日、晴、參一條前關白御第、仗議參仕領狀之輩只四人也、以此人數可被行條聊爾歟、否

又可被停止歟、可被計申云々、重而可被申左右云々、次詣前左府、乱髮間立歸來、逗留如何之間如此云々、勸修寺中納言（政顕）有契約事間向彼亭、有朝飯、及晩歸路次又詣前左府、可廻思案之由返答聞、

盃臺

十日、雨下、召寄窪田、盃臺繪樣事讀（談歟）合令書之、二月中旬已進瓜（マヽ）心也、

十一日、晴、出世事者令省略、可記之、

甲子仗議七月に延期の案

十四日、雨下、參內當番也、勅問申詞前左府昨夕被遂之、桃花坊去十一日被下、今日可致奏聞、加銘伊長書之、被召御學問所三疊敷、各延引之儀無子細樣被申、此上事者、延引可爲七月之由有仰、予申云、仰承了、但用途又第一也、先可爲來廿四日之由可有風聞歟、以此分用途方可被催、若足付爲必定者、參仕之仁可了簡仕子細、內々廻思案之由申入、尤可然之由有仰、

十五日、晴、欲退出之處被召御前、然者其趣可申侍從大納言（三條西實隆）、仍承由申入退出、便路之間詣彼亭、申仰趣、延引庶機（幾歟）之氣御〔御氣〕也（色歟）也、

月次和漢聯句御會

十六日、小雨下、參內、和漢御月次之會也、人數大略如先月、事畢欲退出處、被召御前、仗議有無猶有御讀（談歟）合、其後退出、

亡父親長月忌

十七日、竹中不來、依行觸云々、招宗壽、

十八日、雪飛、月次御題短尺被下之、賦了、

廿日、晴、巳剋許參內、依當番也、自武家折十合・御樽十荷被進之、入夜被召御前、御學問所、仗議事等種々御雜讀《談》、壽命經御傳授《授》之內、讀樣有子細由有仰、少々有勅語、四天王此王ノ字ハワウトナウト響ヨリ外無之、然而二ノアイタヲ可讀也云々、如此被仰、法花經之內一尺二尺トアルハ、一シヤウ《ク歟》二シヤウ《ク歟》トハ不讀、一チヤウ《ク歟》二チヤウ《ク歟》ト讀由有仰、觀音經龍魚諸鬼難、是ハリウコシヨキナント讀、同仰候也、年中行事幷每々讀《誤歟》リノ事等、且者仰、少々申入次也、

廿二日、雨下、春日祭未支干必定之由注進、則披露了、

廿三日、雨下、可被修護摩日次事、可相尋由有仰、則尋陰陽頭進風記、但今月中之由仰之處、自去廿日會《八專歟》之間、來月朔日迄不叶、至かと《御本ノマヽ》〔其カ〕一間、無吉曜由申之、則進上了、

月次和歌御會の題

足利義澄酒饌を獻ず

經文の文字の讀樣

甲子革令仗議二月三十日に行はれ永正と改元

「（表紙）
元長卿記
永正二年
正月　」

「（扉）
永正二年」

永正二年

正月

四方拜參仕の廷臣少數
諸公事同然

一日、晴、時々雪飛、天下泰平國家安全之春也、幸甚々々、早旦行水・遙拜併如例年、祝着之儀又如恒例、四方拜及天明、事訖伊長（甘露寺）退出、兩頭外職事伊長早參之外無人云々、御劒持公條（三條西）朝臣、脂燭殿上人雅益（白川）于時侍從、六位資直（富小路）一人云々、于時極﨟、旧冬內侍所御神樂出御參仕輩悉以如此、當時雖相催無其詮、太無人、定可令再興者也、入夜參內衣冠、召具伊長、參仕人々、

侍從大納言（三條西）實隆卿・前權中納言（正親町）公兼卿・予・伯二位（富）忠兼卿・菅宰相（東坊城）和長卿・右兵衛督（冷泉）永宣卿・頭

右中弁（萬里小路）賢房・公條朝臣・藏人弁（勸修寺）尚顯・藏人右少弁伊長・侍從雅益・源諸仲（五辻）等也、天盃拜領之後、參宮御方（知仁）、御杓（酌）如例、事訖退出、

女官らに恒例の薫物を贈る
胡毬子
用度闕之により御強供御を省略
樂始

二日、晴、雪時々飛、早旦祝着儀如昨日、未刻參內、當番也、於勾當內侍局有一獻、送一樽了、佳例也、薫物貝三裹勾當局・冬（マヽ）內侍局・幡（マヽ）磨局、各遣之、女官四人右京大夫・茶々子・阿茶々・コチコチ、以上同遣薫物貝、年々之儀也、胡毬子一作之、依仰也、及晩退出、向饌則歸參、今日御強供御省略、其足相違云々、參仕人々、侍從大納言・前權中納言・予・賢房朝臣・實枝（正親町）朝臣・公音（四辻）・雅益・源諸仲等也、事訖各退出、予・賢房朝臣等候宿、今日樂始、萬歲樂・五常樂急・太平樂急三也、

三日、晴、早旦有一盞、女中請取、番之人御沙汰佳例也、事終出禁門、入夜參內、侍從大納言・前權中納言・公條朝臣・實枝・雅益・源諸仲等參仕、事訖退出、

初寅につき元長室及び息女等鞍馬寺參詣

四日、晴、今日初寅也、女房幷攝取院息女也、等鞍馬寺參詣、自早旦有其催、未刻許浴藥湯、

將棋

五日、晴、親就（和氣）來、羞一盞、有象戲、

六日、晴、

人日の御祝

七日、晴、入夜參內、召具伊長、依御祝也、

太元護摩始行

八日、晴、雪時々飛、番代召進伊長、太元護摩自今日始行、阿闍梨宗永法印重代也、神光

神光院阿古丸

院阿古丸來、予息也、

九日、晴、

足利義澄年頭參賀

十日、晴、今日宰相中將殿（足利義澄）有御參內、爲參會未剋許參內、先是殿下（九條尚經）渡御、武家御參賀、可引直御衣紋云〻、致沙汰了、御參內刻限頗以遲〻、酉下剋有御參、參會人〻、侍從大納言實隆卿・前權中納言公兼卿・左衞門督（冷泉）爲廣卿・中山中納言宣親卿・予・三條中納言實望卿・飛鳥井中納言雅俊卿・伯二位忠富卿・菅宰相和長卿・頭右中弁賢房朝臣・藏人弁尚顯

將軍近習の輩に拜謁を賜ふ

・雅益・實綱（言）等也、御前一獻・五獻、三獻之時、武家近習之輩有召出、五獻之後各被召出、事畢御退出御直廬、被改御衣裳、有一獻云〻、不見及、子剋許御退出、各出禁門、

廷臣幕府に參賀

十一日、晴、武家參賀昨日參會之輩、可爲習（翌）日之由、去〻年被仰出、仍今日所令參也、頭右中弁同道、有御對面、申入御臺（義澄室）御方退出、今日參仕之輩、前權中納言・中山中納言・予・菅宰相・頭右中弁等也、少〻便路賀了、今朝中御門大納言（宣胤）室家入來、予姉也、年〻今日佳例、儲朝飡、

三條西邸汁講

十二日、晴、拾遺亞相被招、有汁、民部卿（冷泉政爲）・濟繼（姉小路）朝臣等、有和歌、

廷臣官女酒饌を獻じて宴あり

十三日、陰、今日佳例申沙汰也、金飩・御樽如年〻進上、報鐘退出、今日佳例御扇拜領、祝着〻〻、

太元護摩結願

法印理性院宗永を權僧正となす

月蝕

亡父親長月忌　最勝王經護持品書寫

筑前新善導寺長老に香衣勅許

和歌御會始

十四日、下〔雨脱カ〕、參內當番也、太元今曉結願、阿闍梨年齡卅九、先師極官當此年齡、今度太元斫所有相違事、雖稱故障之由、堅被仰出之間參住〔仕カ〕、且可有朝奬由也、宣下事可申付伊長由有仰、

十五日、晴、入夜參內、依御祝也、依月蝕每事遲〻、事終參若宮御方、於予者御盃別而被下度由有仰云〻、拜領、御祝着自愛〻〻、

十六日、晴、

十七日、晴、今日先人〔甘露寺親長〕御月忌、竹中來、半齋之後行時〔齋〕、予相伴令持齋了、佳例扇遣之、最勝王經護持品、昨日立筆及晚間今日終功、每月之所作也、爲家中快樂書之、及晚右兵衞督・親就等來、羞酒、

十八日、晴、筑前國新善導寺長老入來、香衣事所望奏聞、勅許礼也、勅裁伊長、不具、

十九日、晴、今日和歌御會始、去十六日被下御題、以廻文相觸、午剋許着衣冠參內、召具伊長、遲參方〻遣使者、參仕人〻、

中御門大納言衣冠・侍從大納言直衣・民部卿衣冠・右衞門督〔四辻季經〕直衣・左衞門督〔冷泉爲廣〕衣冠・按察〔綾小路俊量〕直衣・中山中納言直衣・小倉中納言〔季種〕衣冠・予・源中納言〔田向重治〕衣冠・菅宰相同・右兵衞督同・頭右中弁・濟繼朝臣・公條朝臣・尚顯・伊長・隆康〔鷲尾〕等也、懷紙各取調、予置文臺上、可重欤之由有仰、被召左衞

門督可被仰付欤之由申入、然者可召由有御氣色、仍召之、參進取重之、於傍次第雜乱尋予少〻改之、押折テ置文臺上退、各可召之由御氣色、予仰伊長召之、各參進、讀師中御門大納言、講師賢房朝臣、發聲左衞門督、左衞門督歌發聲民部卿故障、右衞門督又故障、氣色予、〻故障、仍民部卿勤之、調子太以高聲、各不堪〻〻不可說〻〻〻、左金吾每度此分也、珍事〳〵、事畢給天酒二獻、各退出、此後可有御鞠、猶可祗候由有仰、仍鞠足少〻召留、於御小庭有此事、予・右兵衞督・尚顯・伊長等也、事畢又給天酒、飮了退出、

蹴鞠

比丘尼御所へ參賀

廿日、晴、參御比丘尼御所〳〵、各御對面、給御盃、及黃昏歸宅、當番之間候宿、於新典侍局有一盞、

御重厄の年につき因幡堂藥師へ代參

廿一日、晴、因幡堂御代官七人參詣今日始行、每月可有此事、御重厄年、旧院御代如此、仍各所申行也、參仕人〻、侍從大納言・予・菅宰相・右兵衞督・頭右中弁・藏人弁・四辻少將等也、可歸宅處被出天酒、可拜領由拾遺亞相有命、各向彼亭及數盃、有美聲、及晚歸蓬屋、平臥處有廻文、可參云〻、故障之間召進伊長、自宰相中將殿（足利義澄）被進御樽御賞翫、有十度飮云〻、

足利義澄酒を獻ず十度飮

廿二日、晴、無事、

常樂院の月忌

廿三日、晴、常樂院殿（甘露寺房長）御月忌、淨蓮花院僧來、遣小布施、明日可有和漢御會、御人數可書

元長伊長父子和漢聯句

遣廻文由有仰、仍書之、小雨下卽屬晴、入夜和漢一折興行、伊長差向也、

和漢聯句御會

廿四日、晴、巳剋許着衣冠參內、依御會也、參仕人々、
侍從大納言・源中納言・菅宰相・頭右中弁・濟繼朝臣・公條朝臣・章長(高辻)朝臣執筆・爲學(五條)朝臣、此外就山(聯輝軒)御參、御發句、
花にかせにほひハ梅の一木かな

元長父子和漢聯句

入夜退出、覺勝院(了淳、元長弟)出京、昨夜一折之殘、於出沙汰之、雖不堪窮屈聊吟之、

春日社祭禮延期

廿五日、晴、自南都注進到來、當季祭礼初支干難事行、次支干可執行云々、則奏聞、鴨社々務來、

賀茂兩社奏事始

廿六日、晴、今日賀茂兩社奏事始可申由、一昨日申入了、無條目、仍相計載之、
永正二年正月廿六日　元長　奏
鴨社祠官等申、造營可再興事、　同社祝光持三位申、神事無爲事、　賀茂社神主友平縣主申、神事無爲事、

「(表紙)
元長卿記　　永正三年
正月　二月　三月
四月」

「(扉)
永正三年愚記　　權中納言元長」

永正三年

正月

四方拝

一日、一天泰平四海安全春也、珍重〻〻、早旦行水・遙拝・祝着等之儀、併如例年、酉下剋參內、召具伊長(甘露寺)、參仕人〻、侍從大納言(三條西)實隆・前權中納言(正親町)公兼・予・右大弁宰相(萬里小路)賢房・右兵衛督(冷泉)永宣・頭中將(三條西)公條・頭弁(勸修寺)尚顯・(正親町)實枝朝臣・伊長・(白川)雅業・(山科)言綱・(庭田)重親・(五辻)源諸仲等也、天酌已後參若宮(知仁)御方、御酌後各退出、
四方拜伊長申沙汰、御劒次將(中山)康親朝臣、脂燭雅業催之了、

官女らに恒例の薫物を贈る
御強供御

二日、雨下、申下剋參內、依當番也、右大弁宰相祗候、各給御扇、佳例也、祝着〻〻、詣勾當內侍局、携樽、毎事（年）之儀也、官女等賦薫物、勾當・又（マヽ）、內侍・播磨局等、ホシノ貝一包進之、近年例也、三獻之後參番衆所、此御強供御、有三獻、前權中納言・實枝朝臣・雅業、源諸仲外無人、

三日、陰、不出仕、時〻雪飛、

節分
御方違行幸

四日、陰、節會（分）也、有御方違行幸、近年內〻之（儀脱カ）、當年爲外樣儀云〻、伊長着束帶參內、家中祝着之儀等併如例年、

元三

五日、晴、元三也、爲御祝酉下剋計着衣冠參內、隆康（鷲尾）・雅業・言綱之外無人、

六日、晴、

人日の御祝

七日、晴、秉燭參內、召具伊長、前權中納言・右兵衞督・頭中將・頭弁・實枝朝臣・雅業・言綱・重親・源諸仲等祗候、天酌之後參宮御方、御酌之後退出、今日理性院僧正（宗永）上洛、送使者云、太元休（マヽ）所〻事可申請、六所云〻、先日此子細申入、無相違之間、相副使者渡遣了、

護持僧參賀
權僧正理性院宗永太元護摩を修し主上御聽聞あり

八日、雨下、護持僧參賀日也、申次伊長可祗候之由、夜前被仰下、召參了、當番也、以事次令懃代、秉燭參內、依番也、太元護摩有御聽聞、仍參小御所、事訖還御、參御所、右

大弁宰相同祗候、

足利義澄參內

十日、晴陰不定、東向入來、(中御門宣胤室、元長姉)儲朝餐、今日室町殿(足利義澄)御參內、申斜着衣冠參內、爲參會也、前權中納言・左衞門督・予・三條中納言(實望)・飛鳥井中納言(雅俊)・右大弁宰相・頭中將・頭弁・言綱等、令參於御直廬、被改御衣冠、於御前三獻如例年、次御退出、於御直廬有獻云〻、暫逗留、子剋計事終卽遂(マヽ)電退出、抑三獻之末、武家近習之輩有召出、是例也、雖然各有傍參仕及遲〻、無興〻〻、不便事歟、左金吾・三中・飛鳥共以御退出之時不出逢、奉見下(マヽ)、有御直廬之中云〻、

將軍近習の輩に拜謁を賜ふ

廷臣幕府に參賀

十一日、巳剋計參室町殿、昨日參會之衆翌日可參賀由、去〻年仰之故也、及申下剋御對面、卽退出、

十二日、晴、

近臣官女ら酒饌を献じて宴有り

手猿樂

十三日、晴、女中・近臣一獻申沙汰也、金鈍(マヽ)・御樽等進之、午剋參內、有手猿樂、不召具伊長、一獻中央有召云〻、仍祗候、入夜事終、候御所、

十炷香賭物

十四日、細雨下、餘醉散〻、終日平臥、及晚參內、依當番也、有十炷香、賭一種持參、一種拜領了、

冷泉永宣參議昇任の希望

十五日、晴、入夜雨下、朝間猶候御所、被召御前、右兵衞督八座事、以予度〻所望、依無

十六日參議持明院基春を罷め永宣を參議に任ず

其闕不達本意、持明院宰相（基春）在國、然者可被借召、明日可被仰出如何之由有仰、遂拜賀參議彼卿只一人也、自然御用之時可補事歟、雖然頻所望之上者、御沙汰何事候哉之由申入了、御會始十九日歟之由被思食、御題今朝之間可被下由有仰、御粥御祝後退出、歸蓬屋、祝着之儀如例、今夜不參御祝、依雨召進伊長、今朝御冠懸三筋被下、祝着〻〻、

歌御會始廻文

十六日、晴、御會始御題被下、勅題也、則書廻文、

　　剋限可爲未一點

　由、其沙汰候也、

鷽知萬春

右題來十九日可有披講、

可令豫參給由被仰下候也、

　　正月十六日　　元長

中御門大納言殿

侍從大納言殿

右大將殿（三條實香）　不參　不進懷紙

民部卿殿（冷泉政爲）

折杉原書之、以釜殿遣之、

但今日釜殿參座主宮云〻、

仍明日可相觸也、

前權中納言殿　不參
右衞門督（四辻季經）殿
左衞門督（冷泉爲廣）殿
按察（綾小路俊量）殿　不參
中山（宣親）中納言殿
小倉（季種）中納言殿　不參
源中納言（田向重治）殿　不參
三條中納言殿
飛鳥井中納言殿　不參
中御門（宣秀）中納言殿　不參
伯二位（忠富王）殿　不參
菅宰相（和長）殿　不參
新宰相（冷泉永宣）殿
左大弁宰相（廣橋守光）殿　不參
右大弁宰相（萬里小路賢房）殿

頭中將殿(三條西公條)　不參　不進懷紙
姉小路中將殿(濟繼)
冷泉中將殿(爲孝)　不參
大內記殿(五條爲學)　不參
頭弁殿(勸修寺尚顯)
四辻少將殿(公音)　不參
鷲尾少將殿(隆康)
冷泉少將殿(爲和カ)　此外予・伊長、

亡父親長月忌

十七日、晴、先人(甘露寺親長)御忌日也、竹中・叡通房入來、時(齋)如例相伴、遣扇一本、佳例也、詣中山中納言宿所、雜談、一昨日自禁裏被下御双紙前定詩書之、御會御人數加奉、少々故障之由有尻(マヽ)付、入見參了、

將軍足利義澄の推擧により正五位下日野高光を從四位下に敍す元長これを批判す

三毬打燒き見物

十八日、晴、粥如例、高光(日野)四品之事、自室町殿(義澄)再往被執申間、勅許之由以事次有仰、改被補五位藏人、不遂拜賀今如此所望希代之儀、不知曩祖之素意、不恐冥加、家々滅亡(之カ)何事哉、故政資卿(日野)不經五位職事、背天道眼前也、可憐可思(恐カ)々々、入夜參內、下姿、爲三毬打見物也、事終退出、

歌御會始

巡流
逆流

上﨟局において近臣官女等大飲

風呂

第一皇子知仁主催の酒宴手猿樂あり

十九日、晴、覺勝院(了淳)入來、予弟也、懷紙少ゝ到來、午下尅着衣冠參內、取集懷紙令持參、置文臺上、有出御、召左衞門督可取重由可申旨也、仍召之、先一人參御前重之、頗遲ゝ取重、於傍次第可撿知由命之間、侍從大納言相共見之、所ゝ雜乱重直之、去年如此、不便事歟、左金吾令持參直(置カ)文臺退、法中御懷紙二枚在上、讀師・講師事、予伺之、讀師侍從大納言、講師爲和(冷泉)之由有仰、爲和故障、雖及再往不能承引、然者可爲頭弁由有仰、雖令故障、堅以仰之間懃之、侍從大納言進召頭弁、次講頌輩進寄、展懷紙置文臺上、次讀之、所ゝ讀誤、不可說事等有之、無興ゝゝ、座主宮・仁和寺宮御歌二反、式部卿宮(邦高親王)・無品親(貞敦カ)王御歌三反、御製七反、事終被出天酒、巡流・逆流之後分退出、同出由以予各申之了、欲令退出處、於上﨟有酒、可參由有命、仍詣彼局大飲、二品・三品等之局以下、宮中之衆悉以御參會也、入夜雨下、夜半許退出、

廿日、巳下剋參內、依當番也、入夜參御前、暫御雜談、右大辨宰相祗候、御晝之後於新典侍局有酒、三品局・上﨟等御參會也、右大辨宰相同道、今日、自靜原鄉被預置金御正躰返上、与鞍馬寺喧嘩依物忩云ゝ、在所無之間奉置禁裏、祐重卿持參執之、予持參、

廿一日、晴、無事、入風呂、正親町張行也、

廿二日、晴、宮御方佳例申沙汰之由、一昨日廻文到來、加奉了、土器物兎・御樽進上、午

剋參內、參仕人々、侍從大納言・前權中納言・右衞門督・予・伯二位・新宰相・右大辨宰相・頭辨・隆康朝臣昨日四品云々、・伊長・雅益・言綱・源諸仲等祗候、有手猿樂、七番後堂上美聲如例、及源大夫〔深更カ〕退出、

和漢聯句御會

廿三日、晴、明日可有和漢御會、可相觸之由有仰、仍遣廻文、

廿四日、晴、巳剋許參內、就山〔聯輝軒〕・宗山〔萬松軒〕・侍從大納言・中御門大納言・中山中納言・予・新宰相・右大辨宰相・濟繼朝臣・頭中將・景長〔マヽ〕朝臣等也、御發句、

　梅の香もみちてや四方のあさ霞

及昏色事畢退出、自曉天雪下、

官女等酒饌を獻じ雪見の御宴有り

廿五日、旧冬不雪下、初雪之後更不及積、二番雪、女中申御沙汰、佳例也、仍今日可有一獻、可祗候之由被下御文、仍未下剋參內、有一獻、事畢退出、右大辨宰相・隆康朝臣等也、

廿六日、晴、參內、依當番也、

來月二日御蹴鞠の廻文

廿七日、晴、及晩雨下、來月二日可有御鞠、御人數御談合、一兩日中可相觸由有仰、

盃臺

廿八日、晴、午後雨下、作盃臺、

安禪寺殿病惱

廿九日、晴、大慈院始而渡以〔御〕、安禪寺殿可參之由、昨日有御文、承由申之、午下剋許參御

寺、盃臺・御樽壹荷進上之、不數獻、三品局有御出、右大辨宰相・頭弁・伊長同祗候、方丈有御歡樂之氣、每事無興、亥剋許歸宅、今朝巡役旧冬之殘汁、右大丞張行、侍從大納言任槐事所望、勅許云々、宣下來月五日候也、

巡役汁講

三條西實隆任内大臣所望

卅日、晴、參安禪寺殿、御歡樂訪申、御同篇云々、有一盞、景令渡(マヽ)結謁申了、詣花山(院脱)前左府(政長)亭暫雜談、

二月

亡母後廣大寺殿月忌

安禪寺殿病魔祈禳のための渡加持

一日、晴、後廣大寺殿(元長亡母)御月忌如例營之、惣(想)蓮入來、遣佳例扇、參安禪寺殿、猶以御同篇、予申云、自昨日御加持、爲此分者不可有殊驗歟、渡加持尤可然歟、急度可有其沙汰、御方々可然由各被同之、淨侶院・妙觀院・威德寺等卿(可カ)參分申定之、明日吉日之間令必定了、

小笠原刑部少輔屋越の引目を射る

又申云、被召小笠原刑部少輔、屋越之引目可被射歟由申之、可計申由各承諾之間、遣伊長可參旨申遣、他行云々、經數刻刑部少輔來、可祗候由申之、然者可爲明日由申含了、

渡加持

ヨリマシ

二日、陰、可有御鞠由兼日相觸了、雖然元氣蒙然之間、令猶豫間、先參安禪寺殿、有渡加持、ヨリマシ漸有物氣、雖可見屆夕陽聊宜歟之間、參內、伺時宜今日可被略云々、各相觸

加持の効驗より野狐退散

了、參御前數刻有御雜談、及昏右大弁宰相(萬里小路賢房)自安禪寺殿直參、御物氣之事悉以言上、令驚給、野狐又生靈各打金退散之間申(旨カ)云々、後聞、矢一放時、イナウ〱ト被仰、令走出給云々、是野狐所爲一定歟、可驚々々、候番、

三條西實隆任内大臣に伴ひ禁裏小番改組

三日、晴、有召、則詣勾當局、下姿、來五日侍從大納言(三條西實隆)任槐、仍可被改小番、々文上首次第可致其沙汰、又書事惣番衆觸可致出仕之由仰也、上首數輩有之、非無斟酌、但隨便宜仰之儀、強不及辞申歟之間、先草入見參、於淸書者重而可調進上由申入、兼又(マヽ)

毗沙門天像を安禪寺に祀る
小笠原刑部少輔の病魔祈禱結願

四日、晴、毗沙門紀新大夫、爲御護可被備遂(進)安禪寺殿由仰之間、令隨身參安禪寺殿、一昨日、予如此御護被置度之由申入故歟、今夜候安禪寺殿、刑部(小笠原)少輔今夜結願也、被下御服、入夜雪下、

禁裏小番改組

五日、晴、番文令調進上了、

定

小番事

一番　宗綱卿(松木)　重治卿(田向)　阿古丸(庭田)
源諸仲(五辻)

二番　公兼卿(正親町)　忠富卿　公條朝臣(三條西)

菅原(唐橋)在名
三番　季經卿(四辻)　和長卿(東坊城)　爲學朝臣(五條)
四番　俊量卿(綾小路)　永宣卿(冷泉)　隆康朝臣(鷲尾)
五番　政顯卿(勧修寺)　守光卿(廣橋)　言綱(山科)
六番　元長卿(甘露寺)　賢房卿(萬里小路)　重親(庭田)

右、守次第、晝夜無懈怠可令參勤之狀、如件、

永正三年二月　日

中御門宣秀陣上卿を勤む

中御門中納言(宣秀)今夜陣上卿云々、申慶間遣樽、着陣之時、於奥座不引直裾由、先人(甘露寺親長)御諷諫之由覺之、如何、侍從大納言不然歟之由被申云々、中御門大納言(宣胤)尋予所存、不引直三息之間念昇進事、不見下故之由、慥被仰由返答了、衰日拜賀如何之由、先日同尋之、當家不憚衰日也、所見追而可注遣由申了、仍一昨日引吉御記注遣了、壽永二七四御記也、袍・下襲・大帷・笏・沓借(貸)遣了、入夜向中御門亭、召具伊長、頭弁(勧修寺尚顕)・卜部兼將在此席、頭弁衣文先沙汰之、次中納言着裝束、衣文同予沙汰之、着了有三獻、一門輩無人、故障云々、出門里亭拜舞有無如何之由予尋之、雖無其在所、爲祝着可沙汰由返答、下地上二拜、又二拜、二親(現存カ)故也、式(或カ)舞踏歟、如何々々、相隨參內、舞踏如例、申次卜部兼將、入無名門於

吉記引勘

右大臣九條尚經を左大臣に内大臣西園寺公藤を右大臣に權大納言實隆を内大臣に任ず

神仙門懸腰、昇殿上直於上戸參御所方、雨時不敷疊、仍不着座歟、御對面已後下殿進陣、可向吉時歟、不可及其儀歟之由尋予間、可向由返答、仍向之、陣官戉之由申之、着大納言座、雖不直裾移着端座今(令カ)敷軾、頭弁進覽藏人方吉書、下文事、文ノ頭ヲ逆手ニ下歟之由覺悟也、不然、可尋、頭弁取吉書退出床子座前、召六位史盛貞下之如形、結申退、不撤軾起座退則又着奥座、頭弁進三公仰轉任事、其詞兼尋之、關白右大臣左大臣ニ、内大臣右大臣ニ、權大納言藤原朝臣隆宜任内大臣、退入、上卿移着端座、雖不下知陣官敷軾退、更召召(衍)盛貞了、參小庭、蒙氣色准(唯カ)稱進軾、仰詞如職事上、盛貞退、頭弁進軾、仰官次事、其詞兼問之、右大臣内大臣官次ニ可列、如此云々、左大臣ハ元ヨリ上臈タル故不連之云々、頭弁退召官人、召外記盛貞、仰々詞、卽退、今(令カ)官人撤軾、起座退出、向内府之亭云々、于時子剋許歟、歸宅、

禁裏小番結改の廻文を各番頭に遣はす

松木宗綱在國

六日、晴、小番事今日可相觸也、調廻文、

從來八日可被改小番、御參一番子午、宗(衍カ)綱卿御參、阿古丸・源諸仲、番頭(松木宗綱)在國之間、各可令相觸給由、被仰下候也、

二月六日　　元長

田向(重治)殿

従來八日可被改小番、御參二番丑未、御參、光富〔忠〕卿・公條朝臣・菅原在名、各可令相觸給由、被仰下候也、

二月六日　、、

正親町(公兼)殿

従來八日可被改小番、御參三番寅申、御參、和長卿・爲學朝臣、各可令相觸給之由、被仰下候也、

二月六日　、、

四辻(季經)殿

従來八日可被改小番、御參四番卯酉、御參、永宣卿・隆康朝臣、各可令相觸給之由、被仰下候也、

二月六日　、、

綾小路(俊量)殿

從來八日可被改小番、御參〔五番脫カ〕辰戌、家君（政顯）・守光卿・言綱、各可令相觸給之由、被仰下候也、

二月六日　　、、

頭弁殿（勸修寺尚顯）

從來八日可被改小番、如元御相番候、守亥巳日、晝夜無懈怠可被參懃給之由、被仰下候也、

二月六日　　、、

万里小路殿（賢房）

從來八日可被改小番、御相番候、守亥巳日、晝夜無懈怠可被參懃給之由、被仰下候也、

二月六日　　、、

庭田殿（重親）

三條西實隆幕府に參ず

詣内府亭（三條西實隆）、携一腰、對面有盃酌、息之喝食執（桂陽）酌、今日可參室町殿、欲着烏帽子・直衣処、衣文且煩之由有命、然者剋限可馳參由命之、先參安禪寺殿、御滅（減カ）氣珍重、退出直向彼亭処、於路次催促之使相逢、衣文沙汰之、中御門大納言・民部卿（冷泉政爲）・姉小路中將（濟繼）等參會、被

着花田織物指貫、出門已後歸宅、

安禪寺殿病氣再發

內大臣實隆詩會を催す

七日、晴、參安禪寺殿、御邪氣昨夕御再發云々、勾當內侍令參給、有一獻、今日可執重詩懷紙由、內府先日張行、仍令懷中懷紙向彼亭、及昏色間不見殘之懷紙歸了、改衣裳又參安禪寺殿、候宿、爲御劒奉行也、

懷紙書樣、

元長の詩

賦耕於東郊各分一字、

詩 探得翁字、

權中納言元長

天氣降和春雨濃、平

田水蘸識年豐、勸農

只在東郊舍、秉耜荷來

白髮翁、

八日、雨下、參內、依番始也、右大弁宰相同祗候、重親不參、

綾小路邸における樂習禮

九日、晴、按察（綾小路俊量）息鶴壽丸來十三日御樂始可參懃也、仍今日可有合奏由、以量隆中（景）送間欣然了、仍遣樽、未剋許向彼亭、四辻大納言（實仲）・源中納言（田向重治）・公音朝臣（四辻）・隆康朝臣等也、地下益

秋・量〔景〕隆・量〔景〕範・衆秋・安陪季音等也、合奏已後有盃酌、不事訖已前、還奄〔遂歸庵カ〕歸了、

和漢聯句御會

十日、晴、和漢御會祗候、中御門大納言・中山中納言（宣親）・予・源中納言・元修西堂・右大辨宰相・頭中將（三條西公條）執筆・濟繼朝臣・章長朝臣（高辻）・就山（聯輝軒）・宗山（萬松軒）御參、御發句宗山、

春さむミ雪よりかける朝かすミ

入韻　御製

問花先度峯

庚申守

入夜退出、參安禪寺殿、右大辨宰相同道、守庚申了、御病氣御同篇、聊有御減氣、

十一日、晴、

花山院政長亭の樂習禮

十二日、晴、及晩雨下、自花山院前左府（政長）今日可有樂習礼由、兼日有其催、仍詣彼亭、先有朝飯、事終被始之、樂畢有大飮、黄昏歸家、

大飮

十三日、陰、未剋許着衣冠參內、參仕人〻、

御樂始

花山院前左大臣・四辻大納言・右衞門督・按察・予・源中納言・鶴壽丸・公音・隆康等朝臣・雅業（白川）・言綱、地下統秋（豐原）・益秋（豐原）・量〔景〕隆・景範・衆秋・豐原俊秋・安陪季音等也、

平調

萬歲樂只　三臺急　甘州　春楊柳　小娘子　太平樂急　林歌　朗詠　令月

殘樂三臺急御所作・按察、小娘子花山・予、太平樂急源中・景範、羯鞁〔マヽ〕統秋、太鼓景隆、鉦鼓豐原俊秋、

雜藝和曲

事終於鬼間、佳例天酒被出之、花山以事次申沙汰、是又例年事也、樂・雜藝及和曲等、不可說〻〻〻、舞小〔等カ〕被乘輿、何之、當番之間不退出候宿、沈醉散〻、

十四日、晴、餘醉、終日平臥、入夜參安禪寺殿、候宿、

○十五日ヨリ十八日マデ日付ノミ、今コレヲ略ス、

月次御樂始

十九日、晴、參內、月次御樂始、平調、万歲樂只拍子・甘州・春楊柳・五常樂急・郎君子・慶德・林歌、殘樂有五、按察甘州・林歌、予五常樂急・慶德、量〔景〕範郎君子吹之、散〻吹破了、不可說〻〻〻、參仕人〻、式部卿宮〔邦高親王〕・無品親王〔貞敦カ〕・四辻大納言・右衞門督・按察・予・源中納言・公音・隆康等朝臣・言綱、地下□〔統カ〕秋・量〔景〕範・衆秋大鼓、事畢有天酒、其後有御鞠、今日雖當番不堪窮屈退出、爲御鞠伊長祇候之間申含了、

御蹴鞠

○廿日ヨリ廿三日マデ日付ノミ、今コレヲ略ス、

廿四日、晴、中山中納言・中御門中納言・右大辨等有參會事、

北野社法樂連歌の御會

廿五日、晴、參內、有法樂御連歌、參仕人〻、

廿首續歌

式部卿宮・內府・中御門大納言・民部卿・中山中納言・予・源中納言・菅宰相・右大弁宰相・濟繼朝臣、執筆、事終有廿首續歌、執重被讀上、菅宰相讀之、事畢有天酒、一巡之後退出、

廿六日、晴、參安禪寺殿、有御銚子事、及昏色歸家、

廿七日、晴、

廿八日、雨下、

一種持寄の會
楊弓
誓願寺參詣

廿九日、晴、於頭弁亭有一種持寄、楊弓有之、詣誓願寺、

卅日、晴、

三月

一日、晴、參內、當番也、

御蹴鞠

二日、晴、參內、有御鞠、

上巳の御祝
正親町公兼二月一日任大納言

三日、晴、入夜參內、依御祝也、新大納言（正親町公兼）・伯二位（忠富王）・公條朝臣（三條西）・隆康朝臣（鷲尾）等祇候、

北野社法樂連歌の御會

四日、晴、有法樂御連歌、昨日御人數可相觸由有仰、仍書廻文遣了、巳剋許參內、御發句、

なへて世に花をこと葉の手向かな

式部卿宮（邦高親王）・中御門大納言（宣胤）・中山中納言（宣親）・予・菅宰相（東坊城和長）・爲學朝臣（五條）等也、事畢被出天酒、

足利義澄聯輝軒に遊び將棋を見る

立阿彌

五日、雨下、今日室町殿（足利義澄）渡御聯輝軒、可被御覽將碁（棊）、可參云々、仍午剋許參、三獻之後被召出、五獻之御盃給予、令祝着了、五獻之後有將碁（棊）、相手立阿弥、唯一番予勝了、七獻已後還御、依近所、歸資直（富小路）宿所平臥、

六日、晴、終日餘醉散々、

御蹴鞠

七日、晴、參內當番也、及晩有御鞠、宮御方（知仁）・右大弁宰相（萬里小路賢房）・阿古丸（庭田）許也、

八日、晴、

賀茂兩社奏事始

九日、晴、賀茂下上奏事始今日申之、拜領天盃、向內府亭（三條西實隆）、有銚子事、東向依留守也、

和漢聯句御會

十日、晴、參內、和漢御會也、發句內大臣、

そめさらハとはかり花の心かな

入韻　中御門大納言

霞紅春色奇

參仕人々、

式部卿宮・內大臣・中御門大納言・中山中納言・予・源中納言（田向重治）・右大弁宰相・濟繼朝臣（姉小路）・公條（三條西）

朝臣執筆・章長（高辻）朝臣、僧元修西堂・承廷藏主、事畢退出、
十一日、晴、被招內府亭、有晚飯、及昏歸宅、民部卿・伯二位・濟繼朝臣等也、

正親町公兼任權大納言拜賀

十二日、朝、入夜雨下、新大納言今夜慶申、仍下具已下少々・太刀等借〔貸〕遣了、行莊〔粧〕等可尋記、扈從康親（中山）聟・公音（四辻）・實枝（正親町）等朝臣云々、

廷臣酒饌を獻じて花見の御宴

十三日、雨下、禁中花盛之時、必男女有申沙汰、今日可有佳例由、伯卿送廻文、加奉、土器物・御樽進上之、及晚參內、於小御所有一獻、內大臣・予・伯二位・右大辨宰相・隆康朝臣・言綱・源諸仲（五辻）等也、雨中見花心はへ、歌可仕由有仰、則被仰御製於內府、

　このくれの雨にも花よ花のひまに
　みしやあを葉もにほふころかな

內大臣

予

　ちらすへき花にのミともうらみぬや
　月もかひなき春雨のうち

式部卿宮

自餘不及詠、其後御製等猶遊〔被脫カ〕、可尋記、雖事終、當番之間候宿、

十四日、雨下、樂稽古之外無事、

十五日、晴、

主上廷臣らに花見の宴を賜ふ

十六日、雨下、今日有御反礼、未下剋參內、大飲、候御所、

亡父親長月忌

十七日、陰、餘醉散〻、竹中弟子來、不對面、暫休息、已後燒香、

風呂

十八日、陰、入風呂、

月次御樂の會

十九日、雨下、月次御樂也、午下剋參內、式部卿宮・四辻大納言（實仲）・右衛門督（四辻季經）・予・源中納言・公音・隆康等朝臣・言綱、地下結（統カ）秋・景隆・季音、無打物、予音頭五吹之後、与奪景隆了、殘樂前二予吹之、後一与奪了、春庭樂只、賀殿急、颯踏入破・酒胡子・武德樂、地久急、天酒如例、其後猶可祗候由有仰、當番之間旁候了、更有一獻、及美聲、不退出候宿、

廿日、陰、右府（西園寺實宣）息一級（從四位下）之事、先日執申了、有勅許、

和漢聯句御會

廿一日、晴、有和漢御會、參仕人〻、式部卿宮・就山（聯輝軒）・予・源中納言、新宰相（冷泉永宣）當番祗候之間追而被召加了、公條・濟繼・章長・爲學等朝臣、御發句式部卿宮、入韻御製、

廿二日、晴、

廿三日、晴、

廿四日、晴、月次御懷紙少々到來、愚詠・伊長懷紙等取集、付進勾當內侍了、

蹴鞠御會
三條西邸の詩會

廿五日、晴、可有御鞠、當番可召進伊長之由有仰、仍召進了、內府亭會、詩短尺不得吟味之間、未遣、

元長の漢詩

廿六日、雨下、詩草遣章長朝臣許、對客云々、及晚持來、勸一盞、則令淸書、以伊長遣了、

題先日被送了、

花底一退朝　短尺書之、

花底〔一脱カ〕退朝　旌動欲斜曈〔曛〕官柳、交花纈〔纈カ〕纈紋退朝、回首春風如有意、挽留雙袖自芬々、元長、

伊長同獻之了、

廿七日、晴、

廿八日、晴、

御方違行幸

手猿樂

大飲

廿九日、晴、爲御方違、可有行幸大典侍局云々、昨日內々被催、明日亡母正忌之間難參由申了、不被免、及度々勾當書狀到來、仍參內、押物代幷樽等送大典侍局了、有手猿樂、大飲、及曉鐘間令退出了、

四月

亡母正忌
誓願寺參詣

一日、晴、想蓮・竹中・金光院等請了、
及晩參詣誓願寺了、

中御門家の人
人を招待

二日、晴、入夜雨下、當番、可早參由有其催、仍參內、於大典侍局有酒宴、今朝向魚味饌
間、以次、中御門家中上下招了、

三日、晴、餘醉散〻、

四日、晴、參安禪寺殿、日來与大衆有不扣〔和カ〕事、今日無爲之分落居、予中媒也、

（表紙）「元長卿記

永正四年
正月　二月　三月
四月　五月」

（扉）「永正四年愚記

権中納言判」

永正四年

正月

元旦の大雪

一日、大雪下、早旦行水・遙拝・祝着之儀等併如例年、及晩參内、當番也、入夜御祝如年〻、參仕人〻、新宰相（冷泉）永宣・阿古丸・公條（三條西）・實胤（正親町）等朝臣・伊長（甘露寺）・雅業（白川）・言綱（山科）・資數（綾小路）・重親（庭田）・源諸仲（五辻）等也、事畢宮（知仁）御方御祝同前、局〻參賀了、

四方拝

四方拜及天明云〻、日高伊長退出、雨儀云〻、頭中將（三條西公條）申沙汰也、軒廊下、佳例御扇拜領、祝着〻〻、

二日、陰、入夜雨下、朝之間於御所有一盞、事訖於勾當局有祝着之儀、夜前樽幷遣薫物等訖、及深更間今朝被謝之、歸宅之後沈醉平臥、不及三盃、酉尅許起上向强飯、不出仕、

强飯

三ヶ日の祝

三日、朝雨下、及晩雖屬晴猶陰、三ヶ日祝着之儀併如例年之、菅原(唐橋)在名來、爲極﨟申沙汰畢、小番等不可有疎略之由申含了、及昏色參內、爲御祝也、參仕人ゝ、予・新宰相・阿古丸・公條・實胤等朝臣・雅業・源諸仲等也、事畢退出、

從五位下富小路資直昇殿のこと

四日、晴、資直(富小路)還昇宣下事一通遣頭中將許、懷幸可被授爵由、被仰前左府(徳大寺實淳)者可然欤之由申入、可申遣由有仰、仍以書狀申之、鴨社祝送神供、西御方遲ゝ子細有之間、先東御方許沙汰進、

五日、晴、前左府返事到來、仰分可申付、可申沙汰由也、

攝津藏殿庄より若菜到來

六日、晴、自攝州藏殿庄若菜到來、祝着ゝゝ、

人日の祝

七日、雨下、酉尅許參內、當番也、先向前內府(三條西實隆)亭賀之、有一盞、歸路之次參三位殿局、被出盃、則參御所御祝、參仕人ゝ、
新宰相・右大弁宰相(萬里小路)賢房當番・阿古丸・實胤・隆康(鷲尾)等朝臣・伊長・雅業・言綱・重親・源諸仲等也、事畢參宮御方、御酌之後各分散、候宿、

唐橋在名式部大丞の稱を勅許さる

八日、晴、菅原在名申式部大丞由申入、勅許、資直來、還昇之後申御礼云ゝ、有御對面之由

元長息阿古丸
覺勝院了淳
石山十穀聖

語之、覺勝院(了淳、元長弟)出京、神光院阿古丸(時詔)來、予息、入夜令覺勝院講最勝王經之內護持品、本尊任如在案辨才天像供洗米、石山十穀來、摺寫本尊一躰・牛玉一枚・壇供一枚送之、安養寺被來札(礼カ)、茶一器携之、

九日、晴、無事、

足利義澄年賀のため參內

十日、雨下、殿下(九條尚經)爲武家參賀有渡御、先被寄御輿、御衣紋可奉直云々、沙汰之、同付御鬢、今日室町殿(足利義澄)御參內也、爲參會參之處及遲々、既令入御直廬給、暫候男末之邊、一盞如例、右大弁宰相(萬里小路賢房)・頭中將・頭弁(勸修寺尚顯)・雅業御劒・言綱參會云々、三獻畢御退出、於御直廬有三獻云々、事訖御退出、進車寄蹲居、三條中納言(實望)追而參加、於勾當局有一盞、兩三反之後退出、

廷臣幕府に參賀

十一日、晴、及晩時々小雨下、爲武家參賀召進伊長畢、中御門(宣胤室、元長姉)東向入來、佳例也、覺勝院・攝取院(元長女)・福昌庵(元長女)喝食・神光院阿古丸超請(招カ)、儲朝飯、及晩樂始、万歳樂・五聖(マヽ)樂急・太平樂急吹之、次次(吹)神樂、毎旬法樂也、

十二日、晴、

廷臣等酒饌を獻じて御宴

十三日、晴、今日女中幷內々臣下申沙汰也、御肴・御樽併如例年、未斜參內、前內府(三條西實隆)・四辻新大納言(季經)・按察(綾小路俊量)・予・前源中納言(田向重治)・菅宰相(東坊城和長)・新宰相・右大弁宰相・頭中將・頭弁・實胤・隆康等朝臣・雅業・言綱・重親・資數・源諸仲等也、雖事畢猶候宿、今日當番也、

三毬打焼

和歌御會始の題とその廻文

十四日、

十五日、晴、入夜參內、召具伊長、依御祝也、事畢於東庭被燒三毬打、燒畢參宮御方、御酌訖退出、今日被出御會始和歌御題、梅有佳色勅題、則書廻文、以釜殿遣之、

梅有佳色

右御題來十九日

可有披講、可令

豫參給由、被

仰下候也、

正月十五日　　良辰〔元長カ〕

中御門大納言殿（宣胤）　　前內府以別紙相觸畢、

冷泉大納言殿（政爲）

權大納言殿（正親町公兼）

四辻新大納言殿

民部卿殿（冷泉爲廣）

右大將殿（三條實香）

新大納言（小倉季種）殿
按察殿
前源中納言殿
三條中納言殿
飛鳥井中納言（雅俊）殿
中御門中納言（宣秀）殿
伯二位（忠富王）殿
菅宰相殿
新宰相（冷泉永宣）殿
左大弁宰相（廣橋守光）殿
右大弁宰相（萬里小路賢房）殿
頭中將（三條西公條）殿
頭弁殿
冷泉中將（爲孝）殿
大內記（五條爲學）殿

中山(康親)中將殿
四辻(公音)中將殿
鷲尾(隆康)少將殿　　新衆
冷泉(爲和)少將殿　　白川(雅業)少將　內藏頭(山科言綱)
飛鳥井少將殿　　別紙觸之、

法勝寺住持參內

十六日、晴、法勝寺住持長老可參內申云〻、兼日自西園寺被示之、伊長爲行事弁間、申次可令存知由返答、先被枉駕、予對面、卷數・樽代等被携、自先剋伊長令參內由答、御扇十帖可進上云〻、

二尊院長老

二尊院長老被來、鴨社祝來、東御方至御戸開神事無存(マヽ)云〻、珍重〻〻、

亡父親長月忌

十七日、晴、先人御月忌也、廬山寺竹中入來、相伴、扇如例年遣之、

三毬打燒き見物

十八日、晴、伊長如例年進三毬打、入夜爲見物參內、下姿、事畢詣前內府亭閑談、乘月歸畢、

和歌御會始

十九日、雨下、午尅許着衣冠參內、依御會始也、和歌懷紙少〻到來、令隨身、參仕之輩於御所執集置文臺上、前內府・中御門大納言・冷泉大納言・四辻新大納言・民部卿・按察・予・前源中納言・新宰相・右大弁宰相・公條・爲孝・隆康等朝臣・伊長・雅業・言綱、依不具故障、雖進懷紙不參輩繁多、先召民部卿被重懷紙、其所三間御庇也、執重畢可檢

知之由有命、次第雜乱直之、讀師前內府、講師公條朝臣、發聲冷泉大納言、〻〻歌民部卿出之、事畢被出天酒併如例年、各退出、予依當番猶留候、及昏色被召御前、仰之子細等有之、於上﨟局有酒、沈醉、

富小路資直昇殿のこと堂上二十七人連署して之を止めんとす

廿日、陰、御懐紙可閉由被仰下、則閉之、書裏書進上、就資直昇殿雲客中成群云〻、有其催間伊長可罷出由申含畢、定可有不可說之事、不可及一言由堅令教訓、戌剋許歸宅、種〻有過言云〻、一文不通之輩不知先規申狀、可謂比興者歟、昨日被出詩御題、來廿五日可作進由、可相觸由有仰、今日書廻文、

詩御會の題とその廻文

掖墻新柳 使〔便カ〕以春字、　前內府以別紙觸之、

右題、來廿五日
可令作進給由、　此外予・伊長可作進之由有仰、
被仰下候也、
正月廿日　元長
菅大納言殿（高辻長直）
中御門中納言殿
菅宰相殿

頭中將殿

少納言殿

大内記殿

廿一日、晴、

伏見宮邸和歌御會始

廿二日、晴、伏見宮（式部卿宮邦高親王）御會始、詩歌懷紙獻之、伊長獻和歌、有和漢、於親王御方有此事、曼（殊）壽院宮・聯輝（就山）・万松（宗山）兩軒、中御門中納言・前源中納言・新宰相・頭中將執筆、章長朝臣・康親（中山）朝臣・行季（世尊寺）朝臣・隆康朝臣・重親・基規（持明院）・僧一兩輩、有御湯漬、事畢被講和歌、讀師冷泉大納言臨期參入、講師康親朝臣、發聲予勤之、先之有一獻、予懷紙季字幷同字書之、不書姓、伊長令書姓畢、

常樂院忌日

廿三日、晴、常樂院殿（甘露寺房長）御忌日、金光院入來、五明一本遣之、併如去十七日、及晩雨下、

廿四日、陰、

詩御會始

廿五日、晴、巳尅許着衣冠參內、詩懷紙少々、隨到來令持參、

春日同賦掖墻新柳　詩（便以春字、）

權中納言藤原元長

官門開處粉墻新、御柳陰ゝ吹不塵、雨露恩如聖恩遍、青烟深鎖漢宮春、

和漢聯句御會

御會於小御所有之、兩軒（聯輝・萬松）・前內府・中御門大納言・予・前源中納言・新宰相・公條朝臣執筆也、章長朝臣・承廷首座等也、

朝霞なひくを人の心かな

鶯語賀新年　就山

事畢分散、依爲當番猶留候、

廿六日、晴、

賀茂兩社奏事始

廿七日、晴、今日鴨兩社奏事始申之、神下（被カ）天盃、

興福寺赤澤朝經の社寺領横領を訴ふ

廿八日、晴、自興福寺使到來、兩種・貳荷・書狀三通有之、一通賀新年、一通寺社領事、不應御下知一粒不及其沙汰、仍可及大訴由也、則奏聞、晝時分可參、可被仰合由有仰、仍午斜參內、種ゝ有仰旨、非可被打捨、先被申武家、御返事之趣可被仰遣由申入了、他事少ゝ有仰事、卽退出、

御方違行幸

廿九日、雨下風吹、今日爲御方違行幸新典侍局、可參由昨日有其催、仍未斜參內、先之兩種・樽等送遣彼局了、報鐘之後退出、沈醉、

卅日、陰、餘醉如病、

二月

亡母後廣大寺殿の月忌

一日、晴、及晚雨下、後廣大寺殿(元長母)御忌日、想蓮入來、相伴、遣五明一本、併如例年、

二日、晴、頭弁(勧修寺尚顕)來雜談、招清閑寺(家幸)、儲朝飡、

富小路資直の昇殿の事足利義澄も抑止すよつて地下昇殿の例に據らしむ

三日、陰、及報曉鐘自室町殿(足利義澄)有仰事、左衛門督局文也、注左、

御所さまより申給候すけなを(資直)をせんせき(仙籍)の事、たうしやう(堂上)のよし申候につきて、すてにふつさう(物忩)におよひ候程に、あまりにしかるへからすおほしめして、御しつそう(執奏)候所に、御申にまかせまいらせせられ候うへは、たゝ地下のせんせきにて候へんするよし、御返事にて候、さりなから、すけなを(資直)をしせんかくこ(覺悟)もちかひ候て、なをたうしやう(堂上)のはたらきにて候へゝ、この御所として一たん(段)御せいはい候へんする上ゐ(意)にて候、すき(過)つるし

やう月十日のさんか《（参賀）》の事も、まきらかして、たうしやう《（堂上）》のやうに申入候、くせ《（曲）》事にて候、のち〱の所、かたくすけなを《（資直）》にれうし《（聊爾）》なきやうにおほせつけ《（仰付）》らるへきよし、心え候て申候へく候、御返事けさむ《（見参）》に入候やうに給候へく候、かしく、

永正四、
二、三　　かんろしとのへ申給候《（へカ）（マヽ）》　さ

則書御返事、付遣使了、

かしこまりてうけ給候ぬ、すけなを《（資直）》せんせき《（仙籍）》の事、御しつそう《（執奏）》につきて、地下のふん《（分）》たるへきよし、ちよくたう《（勅答）》のおもむき《（趣）》おほせ下され候、くわんれい《（管領）》のせ《（たカ）》う《（頭）》下ちをくゝへ候事にて候程に、やかて申つかゝすへく候、すけなを《（資直）》にもわたくしより又申つかゝし候へく候、こよひ《（今宵）》夜に入候ほとに、あすまての事ない〱の心え候て御ひろう候へく候、くわんれい《（管領）》のこと候へゝ、たゝいまやかて申つかゝし候、かしく、

表書なし　　名字ハかり書之、

四日、雨下、朝旦、今朝左衛門督局書状、青侍出遣資直許、如此之由申了、可爲上意之由申間、書遣左衛門督局状案、

よへおほせのおもむき、すけなを《（資直）》に申つかはし候、ともかくも上意たるへきよし申候、このよし御心え候て御ひろう候へく候、かしく、

左衛門督との局へ　　もとなか

夜前遣頭中將（三條西公條）許一通、

藤原資直還昇事、先度被加下知處、室町殿御申如此候、以此旨可令下知給候也、恐々謹言、

二月三日

頭中將殿

春日社より注進到來

有召則參内、右題目種々有仰子細、及晩自春日社注進到來、注左、

五日、陰、及晩雨下、

六日、晴、

七日、晴、酉斜參内、依當番也、

八日、晴、

九日、晴、

月次和漢聯句御會

十日、晴、參内、月次和漢御會也、參仕人々、

中務卿宮（伏見宮貞敦親王）・宗山（萬松軒）・中御門大納言（宣胤）・元修長老・予・前源中納言（田向重治）・菅宰相（東坊城和長）・右大弁宰相（萬里小路賢房）・公（三條西）條朝臣・章長朝臣（高辻）執筆・爲學朝臣（五條）・承廷首座等也、御發句、宗山入韻、

御製

世におしむたか梅か、そ風もなし

助吟鶯日消

事畢各退出、詣前内府（三條西實隆）亭雜談、及昏色歸宅、闇誦樂、

朝食會
楊弓
諸寺諸社に地震を祈禳せしめらる

十一日、晴、明重（和氣）朝臣於愚亭儲朝飡、新宰相（冷泉永宣）・親就（和氣）朝臣・疋壇等在此席、有楊弓、就地〔震脱カ〕詩〔諸〕寺諸社御祈事被仰、申付了、

十二日、晴、

御樂始

十三日、陰、今日御樂始也、午剋許着衣冠參内、及未剋許雨下、打板之把俄沙汰、仍移尅、暫事具之由有沙汰、各列立御湯殿前、次第着座、花山院前左大臣政長公・四辻大納言實仲・四辻新大納言季經・按察（綾小路）俊量・予・前源中納言重治・公音（四辻）・隆康（鷲尾）等朝臣・雅業・言綱（山科）・資數（綾小路）等也、地下統秋（豐原）羯鼓・朝秋・益秋・景通・景範大鼓・衆秋・廣秋・俊秋鉦鼓・安倍季音、殘樂甘州、笙御所作、笛俊量卿吹損、五常樂急、笙前左府、笛予、老若子、笙重治卿、笛資數、簾中式部卿宮（邦高親王）御琵琶一面、事畢於鬼間有天酒、前左府申沙汰、近例、三獻之末有天酌、其後各候簀子、有御樂・雜藝等、及數獻間、大和節及乱舞、事畢各退出、予依當番候宿、

大和節
亂舞
甘露寺邸朝食の會
美濃正法寺の春蘭上人

十四日、晴、招明重朝臣儲朝飡、親就朝臣・疋壇等也、濃州正法寺春蘭上人申春日社法樂

楊弓
蹴鞠
楊弓御會
亡父親長の月忌
正親町公兼落髪せんとす
勅許無し
伏見宮邸において東坡詩講釋
伏見宮邸詩會
元長の詩
鷺岡省佐伏見宮邸において三體詩講釋
內々月次御樂

和歌支配、沙汰了、
十五日、晴、有楊弓・鞠、
十六日、晴、可有御楊弓、可參由有催、午尅許參內、酉下尅事畢、於常御所御庇賜天酒退
出、
十七日、晴、先人(甘露寺親長)御忌日、竹中弟子來、權大納言(正親町)公兼落髮御暇事被申、無勅許、去年九月
雖有此旨不許也、猶以無承引、勅答之趣以使者、遣女房奉書、
十八日、晴、於伏見殿有東坡講尺、章長朝臣讀之、午尅已前馳參、去十二日詩御題作進、吟味不叶
遲〻處、其類繁多之由有沙汰之間、今日持參、短尺、
山村春意
山村煙靄認人家、滿袖風香〻花、強半春寒如去却、街中吹雪日西斜、事畢分散、
十九日、晴、於伏見殿有三體詩講尺、(省)少首座讀之、事畢退出、歸宅已後參內、依當番也、被
召御前、種〻有仰御事、
廿日、晴、
廿一日、晴、小月次御樂也、午尅許參內、參仕人〻、
四辻大納言・同新大納言・兵部卿(田向)重治・隆康朝臣・雅業・言綱・資數等也、地下統秋鞨

鼓・朝秋・景通・景範・衆秋大鼓・安倍季音、予音頭、殘樂五、初二吹之、萬歳樂只、三臺急殘樂予吹之、甘州殘樂同、春楊柳、勇勝急殘樂景通吹之、小娘子殘樂資數吹之、鷄德殘樂景範吹之、朗詠東岸柳、予發言再反之、四句又予唱之、事畢有天酒如例、可留候由有仰、頃之有御和漢、御發句、

朗詠

和漢聯句御會

かつさきて花もおくある一木かな

出霞山色濃　予申之、及深更間候番衆所、今月詩御題書廻文、御樂之間觸遣了、

詩御會の題と廻文

鶯琴隔花　題中取韻、

廿二日、晴、

廿三日、晴、常樂院（甘露寺房長）殿御月忌、金光院來、

常樂院殿月忌

廿四日、晴、月次御短尺、任到來、副愚詠進上、

月次和歌御會の短尺

廿五日、晴、入夜雨下、及晩參內、依當番也、於御前暫有御雜談、右大丞同祗候、

廿六日、晴、風吹、花御覽御沙汰也、未斜參內及數獻、有御續歌、先被召予、參御前、折御短尺被盛御硯蓋、兼御用意也、御製三首、中務卿宮（貞敦親王）二首、前內府三首、四辻新大納言・予各二首、伯二位一首、菅宰相二首、左大弁宰相（廣橋守光）一首、隆康朝臣・雅業・言綱・源諸仲各一首之由被仰定、予賦之、如元御硯蓋於〔置〕置御前退、淸書畢時、欤〔乞カ〕取令持參置御前、可讀上由有仰、可爲菅宰相欤之由伺御氣色、爲其分處俄他行、仍予可讀上由頻前內府有命、御氣

花見の御宴續歌の會

色同前也、仍持上讀之、御製可講歟之由命前内府、同心也、予則發聲三反講之、中書王御詠二反、前内府歌等講之、季經卿(四辻)後參加在傍、不知此事歟、及深更間留候、

近臣官女等酒饌を獻じて花見の宴

大和曲亂舞

廿七日、晴、女中・男方申沙汰也、土器物・御樽如例進上、酉斜參内、餘醉不堪忍、珍事〻〻、大和曲・乱舞等隨勅命、不顧輕忽、

廿八日、晴、餘醉平臥、併無正念、

廿九日、晴、

鷺岡省佐禁裏において文選講釋

卅日、晴、參内、依文選講尺、佐(鷺岡省佐)首座讀之、事畢可退出處、猶可祗候由有其沙汰、有一獻、此間和漢一折被遊、宗山(萬松軒宗山等貴)、

和漢聯句御會

御發句、

きのふみし花とやいはん風の跡

入韻 就山(聯輝軒就山永崇)

朝霞知雨殘

參仕人〻、

前内府・予・兵部卿・菅宰相・新宰相・右大弁宰相・公條朝臣、已下殿上人少〻、執筆公條朝臣、餘醉之餘氣不堪忍、令早出了、

三月

近臣等和漢聯句興行

一日、陰、時々雨下、餘酔散々、不候番、爲宿乗燭時分参内、御祝已後、外様於番衆所、和漢一折興行、執筆行季（世尊寺）朝臣、予・中御門中納言（宣秀）・右大弁宰相（萬里小路賢房）・章長（高辻）朝臣・公條（三條西）朝臣等也、

禁裏小番結改

二日、晴、近臣小番可有結改、可相觸之由有女房奉書、先書番文入見参、可爲此分由仰之後相觸、一番衆・二番已下、及晩觸遣了、

番文書様

定

小番事

一番　宗綱（松木）卿　忠富卿　龜壽丸

重親（庭田）　幼少之輩多之間、被替諸仲畢、

二番　季經（四辻）卿　和長（東坊城）卿　公條朝臣

菅原（唐橋）在名

三番　俊量卿（綾小路）　永宣卿（冷泉）　爲學朝臣（五條）
源諸仲（五辻）
四番　政顯卿（勸修寺）　守光卿（廣橋）　實胤朝臣（正親町）
五番　元長卿　賢房卿（萬里小路）　隆康朝臣（鷲尾）
六番　重治卿（田向）　阿古丸　言綱（山科）

右、守次第、晝夜無懈怠可令參勤之狀如件、

永正四年三月　日

右、進上案之時、當番予名字二字許書之、淸書之時此定也、

安禪寺邸の花見

三日、晴、酉斜參安禪寺殿、有花見、御銚子事、中御門中納言・伊長同道、進上盃臺、入夜退出、

四日、晴、餘醉平臥、

五日、晴、詣前內府（三條西實隆）、有晚飡、

御蹴鞠

六日、晴、未尅許參內、番始也、右大弁宰相・隆康朝臣同祗候、有御鞠、事畢於常御所有一獻、

七日、晴、無事、

禁裏における文選講釋　和漢聯句御會　春日社七ヶ夜御神樂

八日、晴、巳斜參內、依文選講尺也、事畢有御和漢、已前之殘三十句有之、於歸宅之道逢頭弁之使、從來十七日、春日社七ヶ夜御神樂始行云々、伊長可爲使由、旧冬有其催延引、今又再興之沙汰也、珍重々々、

伏見宮邸における東坡詩講釋　和漢聯句御會

九日、晴、參伏見殿、東坡講尺、章長朝臣讀之、事畢歸宅、

十日、陰、時々雨下、巳剋許參內、依和漢御會也、

　花ちりて青葉によはき春の風　中務卿宮（伏見宮貞敦親王）

　海堂〔棠〕宜結巣　前內大臣

興福寺訴訟の件につき勅旨に依り幕府に申入れ　南都七ヶ夜御神樂

事畢分散、予猶被召留候御前、南都寺門訴證〔訟〕可被仰出武家歟否事、御談合也、申入所存旨、仍明日可被申室町殿云々、先日和漢一折御沙汰之殘、聊又可有御沙汰云々、予執筆、中務卿宮猶御祗候、兵部卿（田向重治）・爲學朝臣・承廷等許也、一折之後退出、今日南都七ヶ夜御神樂使御訪千五百疋到來、必定、珍重々々、入夜雨傾盃〔盃〕、

伏見宮邸三體詩講釋　三條西實隆と鸞岡省佐との聯句

十一日、晴、伏見殿御談義參處、依早速無人、仍謁前內府亭、佐首座在此席、此間聯句言捨有之、主人、

　花似雨前葉　梅同雪裏蕉　佐首座

　曉風霞易破　晴日霧纔消　佐、、

演史鶯聲近　佐、、　談詩燕語器　主人
講尺可被始之由有其告間、起座了、

和漢聯句

退出之路次、向中御門大納言（宣胤）亭、有和漢二折之後歸宅、所殘明日由有約、

和漢聯句御會

十二日、晴、參內、依當番也、有御和漢、及晩退出、亥尅許歸參、於小御所有一獻、右大弁宰相・阿古丸・隆康朝臣等也、
十三日、晴、
十四日、
十五日、晴、參安禪寺殿、有御酒、先日花見御反礼云々、

和漢聯句御會

十六日、晴、有御和漢、及晩退出處、自女中可祗候之由有其告、留候、蜜々（マヽ）有酒宴、
十七日、晴、月次御題被下、書廻文、雖然釜殿今日故障、明日可來由申間不遣也、

禁裏における文選講釋

十八日、晴、參內、文選御談義也、事畢有一獻、及微聲、

元長勾當內侍を慰問

十九日、雨下、勾當內侍依輕服此間蟄居、爲訪遣樽、則謁彼亭、禁裏女中過半來臨、過半更歸宅、

京極中務少輔入道の室元長に物を贈る

廿日、陰、昨日女房（元長室）可同道處、依外人之憚斟酌、今日可參音信云々、仍罷向、予依餘醉斟酌、江州北郡京極中務少輔入道女房送書狀、薄樣十帖・包丁・串柿等送之、御乳送鮒、

天竺越州（伊長側室の實家）より伊長の留守見舞
水無瀬宮法樂和歌を詠進せしむ

廿一日、陰、及晩雨下、従天竺越州許送樽、伊長南向里也、訪留守故也、水無瀬殿御法樂和歌、去月依觸穢無之、今日被下、方〻賦遣了、

廿二日、晴、進上御法樂和歌、

伊長南都より歸洛

廿三日、晴、爲伊長迎下遣馬・人夫了、及晩向榮久庵、故東川第三回（マヽ）云〻、頗如一夢、爲燒香也、先〻遣兩種了、

禁裏における文選講釋

廿四日、陰、文選御談義也、當番之間旁早參、事畢聯輝（就山）・万松（宗山）兩軒一獻申御沙汰也、明日可有法樂御連歌由、各可申由有仰、去月依觸穢停止、伊長上洛之由告之、御神樂無爲珍重〻〻、

北野社法樂連歌御會及び廿首續歌

廿五日、雨下、參内、有御連歌、參仕人〻、前内府・中御門大納言・冷泉大納言（政爲）・民部卿（冷泉爲廣）・予・兵部卿（田向重治）・新宰相（冷泉永宣）・右大弁宰相・爲學朝臣、執筆、御連歌之後、廿首有御續歌、及昏色間無披講、被讀上、爲學朝臣讀之、事畢被出天酒、各分散歸宅了、

花ちりてのちハことはの手向かな

侍讀東坊城和長及び高辻章長五帝本紀を進講す

廿六日、雨下、今日菅宰相（和長）・章長（高辻）朝臣等、可候御讀由兼日經營、雖然依雨延引云〻、但自巳尅屬晴間、可爲今日由治定云〻、先參北野社、車當時不合期欤、用四方輿、力者六人、

雜色四人前行、其外六人在後、布衣侍一人、從正親町亭出門、平生依知音借請云々、藤中(高倉禪門(永繼))令着裝束、新宰相前裝束也、歸宅之後奏慶、着殿上次、有御前召云々、是依御讀也、爲見物雖徘徊、章長朝臣此間可着裝束、可來由命之、仍馳向彼亭正親町亭間、菅宰相參進之儀不見及、章長朝臣裝束着用之後、予則歸參禁裏、菅相公起座之程也、相待章長朝臣參入處遲々、亥尅許參內、着殿上、菅原在名入上戸氣色章長朝臣、一揖起座、經上戸參進清涼殿、於第二間窺御目、更起參進、着円座、艮向、起座進御座間、膝行披書置御前之文臺御硯盞(蓋)逆行、自懷中取出書史記讀申、菅宰相從序讀之云々、章長朝臣自本經讀申、兩說云々、卷書退歸円座、更起座經本路退出、歸宅之後、菅大納言(長直)可奏慶云々、窮屈之間令歸宅、仍不見及、章長裝束下具等大略借(貸)遣了、

高辻長直帶劒を聽さる

廿七日、晴、少納言來、隨身樽、条々恩借謝故也、

安禪寺攝取院に渡御

廿八日、晴、安禪寺殿渡御攝取院(元長女)許、過分至也、有御一宿、一獻幷儲供御、

廿九日、及晚還御、

四月

亡母後廣大寺殿年忌
甘露寺家譜代の侍親繼死去

一日、晴、後廣大寺(元長亡母)御年忌也、惣(想)蓮之外、金光院招請之、讀經之後、梵網經・阿弥陀經等如例、依母正忌不候番、先〻參淨蓮華院御墓所、覺勝院(了淳、元長弟)同道、親繼男死去、日來雜熱煩之、譜代侍可謂不便、生年六十八歲、

二日、晴、及晩參安禪寺殿、有子細、及昏色又渡御、

三日、雨下、

伏見宮邸において東坡詩講釋
中御門宣秀隱遁の志を起す

四日、晴、參伏見殿(邦高親王)、依東坡講尺也、及晩、安禪寺殿比丘尼衆少〻被來、

五日、晴、安禪寺殿還御、渡御三位殿御局云〻、向中御門大納言(宣胤)亭、中納言(宣秀)隱遁之望云〻、無勿躰由加異見了、參三品之御局申御礼、安禪寺殿御對面、

六日、晴、

七日、晴、參內、依當番也、

佛誕會供花
鷹司兼輔右大臣に轉じ三條實香內大臣に任ぜらる

八日、晴、供花、

九日、晴、今日任大臣宣下云〻、右大將(三條實香)被任內府、鷹司(兼輔)轉任云〻、三條中納言(實望)任大納言云〻、

菅宰相任納言（東坊城和長）、上卿中御門中納言、職事頭中將（三條西公條）也、

月次和漢聯句御會
飼蛭

十日、晴、月次御會、不參、依雜熱也、飼蛭了、

十一日、陰、訪遺親繼男跡、鳥目聊申付了、

中御門宣胤眞如堂に參籠

中御門大納言自去六日參籠眞如堂、明日母七回云々、遣經之代了、寸志也、

十二日、晴、

十三日、晴、當番、召進伊長了、

十四日、晴、安禪寺殿還御寺、午後參御礼、過前左府（德大寺實淳）亭暫雜談、

入江殿にて茶事ありて大飲

十五日、晴、自入江殿、今日可參由度々有仰、無所辞、仍未尅許參入、前内府（三條西實隆）・飛鳥井中納言入道祇候、御茶事也、大飲、子尅許退出、

十六日、晴、餘醉之外無他事、

亡父親長月忌

十七日、晴、先人御月忌、如例營之、

十八日、晴、

禁裏文選講釋

十九日、晴、參内、文選講尺、當番之間留候、

廿日、晴、

下賀茂社の御蔭山祭行はれず

廿一日、晴、依無要脚、無御蔭山、

細川政元の臣香西元長兵を丹後に出さんとし役夫を賀茂社人に課す社人之を拒絶するにより賀茂を燒く

賀茂祭を停む

御楊弓

禁裏文選講釋和漢聯句御會

賀茂社競馬等の神事停止の由注進

禁裏小番結改

廿二日、晴、
廿三日、陰、香西孫六(元長)賀茂發向、爲出陣相懸人夫、守護不入下知之上者、不可承引由返答、仍及此沙汰云々、已尅許北方有火事、賀茂云々、不殘一宇燒拂畢、於社頭全之由有其聞、西賀茂少々相殘云々、神光院無爲、可謂幸運、
廿四日、晴、賀茂祭御內祭可參之由有召、仍參內、五獻已後退出、今日賀茂社司少々以連判、注進昨日之旨、則令披露、
廿五日、雨下、及晚候番、有御楊弓、
廿六日、晴、文選講尺云々、畢御和漢、先之殘一折御沙汰、事畢退出、
廿七日、晴、
廿八日、晴、
廿九日、陰、賀茂忩劇之後、諸扁迷惑之間、競馬已下神事可停止之由注進、但有申旨、仍謁勾當局申入子細了、被任申旨由勅答也、夕立雷鳴了、內々小番結改番文之案、可書進上之由有仰、
卅日、陰、賀茂一社雜掌來、仰之趣(マヽ)了、今日又降雨雷鳴、驚聞了、番文調進上了、

五月

亡母月忌

白瓜

一日、晴陰相交、泰久・廣久氏人兩人來、御奉加物、今日依御衰日、不被出由申含返了、惣（想）蓮入來、如毎月、白瓜見來、奉供兩尊靈畢、小番事相觸番頭畢、

後柏原天皇不豫

二日、晴、御瘧病令發給之由、有其聞、

三日、晴、

四日、雨下、御瘧病同前、

端午の節句

五日、陰、入夜雨下、為御祝參內、召具伊長（甘露寺）、參仕人々、予・伯二位（忠富王）・新宰相中將（三條西公條）・實胤（正親町）朝臣・伊長・雅業（白川）・言綱（山科）等也、

六日、晴、御瘧病同前云々、

伏見宮邸における三體詩講釋

七日、晴、於伏見殿家法（唐賢三體詩家法）詩講尺、絕句今日結願、事畢有一盞、則退出、改直衣參內、依當番也、被召御前、御雜談移尅畢、

賀茂正受寺諸役免除の勅裁を申請

八日、晴、女房奉書到來、賀茂正受寺諸役免除、勅裁事申請、伊長可書遣云々、不審子細等粗申入畢、依御左右可調遣也、御瘧病聊輕御氣色云々、

（表紙）
「元長卿記

永正五年
正月　二月　三月
四月　五月」

（扉）
「永正五年
自正月
至五月」

永正五年

正月

四方拜

一日、陰、一天泰平・四海安全之春也、珍重幸甚々々、四方拜伊長（甘露寺）申沙汰、御劒頭中將康親（中山）朝臣、御簾・御裾・御笏等頭弁尚顯（勧修寺）朝臣、脂燭殿上人御神樂所作人之殿上人各役之、藏人源諸仲（五辻）、內豎不參、出納補其闕云々、先年度々有此事、早旦行水・遙拜之後、祝着之儀

亡母の年忌にそなへ法華經書寫を始む

併如例年、次看經、法花妙典書寫之、爲來四月一日自旧冬始筆、御靈供手自供之、燒香

之後向饌、入夜參內、衣冠、召具伊長、束帶、爲御祝也、參仕人々、
伯二位（忠富王）・新宰相中將（三條西公條）・伊長・雅業（白川）・重親（庭田）・秀房（萬里小路）・源諸仲、事畢參宮御方（知仁）、御酌之後退出、
神樂一座吹之後平臥、

樂始

二日、晴、不出仕、入夜樂始、萬歲樂・五常樂急唱德是・太平樂急、魚食已前寫經了、

鴨社神人ら神事を押留む

三日、晴、不出仕、鴨社祝光將卿送書狀、神人謝誰（訴訟カ）押神事由注進、書遣奉書畢、

元長の室鞍馬寺參詣

舊冬足利義尹大內義興と共に海路東上せんとす

金春大夫

四日、晴、女房參詣鞍馬寺、初寅也、與副賀藤大三郎雜色男等遣之、河合社元日神事無爲之由、祐言卿申之、同送神供、則頂戴、疋壇來、有禁忌子細、停留門前、相語云、西國蜂起、旧冬鎌カリニ御着岸、般（船）七百艘云々、コン（金）春大夫先上洛、座之者此由相語云々、

姉小路濟繼飛驒より歸路

浴湯

五日、陰、及晚雨下、鴨社務送神供頂戴、賀茂鳥井大路送振鼠（海脫カ）、姉小路中將（濟繼）來、從飛州去一日上洛云々、暫雜談勸酒、料紙二束持來、今日始浴湯畢、

官女らに恒例の薰物を贈る

姉小路濟繼を從三位に叙す

六日、陰、參內、依當番也、秀房參仕、未被結改、仍如此、番始進御樽云々、於御庇有盃杓（酌）、秀房拜領天盃、及晚退出則歸參、謁勾當內侍局、遣佳例樽・官女々中薰（物脫カ）一包、勾當・左衛門內侍・幡（マヽ）磨局等于（マヽ）具併如例遣之、有酒、濟繼朝臣申上階、章長（高辻）卿同日之分所望、有勅許、

人日の御祝

鴨社齒固の神事違亂

七日、陰、及晚雨下、於末若菜御祝令祝着退出、鴨社祝光將三位來、齒固神事、神人違乱

押置云々、言語道斷次第也、追而可有罪科沙汰歟、入夜欲參內之處、僮僕他行、降雨旁有障間不出仕、

勸修寺尚顯參議に昇任し右大辨を兼ぬ
一家の出家ら參集
石山十穀聖

八日、晴、頭中將來、頭弁昇進可宣下趣相談、先轉大弁、次可任參議条、叶道理由申了、覺城(中原師富)來、暫相談、神光院阿古丸(時詔、元長息)・金剛幢院等來、佳例之祝着如例、石山十穀來、安養寺被來、札(禮カ)茶如例、

鴨社神人强訴

九日、晴、從西園寺(公藤)明日武家參賀、要裝束拔衣紋事、以使者被申、沙汰遣了、室町殿明日可有御參內云々、仍拙者參賀如近年、可爲明後日十一日也、鴨社祝送神供、神人依強訴不備進、猶(於カ)私宅之惣社致敬白云々、無饗魚味、果子等計也、

足利義澄年頭參內
參會の公卿少數

十日、晴、室町殿御參內始之由、昨日右大弁宰(勸修寺尚顯)相告來、爲參會用意、攝家・淸華參賀申次、伊長可祗候之由、昨日被仰下、仍早旦召進、午下剋着衣冠參內、未斜有御參、々會衆以外無人、飛鳥井中納言(雅俊)・伊長・雅業・秀房、徒然過法不可說、酉下剋御退出之後、逐電退出、佳例御扇拜領、祝着々々、

廷臣幕府に參賀

十一日、晴、參室町殿・御比丘尼御所等、歸宅之處、伊長蹴鞠張行、一足蹴之、

和歌御會始の題

十二日、雪飛、依當番參內、被召御前、和歌御會始御題被下、可相催由承仰了、

鶯有慶音

中原師富を朝食に招く
和歌御會の廻文

十三日、陰、雪飛、番退出之次、詣前内府（三條西實隆）亭、御題讀樣談之、ヨロコヒノコヱアリト可讀、無難欤之由申、可然欤、本書兩點也、ヨロコヒマス　ヨイコトマス如此欤、猶ヨロコヒト云ハ聞宜樣之由申說、

十四日、陰、招覺城儲朝飡、和歌御會書廻文、以釜殿遣之、

鸎有慶音

右御題、來十九日　（袖書）剋限、可爲
可有披講、可令　午一點候也、
豫參給由、被　丞相別紙以折紙
仰下候也、　相觸之、

正月十四日　元長

中御門大納言（宣胤）殿
冷泉大納言（政爲）殿
四辻新大納言（季經）殿
民部卿（冷泉爲廣）殿

小倉大納言(季種)殿
兵部卿(田向重治)殿
飛鳥井中納言殿
中御門中納言(宣秀)殿
新中納言(東坊城和長)殿
冷泉宰相(永宣)殿
左大弁宰相(廣橋守光)殿
三条宰相中將(公條)殿
姉小路三位(濟繼)殿
右大弁宰相殿
冷泉中將(爲孝)殿
大内記殿
頭中將(中山康親)殿
四辻中將(公音)殿
鷲尾中將(隆康)殿

新大納言(正親町三條實望)依申在國之暇、
不相觸、
按察(綾小路俊量)時宜不快之事
有之間、除之、
伺中說

冷泉少將殿
白川少將殿(雅業)
內藏頭殿(山科言綱)
飛鳥井少將殿

三毬打燒

十五日、晴、粥如例、三毬打二本燒之、入吉書、入夜參內、依御祝也、召具伊長、參仕人〻、新中納言・伯二位・三条宰相中將・公音朝臣(四辻)・隆康朝臣・伊長・雅業・秀房・重親・源諸仲等也、御酌之後、參宮御方(知仁)、此間被燒小三毬打、僮僕等拍之、子剋計退出、〻〻後參阿弥陀佛前、

亡父親長月忌

綾小路俊量不興を蒙る

禁裏小番結改

十六日、晴、終日寫經之外、無他事、

十七日、晴、竹中被來、御月忌如例沙汰之、有女房奉公〔書〕、內〻小番結改番文可調進上云〻、則書進上了、俊量卿(綾小路)依御神樂儀、時宜不快、被除番、被召加資數(綾小路)了、注左、

定

小番事

一番子午　(松木)宗綱卿　忠富卿　(五條)爲學朝臣
(阿野)季國
二番丑未　(四辻)季經卿　(冷泉)永宣卿　(正親町)實胤朝臣
資數
三番寅申　(勸修寺)政顯卿　守光卿　隆康朝臣
(唐橋)菅原在名
四番卯酉　(五辻)元長卿　公條卿　(山科)言綱
源諸仲
五番辰戌　重治卿　阿古丸　秀房
六番巳亥　(東坊城)和長卿　龜壽丸　重親
右、守次第、晝夜無懈怠、可令參勤之狀、如件、
永正五年正月　日
各以折紙相觸了、假令、
一番子午　御參　某卿
某朝臣　某

従來廿日、小番被
結改候、御相番
中可令相觸給也、
正月十七日　元行〔長〕
――殿
四番卯酉
從來廿日、小番被
結改候、無懈怠
可有御參候也、
正月十七日　元行〔長〕
西殿御方
三條殿（言綱）
山科殿（諸仲）
五辻殿
相番中如此觸遣了、今日招覺勝院（了淳、元長弟）、令講讀最勝王經之内護持品、施物如形遣之、毎月之
書寫近年懈怠、仍講之、現世榮利之外、未來解脱之願望也、

寫經の趣旨

和歌御會始

十八日、晴、及晩候番、入夜三毬打如例、自夜半深雨、

十九日、陰、今日和歌御會始、午斜參內、到來懷紙少〻持參、參仕人〻於御前取之進上、參仕人〻、冷泉大納言政爲・四辻新大納言季經・兵部卿重治・飛鳥井中納言雅俊・中御門中納言宣秀・新中納言和長・三條宰相中將公條・姉小路三位濟繼・康親朝臣・隆康朝臣・伊長・雅業・言綱等也、出御後、先召冷泉大納言、被重御懷紙、予相共重之、讀師冷泉大納言、講師康親朝臣、發聲飛鳥井中納言、〻〻歌予懃仕之、畢天酒如例、各畏申由付內侍披露、欲退出處、猶可祇候之由有仰、有一獻、及美聲、隆康朝臣・雅業外無留候者、沈醉之間早出、

高辻章長を朝食に招く
詩御會の題と廻文

廿日、晴、招前右大弁（高辻章長）儲朝飡、來廿五日詩御題可相觸之由被仰下、書廻文、

官梅詩興以紅字爲韻、

右題、來廿五日可令
作進給之由、被仰下候也、

正月廿日　元行〔長〕

菅（高辻長直）大納言殿

中御門中納言殿

新中納言殿
三条宰相中將殿
菅（高辻章長）三位殿
大內記殿

常樂院殿月忌

延曆寺根本中堂七佛藥師造立

天台座主堯胤法親王に勅して金銅藥師像七體を造り延曆寺根本堂に安置せしむ

廿一日、晴、無事、

廿二日、晴、

廿三日、陰、常樂院殿（甘露寺房長）御月忌、請金光院、扇子如例遣之、結改之後、今日番始也、仍參內、三条宰相中將・言綱・源諸仲同祗候、山門中堂七佛藥師、近日可有造立、以御教書可申入座主宮（堯胤法親王）由、被仰下、伊長可申沙汰由、可申付旨申入、及晩雨下、入夜傾盃（盃）、

廿四日、陰、進座主宮御教書、注左、

山門根本中堂七佛藥師金銅像七軀、依先例爲勅願可被造立者也、任日時勘文、可被懃行之由天氣宜（候）也、以此旨可令申入座主宮給、仍執啓如件、

正月廿四日　左少弁伊長

以上　大納言法印（御カ）之房

進勾當內侍許畢、以仕丁被進云〻、

和漢聯句御會

元長の詠詩

廿五日、晴、今日和漢御會也、詩懐紙今日同被執重、仍早旦、遣草於前右大弁三位許、到來、〻後書懐紙、

春日同賦官梅

詩興詩 以紅為韻、

權中納言藤原元長

宮樓簾颭帶香風、樹〻
梅花白又紅、御宴最
宜動詩興、羅浮春色
滿樽中、

巳斜參內、直進上之外懐紙は(マヽ)取集進上之、於小御所有御和漢、御發句、

霞そとみれはへたてん山もなし

入韻　就山(永崇)

梅綻不寒風

參仕人〻、

就山・宗山(等貴)・中御門大納言・予・兵部卿・新中納言・三條宰相中將・姉小路三位・前右

大弁三位・爲學朝臣執筆・承廷首座、酉斜事終退出、

廷臣等酒饌を獻じて御宴

廿六日、晴、今日佳(例脱カ)一獻申沙汰也、金飩・御樽如例如例(衍カ)進上、未斜參內、新中納言・伯二位・三條宰相・爲學・隆康等朝臣・雅業・秀房・重親・源諸仲等祗候、兵部卿遲參、入夜四辻新大納言加參畢、酒宴半新大納言參仕、駿河國下向之事有之、御暇歟(之)云々、可被召此席歟之由、以大納言典侍局被仰合予、雖外樣衆進代、常御所等御宴祗候、於于今不苦歟之由申入、則祗候、雖事終、退出路次難治之間留候畢、

正親町三條實望駿河に下らんとして請暇のため參內す

廿七日、雨下、

廿八日、晴、

內々月次和漢聯句御會

廿九日、陰晴不定、御小月次和漢御沙汰、可祗候之由被仰下、當番之間、旁以參內、

卅日、晴、欲令退出処被召留、院廳官故盛富(伊勢)子盛寛、細川奉行職之事欲申、可爲如何樣哉之由、御談合、少々申入所存畢、召寄子細等尋捜、可加下知由被仰下、從南都使到來、

春日祭延期

當季祭初支干難調、次支干必可遂行云々、

二月

亡母月忌

一日、晴、想蓮故障、弁中弟子來、

土一揆實は香西元長の殘黨蜂起

二日、晴、世上雜說、入夜土一揆出張、因幡堂前邊在家燒拂、及合戰打負、方〻逃散云〻、

土一揆鎭靜

三日、雪下、世上靜謐、珍重〻〻、

小野細川松明料所の奉行職を伊勢彌五郎に安堵す

四日、雪飛、小野細川松明事、爲院中奉行長官沙汰、當時院無御座之間、可爲禁裏御料所、於奉行者、任由諸（緒）故盛富子盛寬可存知之由、可加下知之由被仰出、申付伊長（甘露寺）遣奉書了、

小野細川松明料所朱雀院田加公文職以下領掌不可相違、被棄指故氏興（マヽ）子孫上者、可被全公役之由、左少弁殿御奉行所候也、執達如件、

永正五年二月四日　右兵衛尉元國

謹上　伊勢弥五郎殿（盛寬）

中原師象を朝食に招く

五日、陰晴不定、招師象（中原）儲朝飡、當番依故障召進伊長、

六日、晴、

七日、陰、及晩細雨下、

春日社祭の事

八日、晴、自春日社注進、當季祭礼可爲次支干十六日、上卿已下參行之事承左右、前日之神事可遂行云〻、則相替伊長以書狀披露、頭中將奉行云〻、無參行仁、可被付社家、此旨可申送云〻、

九日、晴、被付社家由遣奉書了、光爲三位・覺城（中原師富）等來、雜談、

月次和漢御會

十日、晴、參內、依月次和漢御會也、參仕人〻、

前内府(三條西實隆)・中御門大納言(宣胤)・予・兵部卿(田向重治)・姉小路三位(濟繼)・前右大弁三位(高辻章長)・月江・爲學朝臣(五條)執筆

・三條宰相中將(公條)、

御發句

入韻　前内府

水晴柳似容

秉燭退出、

將棋

十一日、晴、及晩雨下、於永緣宿所有象戲、

十二日、晴、

中御門邸朝飡の會

十三日、晴、中御門大納言儲朝飡間、詣彼亭、

熊座頭

十四日、晴、冷泉宰相(永宣)・景通等來、儲朝飡、熊座頭來、同召留了、

十五日、晴、

十六日、晴、

亡父親長月忌
大善寺住持本譽香衣着用の勅許を望む
内々月次和漢御會

十七日、晴、先人(甘露寺親長)御月忌如例、自西園寺(公藤)有書狀幷使者、智恩寺末寺大善寺住持(本譽)香衣所望事也、今日當番依故障召進伊長、可傳披露之由申遣了、俄有犬死穢、不可退出之由仰遣、

小月次和漢御會云々、

香衣着用勅許
時正中日

十八日、晴、香衣事勅許、仰趣以書狀申送西園寺許畢、時正中日也、精進寫經如日々、

十九日、晴、香衣事勅栽〔裁〕、以侍先僧〔者カ〕今日給之、

大善寺本譽參內

廿日、晴、大善寺本譽上人入來、今日參內云々、

廿一日、晴、

廿二日、晴、

石清水八幡宮炎上

廿三日、陰、午時雨下、戌下尅南方有火、

北野社法樂連歌御會を停む

廿四日、陰、八幡寶殿去夜曉失、若宮自燈爐出云々、可歎可驚、明日御法樂御連歌、可有御斟酌由被仰下、未尅許頭中將〔中山康親〕來、八幡事可尋勘例由仰也、可仰遣兩局樣談之、予答云、

廢朝

以折紙內々可相尋、其詞云、去夜八幡寶殿燒亡云々、廢朝廢務候間、先例可被注申由、可

怪異

仰上之由答了、去五日雖不風吹、護國寺傍楠大木顚倒、不動堂・護摩堂等破損云々、以外重事欤、

廿五日、晴、

幕府に令して石清水社奉幣の資を獻上せしむ

廿六日、晴、頭中將石清水一祐〔社カ〕奉幣可被行、惣用爲武家可有沙汰也、諸役人、應仁乱已來御訪之事無案內云々、大概加意見了、明後日春日祭參行、始神事、洗髮・行水如例、右大弁宰相〔勸修寺尚顯〕送使者、大德寺入院綸旨、被仰出伊長由也、

廿七日、晴、大徳寺侍者僧來、神事之間於門外渡綸旨、爲礼百疋持來如例、來月十六日入院云〻、參向事同被仰出、畏由申入之、

東海宗朝大徳寺住持任命の綸旨

被綸言偁、大徳寺住持
職事、所有勅請也、
殊專佛法興隆、可奉祈
寶祚長久者、依
天氣執達如件、
永正五年二月廿一日　　左少弁伊長
東海上人禪室

昨日被仰出、雖然廿一日分申請云〻、頭中將・覺城等來、奉幣惣用談合也、早朝召寄盛寛(伊勢)、門役事堅申付了、一月之內廿一日可勤由申之、

元長勅使として春日社參向

廿八日、陰、今日春日祭也、爲參行自曉天經營、着束帶乘坂(板)輿、卯剋許出門、酉剋雨下、下(マヽ)剋着師之宿、曉鐘之後行水、着裝束、見祓戸座邊、公人未參、遣人、移剋間移殿へ搆、爲拜見先臨御殿之邊、指圖大略所見及、不足信用、

○指圖アリ、便宜次頁ニ移ス、

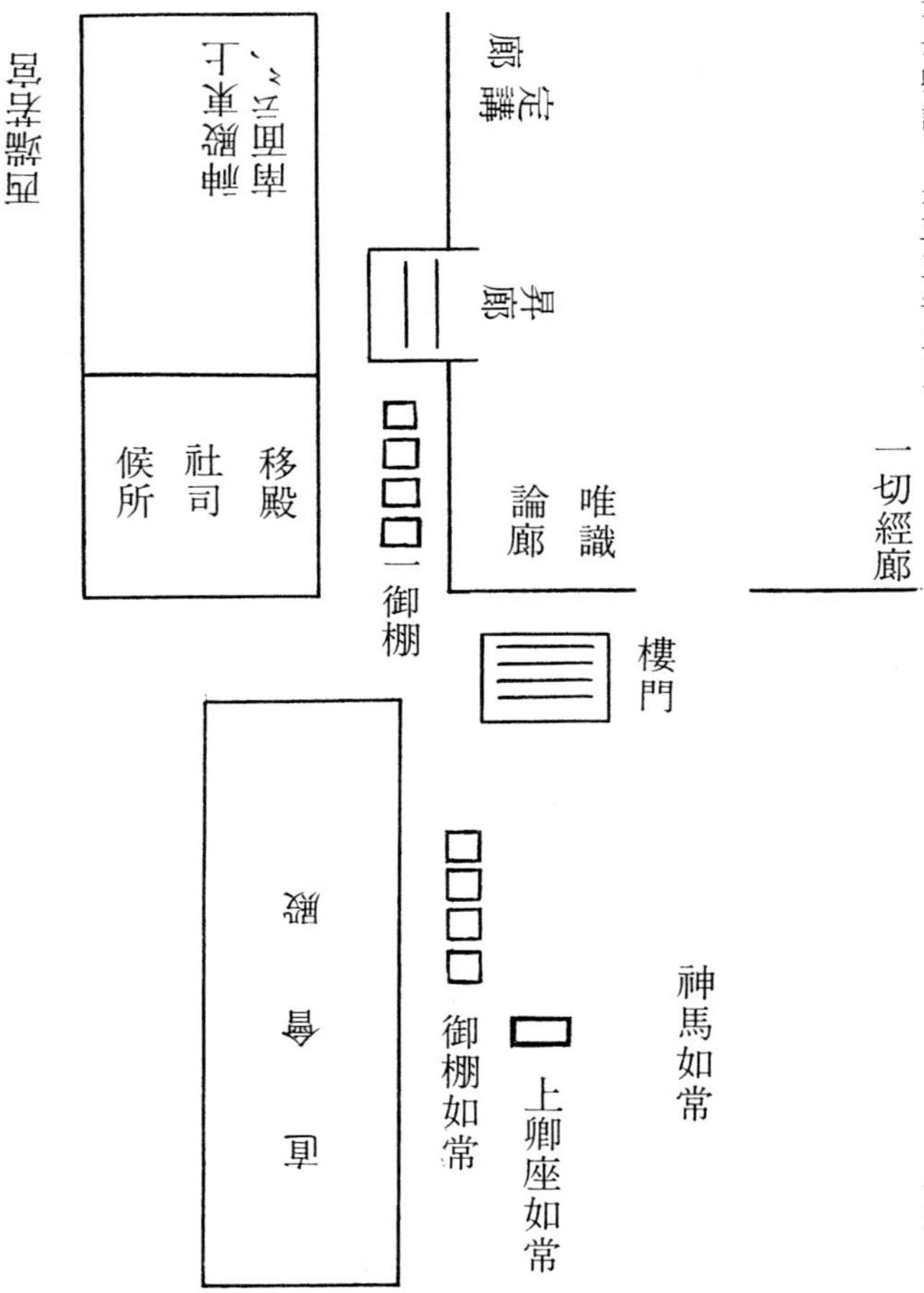

祭剋限屬晴、庭中座已下同日來、御棚立樣相替也、見圖、事畢天欲曙、改改(マヽ)裝束着直垂、飯後出門、詣若宮八幡・大佛等、巡礼之後出京、

廿九日、晴、京着已後、則上洛之由奏聞了、

卅日、晴、

三月

亡母後廣大寺殿月忌

一日、晴、後廣大寺殿（元長亡母）御月忌如常、安禪寺殿渡御、爲之（是）遊山也、

二日、晴、

上巳の節句

三日、雨下、及昏色參內、爲御祝也、三條宰相中將（公條）・爲學朝臣（五條）・公音朝臣（四辻）・雅業（白川）・言綱（山科）・資數（綾小路）・重親（庭田）・源諸仲（五辻）等也、御酌之後退出、

伊勢彌五郎盛寛惣門役を勤む

四日、晴、被下美物兩種、鯇・鯛、畏申了、自今日伊勢弥五郎盛寛惣門役云々、候四足云々、

五日、晴、

六日、雨下、

廷臣等酒饌を獻じ観花の御宴

七日、晴、今日東庭花盛之間、如例有申沙汰之由、勾當局被示送、雖申故障、猶可祗之由（候脱カ）、以大典侍局仰之間祗候、前內府（三條西實隆）・新中納言（東坊城和長）・伯二位（忠富王）・左大弁宰相（廣橋守光）・隆康朝臣（鷲尾）・言綱・秀房（萬里小路）・源諸仲等也、伯卿連和哥一首、催興、則有御製、

いにしへの春をおこすもこの花の色かうれしき九重のうち

前內府以下各詠之、不及書付、各被講了、

八日、晴、

九日、晴、

觀花の御宴

十日、晴、今日御反礼、可祗候之由有仰、先夜沈醉之餘氣歡樂之間、非自由被申入〔旨カ〕訖、召進伊長、

灸治

十一日、陰、及晩晴、中氣煩數之間、令灸治、

牛井入道宗鑑內侍所臨時御神樂の事

十二日、陰、牛井入道宗鑑送良藥、則服用、內侍所臨時御神樂被行之云〻、可參仕之由內〻有仰、去月已來申暇寫經之間、每時斟酌、此事同前歟、但漸出來之間、可參仕歟、參否重而可申入由申入之、入夜雨下、

十三日、雨下、

十四日、晴、御神樂可參仕由、謁勾當局申入、退出之次詣前內府亭、見月有一盞、

十五日、及昏色洗髮、始神事、

東海宗朝大德寺入院

元長造庭

十六日、晴、大德寺入院、勅使伊長參向、四方輿不借得之間、用手輿、雜色六人、侍一人元國直垂着、於進邊〔近カ〕參會、中間兩人召具之、力者四人、スワウ着侍五人、新命御礼、明後日十八可被申入也、引庭之石、

亡父親長月忌

十七日、晴、今日御月忌、依神事一昨日招弁中、今夜御神樂御訪拜領、畏申入了、右頭中

內侍所臨時の御神樂を行はる

將中沙汰也、依未拜賀、當日与奪伊長之由被命、散狀一紙送之、亥剋許着束帶、蒔繪太刀・紺地平緒如例、召具伊長、所作人遲參、及度々遣使、子下剋參集、着御、々服永宣(冷泉)卿奉仕之、御前裝束伊長參欤、可尋、御簾・御裾頭中將(中山康親)、御劒公音朝臣、御草鞋伊長、脂燭殿上人隆康朝臣・雅業・資數・菅原(唐橋)在名・源諸仲・卜部兼將、所作人見散狀、

內侍所臨時御神樂所作人

本拍子

四辻新大納言(季經)

末拍子

按察(綾小路俊量)

付哥

隆康朝臣　資數

右時　泰久

篳篥

安倍季音

笛

予　　景通

和琴

四辻大納言（實仲）

人長

安倍季敦

近衞召人

景通

鷄鳴之後、事畢退出、

東海宗朝參內

十八日、晴、大德寺新命參內、爲申次伊長參仕、則退出、長老入來、貳百疋被持、爲礼謁彼

寫經

寺、扇子貳本・十帖隨身之、神事中寫經懈怠、今日又書之、

三條西邸の酒宴

十九日、陰、入夜於前內府亭有酒宴、曉二人歸宅、

廿日、晴、

廿一日、晴、

廿二日、陰、

廿三日、晴、

正月以來の法華經書寫終功

廿四日、晴、

廿五日、晴、

廿六日、晴、寫經今日結願、軸表紙致沙汰、

廿七日、晴、

廿八日、晴、

廿九日、晴、今日宿忌、廿五三昧執行之、廬山寺僧衆八人酉剋許入來、秉燭之後事畢、遣布施、

四月

元長亡母後廣大寺殿年忌法要を營む

細川高國兵を起して細川澄元を京都に襲ふとの風評により市中動搖す

一日、晴、僧衆如昨日、點心之後頓寫、三部經、書終經供養、導師想蓮庵、奉作阿閦佛像一躰、漸寫法華經一部八卷、淨土三部經頓寫、伊長書寫阿弥陀經等被載表白、事畢諷(吟カ)者云々、終行時(齋カ)後分散、遣布施、經供養加布施也、助筆衆、中御門大納言(宣胤)・同中納言(宣秀)・眞性院中御門中納言弟、・覺城(中原師富)・師象(中原)等也、各別構座敷、近日世上有雜說、殊今朝物忩、頗以不音(穩)便、東西運雜具、諸人馳走、恐怖無是非、雖然無爲之沙汰、滿足祝着々々、墳墓參詣依物忩不叶、忩(恐カ)恨、

二日、晴、今日向魚味饌了、

冷泉邸の連歌會

三日、雨下、於冷泉大納言（政爲）亭有連哥、

四日、雨下、

花山院政長の家僕禁門の衞士と爭鬪す

五日、晴、於禁裏北御門、花山院（政長）被官人有喧嘩、相互蒙疵、剩死人等有之、未曾有事也、

姉小路邸の汁講

今朝於姉小路三位（濟繼）亭有汁、蹴鞠・連哥等聊經歷了、

六日、及晩雨下、

元長花山院邸に赴き勅旨を傳ふ

七日、雨下、予・頭中將（中山康親）爲御使詣花山院亭、忩劇時分、每時堪忍可有無爲之沙汰由仰也、强被申旨有之、巨細不能記、依此儀日〻御談合被召了、

八日、晴、

細川澄元三好之長自邸に火を放ちて近江に奔る

京中騷動す

九日、晴、世上物忩、東西運雜具成市、依無覺束、入夜參內、丑刻許當乾方有火、細川右京大夫澄元被官人三好筑前守（之長）在所云〻、沒落自放火之由有其聞、一家中不快、民部少輔（細川高國）先日蟄居之由來也、暫之後更又有火、右京大夫居住之宅云〻、同沒落也、京中騷動消魂了、

細川高國軍勢を率ゐて入洛す

十日、晴、民部少輔已下牢人上洛、諸軍勢充滿、入夜有召、依有雜說仰云〻、於御前暫有之、雜談、終夜殊靜也、

近江觀音寺再建につき勅使の差遣を乞ふ

十一日、晴、旬行水如例、看經人〻來、雜談、頭中將談云、江州觀音寺先年炎上造畢、爲

供養勅使可申請云〻、勅使出立以下事条〻内〻申合、所存之旨答了、

十二日、晴、參內、依當番也、有一獻、

十三日、晴、

十四日、陰、及晩雨下、

世上未だに不穩

十五日、雨下、及晩屬晴、世上雜說猶未休、

前將軍足利義尹京畿に迫り現將軍足利義澄甲賀に奔る室日野氏細川政賢邸にかくる

十六日、陰、室町殿(足利義澄)令沒落給、奉公輩少〻御供云〻、公家衆高光朝臣(日野)參云〻、御臺(日野氏)被殘置、甲乙人乱入不可說之爲躰云〻、未曾有事也、及晩雨下、

亡父親長月忌

冷泉爲廣足利義澄の沒落を傷み勅許を待たず落髮

十七日、雨下、御月忌如例、自鴨下上社送葵桂、冷泉大納言(政爲)來、民部卿(冷泉爲廣)夜前落髮、日來室町殿被懸御目、臨時御恩於于今無所憑方、愁傷之至云〻、有其謂、但不經叡慮、頗恐怖、難去子細等、可奉天聽由也、不可有疎略之由、返答了、及晩屬晴、

賀茂の葵祭

十八日、晴、賀茂祭也、家中懸葵桂、參內、依當番也、御內祭有一獻、前内府(三條西實隆)祗候、

御楊弓

十九日、晴、有召、御楊弓可被遊云〻、及晩退出、

冷泉爲廣の落髮を許すも月次和歌御會の題を賦たず

廿日、陰、小雨下、御月次之題被下、方〻賦遣、民部卿入道雖自出家、申旨有謂上者、可被免、然者御題可被遣歟之由御尋也、予申云、拜領定可畏存、但室町殿御進退愁傷無幾程、猶可恐怖処被下者、無所辞、彼是可爲迷惑歟、自來月可被遣条可然歟由申入、且者

內ゝ談合冷泉大納言、尤以同心之由也、所申有謂、叡慮等もさ樣ニ被思食由有仰、仍被近（止カ）之、

山科邸の汁講

細川高國池田貞正討伐のため攝津へ出陣す

廿一日、晴、旬行水如例、依穢中神樂不吹之、內藏頭（山科言綱）有招事、汁張行云ゝ、細川民部少輔出陣、攝州池田筑後守（貞正）爲誅伐云ゝ、日來六郎（細川澄元）無二之衆之故云ゝ、物數五六千人云ゝ、可着山崎由沙汰也、

廿二日、晴、世上物忩、牢人出張沙汰也、

廿三日、雨下、

廿四日、晴、參內、當番之故也、

姉小路邸連歌蹴鞠の會

廿五日、晴、及晩向姉小路亭（濟繼）、有連哥事、終有蹴鞠之興、

禁裏小番結改

廿六日、晴、及晩雨下、內ゝ小番結改番文可書進上之由、昨朝退出之時被仰下、仍書之、披露無相違之由仰之間、各觸遣了、

定

小番事

一番 子午　宗綱卿（松木）　和長卿（東坊城）　龜壽丸　秀房（萬里小路）

二番 丑未　季經卿（四辻）　忠富卿　爲學朝臣（五條）　季國（阿野）

三番 寅申　俊量卿（綾小路）　永宣卿（冷泉）　実胤朝臣（正親町）　菅原在名

四番卯酉　政顯(勸修寺)卿　守光(廣橋)卿　隆康(鷲尾)朝臣　源諸仲(五辻)
五番辰戌　元長卿　公條(三條西)卿　言綱(山科)
六番巳亥　重治(田向)卿　阿古丸　重親(庭田)
右守次第、晝夜無懈怠可令參懃之狀、如件、
　　永正五年四月　日
番頭各〻以折紙相觸了、

月次詩御會の題

廿七日、晴、月次詩之題被下、則相觸了、
　綠陰覓殘紅
右、月次御題、來卅日可令作進給之由、被仰下候也、
　　四月廿七日　　　　　元長
　菅大納言(長直)殿
　中御門中納言殿
　新中納言(東坊城和長)殿
　三條宰相中將(公條)殿
　式部大輔(高辻章長)殿

大内記殿

廿八日、晴、

廿九日、晴、

和漢聯句御會

卅日、晴、參內、去十日和漢御會延引、可爲今日之由、昨日有其催、參仕人々、前內府・中御門大納言・予・兵部卿(田向重治)・新中納言・三條宰相中將・姉小路三位・式部大輔・爲學朝臣等也、就山(聯輝軒、永崇)近日令參加給、御發句　中務卿親王(貞敦親王)、

こゑそ花青葉ににほへほと、きす

入韻　中御門大納言　　執筆三条宰相中將

夏早樹陰扉

酉斜事畢退出、

五月

一日、陰、當番結改之後番始也、午剋參內、三條宰相中將(公條)・內藏頭(山科言綱)祗候、及晚雨下、於御前數刻有御雜談、

二日、雨下、

三日、雨下、

御楊弓

四日、晴、有召、可被遊御楊弓之刻參內、及晩退出、

松殿忠顯美濃より上洛
端午の節句

五日、晴、忠顯(松殿)朝臣來、昨日自濃州上洛云〻、及昏色參內、召具伊長、御祝參仕人〻、四辻新大納言(季經)・按察(綾小路俊量)・予・新中納言(東坊城和長)・三条宰相中將・公音朝臣(四辻)・隆康朝臣(鷲尾)・伊長(甘露寺)・雅業(白川)・言綱(山科)・重親(庭田)、資數(綾小路)・源諸仲(五辻)等也、忠顯朝臣上洛、明日參可申御礼条如何之由令披露、不可有相違由仰、退出、

松殿忠顯參內
鹿苑院及び萬松軒にも挨拶

六日、晴、忠顯朝臣儲朝飡、於愚亭衣冠等相調參內、予同可祗候之由所望之間同道、美濃紙十帖・小刀一包粉五進上、卽退出、鹿苑院(就山永崇)幷万松軒(宗山等貴)等可申御礼、予又可同道之由頻所望之間、改衣裳同道、於鹿苑有一盞、於万松有楊弓、及晩歸畢、覺勝院(了淳、元長弟)出京、最勝王經講讀、

松殿忠顯足利義尹を迎へんとして堺へ下向

七日、晴、忠顯朝臣進發泉堺云〻、爲暇欤〔乞〕來、及晩參內、依當番也、於御前暫御雜談、入夜別殿行幸也、勾當內侍局、有一獻、

八日、晴、

九日、入夜雨下、

和漢聯句御會元長不參

十日、晴、今日御會、依不具不候、

十一日、晴、寶樹御正忌、招金光院、

石清水八幡宮寶殿炎上のため延引せる北野社法樂連歌御會を興行

十二日、晴、明後日十四日去二月廿五日御法樂御連哥、可有御沙汰、御人數可相觸之由有仰、則書遣廻文、

十三日、陰、候番、於御前數刻御雜談、入夜雨下、

北野社法樂連歌御會

十四日、陰、參內、御連歌也、參仕人々、前內府(三條西實隆)・中御門大納言(宣胤)・冷泉大納言(政爲)・予・兵部卿(田向重治)・新中納言(東坊城和長)・冷泉宰相(永宣)・姉小路三位(濟繼)・爲學朝臣(五條)執筆、

　松になけ神もやとり木郭公　御製　賦物路

　くるかけ涼しかりのしめなは　前內大臣

元長の付句叡感を蒙る

御一座之內御製、おもひしほとそいまはにくかると被遊、予、色つくもちらすも露のした紅葉と申す、叡感、滿座褒美入興之間注之、

廿首續歌

事畢後廿首御續哥、則執重被講、讀師中御門大納言、講師爲學朝臣、發聲冷泉大納言、々々々々之歌予唱之、事畢被出天酒後、各分散、

十五日、雨下、

十六日、時雨下、

月次和歌御會の廻文

十七日、陰、

十八日、晴、月次之題被下、書遣廻文了、

十九日、陰、及晩雨下、參内當番也、

廿日、

月次御樂

廿一日、陰、月次御樂人〔大カ〕食調也、未刻許參内、予音頭、朗詠羅綺重衣、予發言、事畢天酒如例、明日小月次御和漢可有御沙汰、予發句可申由仰、畏申退出、神樂如例吹之、

月次内々の和漢聯句御會

廿二日、雨時〻下、參内、參仕之〔人々〕、中務卿宮〔貞敦親王〕・新中納言・三條宰相中將・姉小路三位・式部大輔〔高辻章長〕・爲學朝臣 執筆也、

山濃梅雨餘　三條宰相中將

たか萱の下草しける小松かな

廿三日、晩雨下、

廿四日、陰、

筆結ひ職人

廿五日、雨下、及晩參内、當番也、筆結來、終日結筆、

知仁王酒饌を獻ず

廿六日、雨下、宮〔知仁〕御方中沙汰也、土器物・御樽如例進上、及晩參内、及深更間祗候、

廿七日、晴、餘醉平臥、

（表紙）
「元長卿記

永正六年
正月　二月」

（扉）
「永正六年愚記　　権中納言判」

永正六年

正月

年頭拝賀參內

一日、陰晴不定、早旦行水・遙拝如例年、祝着之儀畢著經（看歟）、入夜着衣冠參內、召具伊長（甘露寺）、御祝參仕人々、予・伯二位（忠富王）・三条宰相中將公條・右大弁宰相（勧修寺）尚顯・伊長・雅業（白川）・言綱（山科）・重親（庭田）・源讀件（諸歟仲歟）等也、天酌之後、參宮御方（知仁）、御祝同前、事說（訖歟）則退出、

松殿忠顯前年六月義尹に従ひ歸洛

二日、晴、不出仕、松殿三位（忠顯）・四条中將（隆永）等來、鴨社務祐平三位來、依爲輕服之家（家歟）立門外、

神事用意之処、祐嗣自許未休（マヽ）、仍押留云々、遣奉書、持來樽謝之畢、
三日、晴、不出仕、
四日、晴、

汁講

五日、晴、於松隱庵許有汁之巡、松殿始之、四条中將・杉生等也、及晩候番、

東福寺五百羅漢

六日、晴、詣東福寺五百羅漢、

節分
別殿行幸

七日、晴、節分也、入夜參內、御祝事終、別而於御庇結（給カ）御小杏（盃）、伊長召具了、別殿行幸云々、可祇候之由、勾當內侍被命間留候了、事終退出、

元三

八日、晴、入夜參內、依元三也、召具伊長、
九日、晴、

元長幕府その他に參賀
足利義尹年賀參內

十日、晴、早旦參室町殿（足利義尹）、安禪寺殿・大慈、院殿・三時智恩院殿・光照院殿等令參賀了、歸宅之後、着直衣參內、室町殿御參內爲參會也、參仕人々、予・飛鳥井中納言（雅俊）・三条宰相中將・右大弁宰相・阿野宰相中將（季綱）・新宰相・雅業・言綱・永家（高倉）等也、御退出之後出禁門、

細川高國の部下柳本某と大內義興の部下と闘爭す

十一日、晴、招松隱庵、用意時（齋）、覺勝院（了淳、元長弟）・攝取院（元長女）等同相伴、任舊例了、及晩御番、柳本与大內有喧嘩、

十二日、晴、

廷臣等酒饌を献じて宴あり

十三日、晴、例年申沙汰也、進土器物・御樽等、及晩參内、和歌御會始可爲來十九日云々、被下御題了、可相觸也、

十四日、雨下、餘醉終日平臥、

犬の產の穢

十五日、晴、依犬產穢、不出仕、

十六日、晴、

十七日、雨下、竹中坊來、遣佳例扇子、

三毬打

十八日、晴、入夜參内下姿、三毬打見物、

和歌御會始題每家有春

十九日、晴、今日和哥御會始、兼日御題以廻文遣之、御人數如例、今日參仕人々、前内府(三條西實隆)・中御門大納言(宣胤)・四辻新大納言(季經)・民部卿入道(冷泉爲廣)・予・飛鳥井中納言(雅俊)・左衛門督(持明院基春)・三條宰相中將・冷泉三位(爲孝)・阿野宰相中將・康親朝臣(中山)・隆康(鷲尾)・實胤(正親町)・雅業等朝臣・言綱・重親等也、執集懷紙進御所(前カ)、召民部卿入道被重之、次第予令檢知直之置文臺上、次各參上、讀師前内府、講師康親朝臣、發聲飛鳥井中納言、先自法中致講(被カ)、民部卿入道懷紙在法中、自次哥民部卿入道發聲、事畢被出天酒及數反、各沈醉、欲退出処、於上﨟局有盃杓(酌)事、被召留、數盃之後令退出了、今日御題、每家有春、

廿日、晴、
廿一日、晴、

近臣等酒饌を獻じて皇子知仁方にて宴

廿二日、晴、時々雪飛、於宮御方各申沙汰云々、進上土器物・御樽等、予有歡樂之氣間、召進伊長了、
廿三日、晴、及晩參內、依當番也、
廿四日、陰、

和漢聯句御會始

廿五日、晴、參內、依和漢御會始、參仕人々、前內大臣・中御門大納言・予・式部大輔(高辻章長)・阿野宰相中將・康親朝臣執筆・(五條)爲學朝臣・宗山(等貴)、御速(遲)參也、御發句、
山もいさみとりの空にあさかすみ
雖風柳不寒　前內大臣
入夜事畢有三獻、々畢退出、丑剋許也、
廿六日、細雨下、向藤中(高倉永繼)禪門亭、儲朝飡、

元長汁講張行
寶德寺妙譽上人參內

廿七日、晴、於三品御局張行汁、前內府・東(向歟)問等參會、寶德寺妙譽上人可參內云々、去々年香衣寺(事)御免、上洛不叶、只今申入云々、香箱・十帖進上、入夜向三位(冷泉爲廣カ)入道宿所、和漢一

折張行、今日姉小啓(路歟)三位八座事勅許、令申沙汰了、姉小路濟繼參議に任ず

廿八日、晴、
廿九日、晴、被下鴈、畏入了、

二月

一日、晴、想蓮入來、佳例扇子遣之、
二日、雨下、於三品御局前内府(三條西實隆)等參會、
三日、晴、
四日、晴、
山城安養寺某に香衣を許す
五日、晴、妙心寺有所望事、披露之、時宜無相違、安養寺香衣事、有勅許、
安養寺某參内
六日、雨下、安養寺參内、美絹一疋・引合十帖進上之、
七日、晴、詣安養寺、
八日、雨下、
九日、雨下、
新大納言典侍局に幸し猿樂を叡覽
十日、晴、今日行幸新大納言(勸修寺藤子)典侍局、有猿樂、土器物三種・壹荷進之、召具伊長參内、

萬松軒にて大飲
汁講
妙心寺住持

近臣大略皆參、其外阿野宰相中將（季綱）祗候、自午《斜》剋至于丑剋許還御、猶留候、有餘情、
十二日、晴、候番、
十三日、陰、參万松軒（宗山等貴）、有大飲、及丑剋歸宅、朝之間於三品御局、有以前之巡役、
十四日、小雨下、妙心寺住持入來、
十五日、陰、

「(表紙)元長卿記

永正七年

正月　二月」

「(扉)永正七年愚記　　權中納言判」

永正七

正月

四方拜

元旦の祝賀參內

一日、陰、早旦行水・遙拜如例年、次看經・祝之儀併如例年、四方拜藏人弁(甘露寺伊長)中沙汰也、入夜着衣冠參內、召具藏人弁、爲御祝也、參仕人々、予・三條(三條西)宰相中將公條・右大弁宰相(勧修寺)尚顯・右頭中將(正親町)實胤・雅業(白川)・言綱(山科)等朝臣・伊長・秀房(萬里小路)・重(庭田)親・宗藤(松木)・源(五辻)諸仲等也、事畢參若宮(知仁)御方、御酌終退出、

犬の產の穢

二日、晴、依犬產不出仕、

三日、陰晴不定、

飛鳥井賴孝邸における鞠始

四日、陰、及午時晴、飛鳥井侍從賴孝送使者、鞠始依天氣不定、兼而不及案內、屬晴間可張行云々、令領狀了、早々可來候由、使者度々到來、着葛袴常住之直垂之上、罷向、兩種・柳一荷送

細川高國の被官等蹴鞠に參加

之了、座北上東面、予・頭中將(中山)康親・右少弁秀房・侍從賴教(孝)・細川右京兆被官人一兩輩・安房守(細川政春、道亘)入道被官人三人、着座南上東面、安房守入道稱腰之煩候之由見物、次第立木下一兩度、立替留之、三獻之後歸宅了、

五日、陰晴不定、當番之間、未斜着衣冠參內、被召御前、數剋御雜談、入夜白地退出、則歸參、於勾當內侍局有三獻、佳例之一樽・薫物等送之了、入夜雪下、

雪見の御宴
足利義尹側近の葉室賴繼を朝食に招く

六日、晴、雪御覽、於常御所有一獻、番衆各祇候、沈醉退出、招右兵衛佐賴繼(葉室)、儲朝飡相伴、歸宿所云々、

七草御祝

七日、陰、時々雪飛、及昏色着衣冠參內、參仕人々、

中御門(松木)新大納言宗綱・四辻新大納言季經・予・伯二位忠富・右大辨宰相(勧修寺尚顯)・右頭中將(正親町實胤)・雅業朝臣・重親・資數(綾小路)・宗藤・源諸仲等也、御酌之後參宮御方、事畢退出、子剋計也、

元長の息神光院時詔
妙心寺龍安寺の長老ら來訪
石山十穀聖

八日、晴、從神光院新發(時詔)持紹、愚息也、來、推(携)乃圓鏡・樽等、金剛幢院同道、例扇子遣之、妙心寺長老・龍安寺長老・大心院長老・安養寺長老等入來、石山十穀來、各對面、

足利義尹年賀參內

九日、晴、今日室町殿(足利義尹)御參內也、可爲早速之由、昨日右大弁宰相所示送也、巳下剋直(着脫カ)衣參內、相伴秀房、爲着裝束來也、參仕人々、

中御門新大納言宗綱・予・飛鳥井中納言雅俊・大藏卿(東坊城)和長・新中納言(廣橋)守光・伯二位忠富・三條

宰相中將公條・右大弁宰相尚顯・阿野宰相中將季綱・日野宰相冬光・頭中將康親・雅業御劔・言綱等朝臣・永家(高倉)・賴繼等也、恒例三獻之外二獻被加之、三獻之末、武家近習給之如例、五獻各守次第、參天酌也、於御直廬三獻之外御盃取重二云々、事畢御退出、於車寄蹲居、不出門外、近習之衆少々於欤(出欤)、即退出、酉下剋許也、

將軍近習の衆に天盃を賜ふ

廷臣等幕府に參賀
元長諸家諸寺に年賀

十日、晴、武家參賀也、坊城前中納言(俊名)・賴繼等同道、事畢伏見殿(邦高親王)・前內府(三條西實隆)・二位殿・三位殿等局參賀、歸宅之後向饍、則又出門、龍安寺・妙心寺・三寶院・安養寺・曇花院等參賀、於龍安寺數盃傾間、及昏歸宅、所々參賀令略了、

一家の比丘比丘尼參集

十一日、晴、覺勝院(元長弟、了淳)・神光院(時詔、元長息)・攝取院(元長女)・福昌庵(元長女)等來、儲時(齋)、今日之節旧儀也、雖當番仰子細有之、相傳(マヽ)了、

松殿忠顯らを朝食に招く
親王廷臣ら酒饌を獻ず

十二日、陰、(招脱カ)松殿(忠顯)三位已下知音人々儲朝飡、午下剋參內、御比丘尼御所〳〵御參云々、

十三日、雪飛、午時屬晴、今日佳例申沙汰也、土器物金鈍(マヽ)・御樽等任例進上、着衣冠參內、

十四日、晴、

三毬打燒

十五日、晴、粥如例、三毬打二本燒之、入夜着衣冠參內、召具藏人辨、天酌之後參宮御方、
此間被燒內藏寮三毬打、十二本、事畢退出、

和歌御會始の題

十六日、和哥御會始題、今日書廻文賦之、

妙心寺長老參內

典藥頭和氣親就出仕違例元長主上の怒りを慰留す

御湯殿上日記

三條西實隆元長らを晩飡に招く

三毬打見物

和歌御會始

鶴遐年友　　題者民部卿入道（冷泉爲廣）

妙心寺長老參內、被申御札〔礼〕、相副青侍申入案內了、

十七日、晴、參內當番也、依召早參、典藥頭親就（和氣）朝臣去三日申御札（礼）、於御三間馬道御對面、恒例事也、件之道近年自御懸參入云〻、然今度、自殿上經東階前參上、不被得其意之由仰候處、曾他之道無覺悟由申間、御湯殿上日記等被召出、其年去〻年此分也、雖然猶不能承引、緩怠之間、爲御罪科可被止寮頭、次座如何之由仰也、予申云、於昇殿之身、經階前之条、強不苦歟、但所見分明之儀可申上之間、先可任近年之例条勿論歟、相支申条緩怠之至、無是非者乎、但御祈療之二儀、被全玉躰根元也、寮頭可及菟角之儀条、年始不快歟、暫有御無沙汰者、可有事之次由申入、逆鱗猶安〔不脫カ〕間、明日於勾當局堅被召仰、至承伏者可有寛宥之御沙汰、若又猶存緩怠者、沙汰之限也、可有計御沙汰由申入、大納言典侍局御使也、其後無他之儀、其定歟、

十八日、晴、前內府儲晩飡被招、於女中有此事、左大弁宰相・阿野宰相中將・藏人弁等也、及昏色間、直參御所、三毬打見物、各令同道了、

十九日、晴、今日和哥御會始也、午剋着直衣、自所〻到來之懷紙等一束（東歟）令隨身參內、遲參之方〻遣使者了、參集之後、取集懷紙持參御前、置文臺上、前內府被候御前被召、〻冷

泉大納言可重懷紙由仰也、仍召之、則參進、被氣〻(マヽ)間少〻展懷帋重之、前内府合力重了、
各可參由蒙御氣色、予召之、各參進、參仕人〻、
中御門大納言(宣胤)・冷泉大納言・民部卿入道(冷泉爲廣)・按察(綾小路俊量)・予・兵部卿(庭田重治)・飛鳥井中納言・大藏卿(東坊城和長)・
姉小路宰相(濟繼)・左大弁宰相・日野宰相・言綱朝臣・伊長・雅綱(飛鳥井)・重親・宗藤・源諸仲、自
餘稱病、或依不具故障不參、讀師前内大臣、講師事再三被仰雅綱、故障及友〻(度歟)、仍於御
前猶堅仰父卿(雅俊)、頻辞退之間被仰伊長、如形懃仕、發聲飛鳥井中納言、御製七反、宮御方・
兩(竹歟)千園(邦高・貞敦親王)三反、法中宮〻二反、丞相各二反、事畢被出天酒、宮御方始而御懷帋被出条珍重
之由、各中御礼了、及晩雨下、改衣裳退出、

第一皇子知仁歌御會に初めて懷紙を出さる

詩御會の題と和漢聯句御會の廻文

廿日、陰、被出御懷紙、可書裏書之由被仰下、即書之進上、詩御題被下、則書廻文、和漢
御會可爲來廿五日由也、書件廻文、相副遣之、及晩雨下、

入江殿東庵來臨

廿一日、晴、入江殿東御庵來臨、儲時(齋)、

日吉社神輿登山

廿二日、陰、雪飛、今日日吉二宮・十禪師・客人神輿登山云〻、爲江州發向也、
廿三日、陰(晴脱カ)不定、候番、昨夜發虫之間、餘氣未快之間、及晩退出、宿召進伊長、

妙心寺住持勅請のこと奏聞

廿四日、晴陰、及晩雨下、(謁脱カ)勾當局、奏聞妙心寺住持勅請事、　居成、
廿五日、晴、今日和漢御會也、詩懷帋書之、

元長自作の詩

春日同賦紅〔江〕山春意　詩　侄〔便カ〕以晴字、

官遊和暖出春城、江

水悠ゝ山色晴、紅緑

連船歌吹夕、風搖松竹

太平聲、

和漢聯句御會始

着衣冠參內、參仕人ゝ、

中御門大納言・予・兵部卿・大藏卿・姉小路宰相・新宰相〔高辻章長〕・三條宰相中將・康親朝臣・爲學〔五條〕朝臣、執筆、取集詩懷帋進上之、次各參御前、宗山〔萬松軒等貴〕御參、御發句、

山のはの雪やなかそらあさかすみ

出幽鶯、、　宗山

及昏色退出、

賀茂兩社奏事始

廿六日、晴、入夜雨下、未下剋着衣冠參內、賀茂兩社奏事始也、書目六〔錄〕懷中、於議定所被聞召、被儲円座、出御之後參進着円座、取出奏事目六、展目六取直、年号以下讀之、蒙御目、卷之退出、傍拜領天盃、祢〔祝欤〕着之、妙心寺住持勅請、

八論〔綸カ〕旨申遣右頭中將（正親町實胤）了、

永正七年正月廿六日　元長　奏

鴨社東御方幷河合社神事無爲事、

同社所々打掩等造營事、

別雷社神事無爲事、

以上被聞召畢、於傍申出御硯書注、懷中退出、

廿七日、雨下、無事、

廿八日、陰、及晩雨下、

內々和漢聯句御會　元長發句

廿九日、晴、和漢御小月次也、發句予可申由、昨夕有仰、仍書折紙持參、入見參了、

夜日の雨は今朝さく梅の色香哉

柳帶不寒風　大藏卿

入夜事畢、當番之間、不及退出、

二月

伯二位忠富王薨去

一日、陰、伯二位忠富卿逝去云々、八十四歲歟、

第一皇子知仁酒饌を獻じ宴有り

二日、晴、宮(知仁)御方申沙汰也、土器物・御樽進上之、依故障呂(召歟)進伊長(甘露寺)、

三日、晴、御比丘尼御所〻〻參賀、

四日、晴、

五日、晴、向藤中(高倉永繼)禪門亭、有朝飡、

龍安寺長老來訪

六日、雨下、當番相傳(マヽ)、龍安寺長老入來、勸盃、

七日、雨下、無事、

八日、雨下、

九日、雨下、

月次和漢聯句御會

十日、晴、月次和漢御會、依故障不參、

十一日、晴、時〻雨雪、陰晴不定、

十二日、晴、當番召進伊長、

元長の女三條西公條に嫁す

十三日、晴、今夜息女十八才遣三條(三條西公條)宰相中將許、年來內〻契約也、曩祖代〻所緣也、今又如此、不思議〻〻〻、

妙心寺新命住持に代り龍安寺長老御禮謝

十四日、晴、妙心寺新命勅請綸旨、先日被成下、住持上洛不可得(待歟)也、仍龍安寺長老爲代參被申御札(礼)、緞子一端・小鷹(高)檀紙十帖持參、予二百疋被送之、入夜細雨下、

「（表紙）
元長卿記
永正八年
正月　二月　三月」

「（扉）
永正八年愚記
権中納言判」

永正八年

正月

元旦の祝賀参内

一日、陰、及晩微雨下、風静一天泰平春也、早旦行水・遙拜・三盃等之祝着併如例年、入夜着衣冠、召具伊長（甘露寺）束帯參內、爲御祝也、參仕人々、四辻新大納言季經・予・三條（三條西）宰相中將公條・右頭中將實胤（正親町）朝臣・雅業（白川）朝臣・伊長・秀房（萬里小路）・源諸仲（五辻）等也、天酌之後、參宮御方（知仁）、御酌畢則退出、

二日、晴、無殊事、入夜參內、如昨日、

楊弓

三日、晴、有楊弓、入夜參內、如昨日、

四日、晴、參內、依當番也、

五日、晴、向資直(富小路)宿所、有朝飡、

薫物調合

六日、晴陰、及晩雪飛、薫物調合畢、

人日の祝

七日、晴、入夜參內、天酌之後參宮御方、事畢退出、今日御扇拜領祝着〻〻、

薄龜壽丸元服のこと勅許

八日、晴、龜壽丸薄可加首服事、于今遲〻、無實子之故也、仍去四日以勾當局有被仰合旨、無左右可致調法由申入了、就此題目、今日早速可然仰也、〔遺脱ヵ〕尋日次、可爲來十九日云〻、神光院(時詔、元長男)新發來、

風呂

九日、晴、及晩入風呂、

足利義尹年賀參內
一條冬良參內

十日、晴、武家(足利義尹)參賀也、御對面之後退出、一條前殿(冬良)入御、〻小直衣被改御衣冠、可有御參內云〻、未剋許着直衣參內、爲參會也、參仕人〻、予・飛鳥井中納言雅俊・左大弁宰相(勧修寺)尚顯・阿野宰相中將季繼(綱)・右大弁宰相(烏丸)冬光・右頭中將實胤朝臣・雅業朝臣・言綱(山科)朝臣・秀房等也、三獻之後退出、於御直廬有一獻、酉斜御退出、參御乘輿之処、猶歸候、依當番也、及昏色退出、改衣裳參內候宿、

一家の僧尼招待

十一日、雨下、行水・看經、依旬也、覺勝院(了淳、元長弟)・神光院・攝取院(元長女)・福昌庵(元長女)等招寄、佳例之節

也、儲朝飡、午後有點心、及晩參內下姿、佛陀寺住持事、來廿五日故法然上人三百年忌也、仍於西岡光明寺如法念佛、從來十九日執行、以彥致可被住院云々、香衣事可申請云々、以聊(聊以)內侍局申入、無相違勅裁事、可申付藏人弁(伊長)、

山城西岡の光明寺法然の三百年忌法會を修せんとし佛陀寺彥致を住持とし香衣を許されんことを請ひ勅許

冷泉永宣らを朝食に招く

十二日、晴、冷泉宰相(永宣)・姉小路宰相(濟繼)・右衞門督(松殿忠顯)・鷲尾中將(隆康)・時元宿祢(小槻)・伊賴・光陰・景範(山井)等來、儲朝飡、

佛陀寺住持に香衣勅許

十三日、晴、佛陀寺住持香衣之勅裁遣之、詣右衞門督宿所、有朝飯、

十四日、晴、

三毬打

十五日、雨雪下、三毬打燒之、粥如例、來十七日內侍所御神樂必定云々、入夜洗髮、構神事畢、

佛陀寺新命住持等韵に香衣勅許

和歌御會始の題と廻文

十六日、晴、佛陀寺新命等韵、香衣事奏聞勅許一通申付伊長了、及晩參內、依番也、御會始御題被下、寄若菜祝言、書廻文遣釜殿了、題者飛鳥井中納言(雅俊)、

內侍所御神樂

十七日、終日雪下、內侍所御神樂也、戌刻許着束帶蒔繪太刀・紺地平緒、參內、伊長同召具、子剋許始行、雪頻飛埋衣裳、榊之後与奪景通(山井)、自星音取予又吹之、其駒畢各歸座、申御礼退出、

廬山寺の照雲參內して入寺の事を禮謝

三毬打

十八日、陰、雪飛、廬山寺長老(月峯照雲)住院之御礼可參內之由、先日內々被示送、午時入來、相副使者令啓勾當局了、伊長進上三毬打一本、入夜參內、下姿、三毬打見物故(後カ)退出、

和歌御會始

飛鳥井雅俊第一皇子知仁の歌鞠師範を拝命

妙心寺長老參內 高辻章長ら來訪

松隱庵

常樂院殿月忌

十九日、陰、午剋許着直衣參內、召具伊長、和歌御會始也、參仕人々、前內府(三條西實隆)・冬(衍カ)冷泉大納言政爲・四辻大納言季經・民部卿入道(冷泉爲廣)宗清・小倉大納言季種・予・飛鳥井中納言雅俊・中御門中納言宣秀・廣橋中納言守光・冷泉宰相永宣・三條宰相中將公條・左大弁宰相尚顯・頭中將(中山)康親朝臣・雅業朝臣・言綱朝臣・伊長・秀房・(飛鳥井)雅綱・(庭田)重親・源諸仲等也、懷紙取集、予持參置文臺上、飛鳥井中納言可取重由仰也、仍召之、次第無案內之間其由許也、予悉皆令次第、雅俊卿持參置文臺退、其後召人々、讀師冷泉大納言、講師雅綱、發聲飛鳥井中納言、事終天酒如例、其後猶可祗候之由仰、仍留候、被召御前、伏見殿親王御方・前內府祗候、有一獻、今日、宮御方歌・鞠御師範事、被仰飛鳥井中納言、畏申進上御樽、仍被召御庇、廣橋中納言(守光)・左大弁宰相同候、數盃被下、沈醉退出、宿前內府亭、

廿日、晴、妙心寺長老參內、先被來愚亭、扇子・杉原十帖被惠、餘醉依平臥不對面、新宰相(高辻)章長・大內記(五條)爲學朝臣・(中原)師象朝臣來、儲朝飡、被下御懷紙、可閅進上云々、及晚閉書裏書進上、

廿一日、雨下、松隱庵書狀到來、

廿二日、晴、從禁裏被下美物、鯉二、畏申入了、未斜參內、依番也、

廿三日、晴、金光院入來、依常樂院殿(甘露寺房長)御月忌也、時(齋)之後遺扇子、佳例也、

越前朝倉教景の室より書状到來

廿四日、晴、自越前朝倉女房之書状到來、所々參賀、今日聊所思企也、於黒前々（御所々々カ）賜御盃、沈（醉カ）聊、歸宅及晩、

御楊弓

廿五日、晴、參内、有御楊弓、及晩退出、

春日祭延期

廿六日、晴、東御庵入來、大教院兒、大藏卿（東坊城和長）儲朝飡招了、春日祭可爲次与亍（支干カ）由注進到來、

廿七日、早旦細雨下、則屬晴、遣南都之返事、南曾（曹）（勸學院）所相代也、

元長大内義興の招きに應ず

廿八日、晴、參入江殿、大内左京大夫（義興）依相招也、及深更歸宅、

近臣等酒饌を獻じ宴あり猿樂あり

廿九日、晴、佳例申沙汰也、土器物金鈍（マヽ）・御樽進上、有猿樂、入夜退出、

二月

亡母月忌

一日、晴、廬山寺長老（月峯照雲）入來、扇子如例遣之、

四條隆永の母は元長の姉
和漢聯句御會

二日、晴、儲朝飡招右兵衛督（四條隆永）、民都（座頭）・城持等來、着衣冠參内、依和漢御會也、

春さらて空おほれする霞哉　御製

宮鶯先入聞　中務卿親王（貞敦）

三日、晴、

汁講
四日、晴、詣右兵衛督旅宿、有汁、
五日、晴、
和漢聯句御會
六日、晴、有和漢御會、召具伊長、
袖のほかに匂ひちらすな梅の花　重親（庭田）
風融度玉欄　新宰相（高辻章長）
入夜退出、
天竺越後守來訪
春日祭延期
七日、晴、天軸（竺）越後守始而來、儲三獻、春日祭次与亍（支干）、來十五日必定由注進、則奏聞、
上卿中御門大納言（宣胤）申請云〻、
八日、雨下、
九日、雨、除不快、
和漢聯句御會
十日、晴、參內、依和漢御會也、
中御門宣秀と四條隆永は兄弟
楊弓十炷香の御會
十一日、晴、中御門中納言（宣秀）室家・右兵衛督北向等入來、儲朝飡、午時參內、可有御楊弓幷十炷香云〻、持參賭物、依當番留候、入夜細雨下、
十二日、晴、
十三日、晴、詣中御門中納言亭、女房同被招、

十四日、晴、

御即位反錢越前國より五萬疋到來するのみ
御即位反錢を禁裏修理に轉用することの可否につき勅問

十五日、晴、始造作、廣橋中納言(守光)來、有勅問之事、御即位反錢、去年自越前到五万疋之外、無相續之儀、御修理等先且可有沙汰歟否事也、予申云、此事旧冬從武家被申時、御談合時、若且御修理等有其沙汰者、外聞有疑心、非御即位併御修理料也、非實儀由、無案内者於有巷說者、諸國之儀可致疎畧、先被閣待相殘、依到來可有其沙汰歟由申入了、於于今者雖經數日(日數)、諸國之儀無一途、所詮、御修理高御座・礼服方等、少々有其沙汰者、可爲諸國之催歟、可有計御沙汰之由申入了、

風呂

十六日、晴、入風呂、及晩參入江殿、依御所勞也、

亡父甘露寺親長の月忌

十七日、晴、竹中被來、御月忌如例沙汰之、遣扇子、

十八日、雨下、

御即位の事につき勅諚

十九日、晴、城壇・泯都・城持座頭等來、儲朝飡、就御即位之儀有仰旨、廣橋中納言來、

廬山寺の法華懺法

廿日、晴、詣盧(廬)山寺、有法花懺法、四辻亞相(季經)・右兵衞督、地下朝秋(豊原)・景通(山井)・景範(山井)・煕秋(今橋)・安倍季音等也、
採桑老　蘇合急　青海波　白柱　千秋樂　竹林樂等也、及晩歸宅、

廿一日、晴、

廿二日、晴、

廿三日、晴、候番、

廿四日、晴、

北野社法樂連歌御會

廿五日、晴、法樂御連哥如例年、前內府(三條西實隆)・中御門大納言・冷泉大納言(政爲)・予・大藏卿(東坊城和長)・冷泉宰相(永宣)・姉小路宰相(濟繼)・三条宰相中將(三條西公條)・左大弁宰相(勸修寺尚顯)・阿野宰相中將(季綱)・爲學朝臣(五條)等也、御連哥之後、廿首御續哥有之、

廿首續歌

御樂始

廿六日、晴、今日御樂始、双調也、着直衣未斜參內、

春庭樂只　賀殿急　春鶯囀　颯(颯)踏　同入破　烔(胡欤)飲酒破　酒胡子　武德樂

廿七日、晴、

廿八日、晴、

廿九日、雨下、有客來、依沈醉不候番、

三月

一日、晴、

二日、晴、

三日、晴、所々參賀、

四日、晴、

五日、晴、

六日、晴、候番、

月次御樂

七日、晴、月次御樂、平調、

万歳樂只　三臺急　甘州　春楊柳　勇勝急　小娘子　慶德

八日、陰、參岡殿、有御時〔齋〕、及晩雨下、

九日、雨下、

十日、晴、

十一日、

十二日、晴、當番召進伊長、

十三日、

花見の御宴

十四日、未斜參內、有一獻、花計、佳例土器物・御樽進上、

十五日、

連歌御會
御倉一音院
幕府蹴鞠始

十六日、
十七日、晴、
十八日、陰、有御連哥、風雨雷鳴、當番之間留候、
十九日、晴、向右大弁宰相(烏丸冬光)亭、儲朝飡、終日大飲、今日礼服新調料千五百疋、於御倉一音院
請取之、
廿日、晴、室町殿(足利義尹)御鞠始也、中刻着葛袴參、御人數、
予・飛鳥井中納言雅俊・左大弁宰相(勧修寺)尚顕・阿野宰相中將季綱・右大弁宰相冬光・康親(中山)朝臣・雅業(白川)
朝臣・雅綱(飛鳥井)・永家(高倉)・頼孝(飛鳥井)、
鴨社　光爲三位・光藤縣主、
武家　一色兵部大輔等也、事畢進上御太刀、

(表紙)「元長卿記

永正九年
正月　二月　三月
四月　壬四月　五月」

(扉)「永正九年」

永正九年

正月

四方拝

一日、天晴、早旦行水・遙拝如例年、祝着之儀式併任佳例、四「(方拝頭弁カ)」沙汰、御劒隆(鷲尾)
康朝臣、脂燭範久(高倉)「　」以緒(薄)等云々、五位「　」秀房(萬里小路)依「
」橘以緒「　」御酌「

二日、晴陰、及晩雪飛、不出仕、入夜吹平調樂、万歳樂只拍子、五常樂急、太平樂急、

薫物貝
御服の御冠陣官人調進せず陣官人を罪科に處す
織手
飛鳥井家の鞠始
大內義興來賀
人日の御祝
元長室鞍馬寺參詣
客亭の疊替へ
廷臣ら幕府に年始參賀

三日、晴、不出仕、
四日、晴、時々雪飛、未斜着衣冠參內、依當番也、進勾當局樽廾于(マヽ)之貝、遣官女薫物貝等、併如年々、入夜被招彼局有三獻、御服之御冠、陣官人不調進、申付欤否御尋之間、對申武家有訴證(訟)子細云々、仍不致調進欤之由申入了、所詮羅事相尋織手、可織出者、自今以後、以件羅可被用由被相定、於陣官人者被處罪科、天下存此旨者、可然欤之由同申入、然者織手可相尋由被仰下、今日、飛鳥井新少將(雅綱)亭鞠始之由音信、當番之間遣頭弁(伊長)了、遣兩種・壹荷如例、
五日、晴、雪飛、被下佳例御扇、
六日、晴、雪積、
七日、陰、及晩雨下、大內左京兆(義興)來、對面、黄昏着衣冠參內、依御祝也、參仕人々、四辻大納言季經・予・新中納言(三條西公條)・冷泉宰相(永宣)・頭中將(正親町實胤)・頭弁・雅業(白川)々(王ヵ)・言綱(山科)朝臣・秀房(庭田)・重親・範久・源(五辻)諸仲等也、天酌以後參宮(知仁)御方、御酌併如朔日、事畢退出、
八日、陰、雪飛、女房鞍馬寺參詣、輿副元國・雜色男等遣之、改客亭疊、旧冬依忩劇延引、
九日、晴、
十日、晴、室町殿參賀、從未明用意、乘板輿、御比丘尼御所等於處々賜御盃、沈(湎ヵ)面及晩

攝家以下禁裏に參賀
元長方違のため三條西邸に赴く

歸宅、攝家已下參賀禁裏、申次頭弁候之、當番代同申付畢、入夜爲方違詣前內府亭(三條西實隆)、携小樽、有盃酌、

一家の出家衆參集
三條西公條室里歸り

十一日、晴、覺勝院僧正(了淳、元長弟)・金剛王院禪師(神光院、時詔)・攝取院(元長女)・福昌庵(元長女)等、任佳例招請、有時(齋)、未斜新黃門之西向(三條西公條室、元長女)始被來、當年三ヶ年之故也、祝着之、元三御祝依餘醉不參、召進頭弁、

御服御冠の調製を命ず

十二日、晴、御服御冠事申付了、被遣手付、

神光院にて氏人鬪諍

十三(日脱ヵ)、晴、於神光院氏人喧嘩事、夜前子剋云々、希代狼籍(藉)也、

中山宣親入道らを朝食會に招く

十四日、招中山禪門(宣親)・藤宰相入道(高倉永康)・北畠入道父子(材親)、儲朝飡、飯後勸酒、及晚各分散、

三毬打燒

十五日、晴、粥如例、三毬打三本燒之、入夜着衣冠參內、依御祝也、參仕人々、予・廣橋中納言守光・新中納言・冷泉宰相・左大弁宰相(勸修寺尚顯)・實胤(正親町)・伊長等朝臣・雅業王・重親・範久・源諸仲・橘以緒等也、

三條西公條室婚家に歸る

天酌畢參宮御方如例、事終退出、今日及晚西向歸宅、引出物練貫十帖・薰物等遣之、肴三種・柳三荷如形之沙汰也、

妙心寺住持を缺く
江州蒲生の歌會

十六日、晴、妙心寺使來、當住・前住共以無之、扇子一本・杉原十帖、爲惣寺之沙汰送之、謁使僧謝之、江州蒲生會始之哥、書遣之、

詠鶴馴砌

伊勢貞陸の邸火事
亡父親長の月忌
朝倉教景の室より年始の禮物到來
禁裏御料所能登の一青荘より年貢未進分到來
內侍所御神樂
樂人と舞人の相論に叡慮を惱まさる
元長調停す

和歌

権中納言　元長

このやとのみきり
の松に年をへてす
たつ見〔よ〕はひをまな鶴
のこゐ

子剋許、當艮有火、伊勢守（伊勢貞陸）宿所云々、

十七日、晴、先人（甘露寺親長）尊靈御忌日、竹中入來如例、扇子如例年遣之、及晩洗髪行水、構神事、明後日十九依內侍所御神樂也、

十八日、陰、春日社御師送巻數・神供等、自越前朝倉彈正左衞門女房許佳札到來、送鳥目如例年、自松隱庵佳札同來、入夜吹神樂、及晩細雨下、禁裏御料所能州一青《ヒトタウ》御貢〔公〕用、去々年分殘且千疋到來、送勾當局畢、御神樂御訪到來、畏申了、

十九日、雨下、未斜屬晴、今日內侍所御神樂也、有召、詣勾當局下姿、樂人与舞人日來相論之事、被打置處、既爲御神樂違乱、愚意之趣御尋之間申入、大納言之典侍幷勾當以兩人、再往再反有仰之旨、又巨細申入了、多氏破罰〔マヽ〕文条不可然、如先可守置文由、可有御下知

樂人安倍季音違亂を申し漸く承伏す

上者、今夜先可致無爲沙汰由、樂人等可相宥由、承仰退出、向四辻大納言(季經)之許、先談此事則歸宅、召寄樂人等、披女房奉書申聞處、条(マヽ)達本意上者、可被(致カ)無爲之參懃由申間、申入御左右了、暫着束帶參內、召具伊長朝臣、可被始行處、季音(安倍)申違乱子細有之、頗移剋、既報鐘處、猶問答不休云々、以外之間、予頻加勘發間、其後可隨所役之由承伏、希代題目也、則着御、御服職事無人、兩頭許也、御劒爲和(冷泉)朝臣、脂燭言綱朝臣・基規(持明院)朝臣所作人、・雅綱(飛鳥井)・資數(綾小路)所作人、・範久・源諸仲・橘以緒等也、

臨時御神樂所作人

臨時御神樂所作人

四辻大納言本拍子・按察(綾小路俊量)末拍子・篳篥安倍季音・予笛・大炊御門大納言(經名)和琴・隆康(鷲尾)朝臣・基規朝臣・資數、各付歌、近衞召人忠時(多)・久泰(多)・多久盛等、各付歌、人長安倍季敦、臨時御神樂終入御、公卿各退出、恒例本拍子隆康朝臣、末拍子基規朝臣欤、可尋、付歌資數・忠時・久泰、篳篥季音、笛景通(山井)、和琴多久盛、人長安倍季敦、後聞日出已後事終云々、

高辻章長正三位に叙され拜賀裝束の貸借

廿日、晴、今日菅宰相可申拜賀、裝束已下内外馮入由、兼日懇望之間悉借与(貸)、從此亭可出門云々、無相違由令領狀了、仍儲一獻、各自身之沙汰也、菅大納言(高辻長直)・爲學(五條)朝臣等來、酉剋許、先令着束帶、參聖廟、乘板侍・如木等參會云々、兼行向便宜在所由談之、雜色四人、此内兩人白丁加助成了、歸來問則勸三盃、其後三獻事終出門歸來、脱裝束歸本宅、

和歌御會始の案内

廿一日、晴、調合薫物、和歌御會始御題被下之、則書廻遣〔文脱カ〕畢、　松添榮色　勅題
可爲來廿五日云〻、

廿二日、晴、東御庵入來、儲時〔齋、以下同ジ〕、及晩參內、依當番也、入夜被召御前、數剋御閑談了、

詩御會題

第一皇子元服奏事始

廿三日、晴、被下詩御題、寫給則返上退出了、金光院被來、時之後遣扇子、佳例也、及晩人〻來、有微聲、勸一盞、御元服奏事始云〻、頭弁書目錄付之、

狸料理に人々を招き歌鞠を張行

廿四日、晴、招人〻、爲狸賞翫也、一續張行、有披講、蹴鞠一足張行、事畢勸盞、各分散、及昏色雨下、

和歌御會始装束の貸借

廿五日、雨下、今日和歌御會始也、不參輩各送懷〔紙脱カ〕、小倉大納言〔季種〕指貫借用遣之、左衞門督〔持明院基春〕指貫事、從兼日申之間、遣餘具畢、午斜着直衣・指貫花田織物、執集懷紙隨身參內、遲參之方〻遣人、參仕人〻、
前內大臣・冷泉大納言〔政爲〕・四辻大納言・民部卿入道〔冷泉爲廣〕・小倉大納言・予・廣橋中納言〔守光〕・新中納言・左衞門督・冷泉宰相・姉小路宰相〔濟繼〕・新宰相中將〔中山康親〕・伊長朝臣・雅業王・言綱朝臣・重親・範久・源諸仲等也、各懷紙執集持參御前、置文臺退、可召民部卿入道由有仰、以〔仍カ〕參上、御懷紙可執重旨仰也、進御前、乍〔マヽ〕文臺執之退、一〻展懷紙重之、可合力由命間、展之重畢、次第可檢知由有氣色間、相違之所〻直之、則置文臺禪門持參、其後各可參由仰之間、

以伊長朝臣召之、各參上、讀師前内大臣、講師伊長朝臣、發聲民部卿入道、披講畢給天酒併如例年、各退出、

廷臣等酒饌を獻じて御宴有り
手猿樂あり

廿六日、陰、佳例申沙汰也、仍土器物幷御樽進上如例、有手猿樂、孔雀間着繼〔差カ〕假庇爲舞臺、參仕人〻、

四辻大納言・予・兵部卿（庭田重治）・廣橋中納言・新中納言・冷泉宰相・左大弁宰相（勧修寺尚顕）・實胤・爲學・伊長・雅業王・言綱等朝臣・重親・資數・範久・源諸仲・橘以緒等也、猿樂終暫有一獻、

堂上音曲

堂上音曲事畢退出、

廿七日、晴、無事、

廣大寺殿月忌日

廿八日、晴、梵阿來、依廣大寺殿（甘露寺房長室）御忌日也、午時有御用事、可參由有召、着衣冠參内、條〻蒙仰了、

第一皇子元服の儀につき一條冬良に御下問
北畠邸にて大飲

廿九日、雨下、依勅問參桃花坊（一條冬良）、御元服密儀之時簾中例、仁治・建武等度〻事歟、依御治定旨仰之、御左右可被申云〻、依北畠（材親入道）招先向彼亭、朝飯之後有一續、披講及晩、大飲、入夜歸宅、

鴨兩社奏事始

卅日、陰、微雨下、爲鴨兩社奏事始參内、着衣冠、

永正九年正月卅日　元長　奏

第一皇子元服の儀につき意見を徴さる

高辻章長直衣始

高辻章長第一皇子に進講

鴨社東西神事無爲事、
幣殿造營事、
別雷社神事無爲事、
奏聞說〔訖カ〕卷之懷中、御元服方〻儀等申之退出、於傍申出御硯付仰詞之後、被下天盃、御元服仁治・建武・觀應等最密儀也、仍簾中沙汰也、文明度不然、如何之由、桃花坊被申、如此条〻申入退出、菅宰相直衣始、自私宅出門、同直衣・指貫(重大帷)雜色・狩衣等悉備〔借〕遣、秉燭出門、此次可有御讀書之儀式云〻、每度舊例之由談之、今日於御學文所御對面、同御讀云〻、

後廣大寺殿月忌

三條西邸における續歌

第一皇子元服の事につき一條冬良の意見を徴さる

二月

一日、雨下、後廣大寺殿（元長亡母）御月忌如例、
二日、陰、於前內府（三條西實隆）有續哥・小漬等、
三日、陰、參桃花坊（一條冬良）、依有仰子細也、御元服簾中可然由被申、歸路先於資直（富小路）宿所有汁飯、後謁大納言典侍局、被申旨奏聞、大略可爲簾中沙汰由、所被思食也、及晚天軸〔竺〕越後入道・

湯漬

同兵部少輔來、伊長朝臣相親故也、有湯漬、入夜雪下、

和漢聯句御會

四日、晴陰、參內、和漢御會也、

霞かとみれは色そふ野山かな　御製

依番候宿、

井上宗信らを朝飡に招く

四日、(マヽ)雲飛、(雪カ)招井上宗信、神餘・吉田等來、儲朝飡、

五日、雨下、

第一皇子暫て親王宣下につき家司人數を定む

六日、雨下、親王家々司事、人數被仰下、

七日、雨下、

吉田四郎兵衛尉

八日、晴陰、參竹內殿、(曼殊院宮慈運)有御時、(齋)鹿苑院當年始渡御云々、於吉田四郎兵衛尉宿所有晩飡、

九日、晴、

越前の雜掌

十日、雨下、招越前雜掌、儲朝飡、當番召進頭弁、御元服御服事問答、

和漢聯句御會

十一日、雨下、和漢御會也、着衣冠參內、

梅をゝきてちりくる花や春の雪　中務卿宮(貞敦親王)

着鶯簾上鈎　御製

參仕人々、宗山(萬松軒等貴)・民部卿入道(冷泉爲廣)・予・兵部卿(田向重治)・新中納言(三條西公條)・姉小路宰相(濟繼)・菅宰相(高辻章長)・新宰相中(中山康親)

將・爲學(五條)朝臣等也、
執筆新宰相中將、入夜退出、
十二日、陰、入夜雨下、

第一皇子名字勘文

十三日、晴、參內、下姿、條〻奏聞、入夜大藏卿(東坊城和長)持來御名字勘文、勸一盞、
十四日、陰、御名字勘文進上、此內二除之、勘文可改進由仰也、就便路持向大藏卿宿所、
十五日、晴、

第一皇子の名字選考一條冬良近衞尚通に下問

十六日、晴、御名字勅問一條前關白(冬良)・近衞前關白(尚通)、可爲三ヶ所由仰也、仍伊長朝臣桃花坊幷陽明(近衞尚通)等持參、

亡父親長の月忌

十七日、雪飛、竹中入來、依御月忌也、

御樂始

十八日、晴、今日御樂始也、未刻許着直衣參內、暫各參集、四辻大納言(季經)・按察(綾小路俊量)・予・兵部卿・四辻宰相中將(公音)・隆康朝臣(鷲尾)・雅業朝臣・基規朝臣(持明院)・重親(庭田)・資數(綾小路)・橘以緒等也、酉刻許始、平調、
慶雲樂只、三臺急殘樂五反、笛按察、甘州殘樂五反、笛予、春楊柳、鷄德、太平樂急殘樂五反、笛資數、
林哥、朗詠、嘉辰令月、初反四辻大納言、二反按察、三反予、事畢被出、
天酒、於鬼間拜領如例、其後中務卿宮御酌、事畢各退出、依被召留猶祇候、參御前種〻

仰承退出、

南都一乘院の使者到來
一乘院良譽興福寺別當職を所望

十九日、晴、自一乘院(良譽)使者到來、去年維摩會講師之時、於南都条々違例事等申間、懇望之由也、三種・三荷被送之、幷寺務職事被申披露殿下(九條尚經)、

廿日、晴、及晩雨下、

一乘院良譽を興福寺別當となす
第一皇子名字の選考

廿一日、晴、入夜雨下、一乘院寺務事所望披露殿下、御裁許也、宮御方御名字、桃花坊・陽明・執柄等御申詞、予持參令奏聞了、

廷臣等をして水無瀬社法樂續歌を詠進せしめらる
方違

廿二日、晴、水無瀬殿御法樂御續哥御短尺、桃花坊・陽明・中御門中納言(宣秀)・雅綱(飛鳥井)等被遣、今日各進上、予同詠進、及昏詣前內府亭、爲方違也、

神光院の愁訴につき幕府下知を加ふ

廿三日、晴、神光院去正月十二日喧嘩、愁訴歎申處、今日可被加御下知由被仰出由、飯尾近江守(貞運)告送、本望々々、有蹴鞠、鴨社輩一兩人、

吉良邸に於て大内義興を招きて酒宴あり元長も招かる

廿四日、晴、左京兆向吉郎(良)亭云々、吉良・大內(義興)等送使者、可來由種々申之、難治之趣頻難澁、雖然使者難去懇望之間向彼亭、有大飲、携一腰、

北野社法樂連歌御會

廿五日、陰、微雨下、恒例御法樂御連哥也、仍着衣冠參內、參仕人々、

前內府・冷泉大納言・予・兵部卿・新中納言・冷泉宰相・姉小路宰相・爲學朝臣等也、

またるゝを花にもふかき心かな　御製

二十首續歌御會

御連歌之後、有二十首御續哥、被讀上之後、被出天酒、拜領之後各退出、

曼殊院宮における法樂連歌會

廿六日、陰、參竹内殿、有法樂御連哥、中務卿宮・鹿苑院(宗山等貴カ)・按察・予・兵部卿・冷泉宰相・姉小路宰相・庭田少將(重親)執筆、等也、

梅か丶を神やしめの丶春の風　曼珠〔殊〕院宮

續歌の會

入夜事終有御續哥、被讀上之後、被出御盃、二三反之後、各退出、

廿七日、雨下、

廿八日、晴、

月次詩御會の短尺

廿九日、晴、畠山修理大夫(義元)來、年始礼云々、月次詩御短尺執集、副進上愚作、

三月

亡母月忌
吉良某來訪

一日、陰、廬山寺長老(月峯照雲)入來、依御月忌也、明空來、各相伴、吉良被來、先日向彼亭礼云々、

二日、晴、

上巳の節句

三日、晴、入夜參內、召具頭弁(甘露寺伊長)、依御祝也、

四日、晴、

五日、晴、參岡殿、有御時(齋)、
六日、晴、
七日、朝深雨下、午時屬晴、
八日、晴、

足利義尹參內

九日、晴、室町殿(足利義尹)御參內也、着直衣參內、參會之人〻、
予・廣橋中納言(守光)・新中納言(三條西公條)・左大弁宰相(勸修寺尚顯)・新宰相中將(中山康親)・頭中將(正親町實胤)・三条中將(公頼)・雅業王(白川)・言(山科)
綱・雅綱(飛鳥井)等朝臣・永家(高倉)等也、三獻外御盃濟〻、七獻之後御退出、

第一皇子の名字選考

十日、晴、依召參內、宮御方御名字重而可勘進由、可申由仰也、

汁講

十一日、雨下、向明孝宿所、有汁、

御樂

十二日、御樂也、未斜着衣冠參內、音頭与奪、仍予勤之、万歳樂只拍子・三臺急・五常樂急・
春楊柳・小娘子・老君子・鷄德・朗詠・花上苑、
花山院前左府(政長)一獻申沙汰、五獻之後退出、

第一皇子の名字選考

十三日、晴、御名字勘進、進御所、如已前攝家三ヶ所、可有勅問云〻、
十四日、桃花坊(一條冬良)・陽明(近衞尚通)等御名字可持參由、申付頭弁了、
十五日、晴、花山(院脱)前左府被送三種・三荷、富永座計所被謝也、

和漢聯句御會

十六日、晴、和漢御會也、着衣冠參內、

大空におほふは花の色香哉　前內府（三條西實隆）

爲君春未深　月舟（壽桂）

亡父親長月忌

十七日、晴、竹中入來、如例、

鹿苑院（宗山等貴）已下御人數如例、

十八日、雨下、參南前〔御所カ〕、被下御盃、

內々月次和漢聯句御會

十九日、晴、依御小月次御會參內、

いとふなよめてゝや花に春の風　秀房（萬里小路）

霞開鳥好音　康親朝臣

廿日、晴、

廿一日、晴、入夜雨下、

花見の御宴

廿二日、晴、入夜雨下、有花宴、各申沙汰、

廿三日、晴、金光院入來、依餘醉不對面、

能登一青庄未進年貢の處理

廿四日、晴、依召參內、下姿、一青事、申入所存證〔詫カ〕、

廿五日、晴、一青御公用殘、以六千疋、去々年・去年落居之分、可申入由齋藤懇望、可申

試由返答、
廿六日、晴、
廿七日、晴、

姉小路邸の和漢聯句會
大内義興を従三位に敍す
三月盡和漢聯句御會

廿八日、陰、及晩雨下、於姉小路（濟繼）亭有和漢、義興（大内）朝臣上階宣下到來、頭中將、廿六日付也、
廿九日、陰、依盡御會參內、
かへる道に春もや手をる花もなし
鶯聲喚雨來　宜竹（景徐周麟）

四月

元長の亡母正忌法要

一日、晴、廬山寺（月峯照雲）長老・竹中・金光院（時詔）等入來、依御正忌也、午時參詣御暮（墓）、覺勝院（了淳、元長弟）同道、
歸宅之後寫經、
二日、晴、

第一皇子の御名に知の字を使用
高辻邸の和漢聯句會

三日、雨下、御名字勘文之內、可然御字無之間、可被用知字哉事、參桃花坊（一條冬良）可申入由、昨日仰之間參上、知字可然由被申、於菅宰相（高辻章長）亭和漢會、今日始之由、昨日音信之間、臨其

能登一青庄年貢四千疋納入

第一皇子親王宣下
御名を知仁と命ぜらる

知仁親王家の家司職事を定む

席、發句失念、入韻、

山深鵑雨（兩カ）聲

歸路又詣大典侍局、桃花坊御返事申入、

四日、晴、

五日、晴、

六日、雨下、

七日、陰、能州御料所一青《ヒトタウ》御公用四千疋納言（之カ）、

八日、陰、今日親王宣下也、行方夜前於勾當局、左大弁宰相（勧修寺尚顕）共調目六（録）進置了、午下剋參內、爲見物也、大炊御門大納言（經名）遲〻間遣使者、暫被參、向（問）公人之具否、陣儀可始欤之由可申入由、仰頭弁（伊長）、可始之由仰之間、可有下殿由申上卿、仍先着陣、官藏人方吉書有之如例、次更被着奥座、先之仰藏人申出御硯・高檀紙、於鬼間書御名字、タテカミ、

知仁

次、家司・職事交名、同書之、小高檀紙、折紙、

家司

言綱朝臣（山科）　伊長

大炊御門經名を勅別當となす

職事

基〔規〕親朝臣

各懷中持御名字於上卿座下進之、被結申時、仰〻詞今上ノ親王タルヘシ退入、上卿移着外座令敷軾、召弁伊長朝臣進軾、被下御名字、結申時被仰〻詞、如職事欤、可尋、則退取副笏、於床子座下〔召カ〕史、〻康友參進結申、弁仰〻詞、次史退次第退、次弁進軾、仰勅別當權大納言藤原朝臣〔大炊御門經名〕可爲親王勅別當、不仰片字、上卿依爲其人也、伊長朝臣退、上卿更召弁被仰之、仰詞可尋、自身之名字二字共被欤〔略脱カ〕如何、伊長朝臣退取笏、於床子座仰史、上卿之名字片字可加之由申含了、此間雨傾盆、上卿起座被申親族拜、申次伊長朝臣舞踏了、卽被申勅別當慶、申次同前、次被着殿上、昇高遣戸自上戸被着之、伊長朝臣進座上、下家司・職事等交名退、上卿起座被參親王御所小御所、被着公卿座、召家司言綱朝臣被下家司交名、召基〔規〕親朝臣被下職事交名、次下殿立南面妻戸前、申次藏人中務丞源祐仲、依雨儀於南面作合有二拜、〻了被還着公卿座、可申御礼故也、次家司・職事可下殿處、作合漏之間洪水、無立所、乾所聊有之間、伊長朝臣一人立之、言綱朝臣申次、二拜之後堂上、自餘略之、各申御礼御對面了、猶可祗候之由有仰、天酌之後退出、

陣儀

上卿　三百疋　六位史　百疋

陣官人　百疋　軾　五十疋

陣疊　三十疋　殿上疊　借用

陣疊、但大藏省〻官御訪之事申間、貳十疋可有下行由申了、

九日、陰、

月次和漢聯句御會

十日、晴、月次和漢御會也、着直衣參內、發句可申由、一昨日仰之間、所令存知也、

一聲や四方にはしめの郭公　元長

夏山綠未酣　菅宰相

十一日、雨下、

十二日、陰、

十三日、晴、

○十四日ヨリ廿三日マデ日付ノミ、今コレヲ略ス、

知仁親王御元服習禮

廿四日、晴、有御習礼、御進退可申入由、一昨日仰、堅故障申入、今日相（マヽ）仰之間、存寄分申入了、有一獻、御□〔童カ〕惜也、仍進上御樽、

知仁親王御元服

廿五日、
廿六日、晴、今日今上第一皇子(知仁)御元服也、以省畧儀、可爲簾中沙汰由、一條前關白冬良公被計申、御次第等、閣殿下(九條尚經)所被申合也、
以小御所爲親王御所、南三箇間之内西二間、下格子垂御簾、東妻戸開之、西北立廻御屏風、東同立御屏風、北之東一間懸御簾、中央間敷高麗疊二枚大文、其上加錦端茵爲親王御座、東第一間南面敷同疊一枚小文、加東京錦茵爲加冠大臣座西面、理髮圓座敷親王御座前、立切燈臺、供掌燈(マヽ)左右、在打敷、御座之北爲御休所、立廻御屏風、委細見差圖、刻限於臺屋着御童御裝束、冷泉宰相永宣勤之、御前裝束大藏卿和長致沙汰了、先御衵赤浮織、次御單信(倍)引木紅、次御直衣御文小葵生浮織物、御指貫濃物御文地龜甲乱文臥蝶丸白、解懸御髮、御座定、御身固有宣卿(土御門)參入、事畢退、上﨟持參御盃混布(マヽ)、鮑美(マヽ)、則撤之後、先御參御前、有御盃、卽御退出、源諸仲・重親等取蠟燭前行、言綱朝臣持御劒、家司・職事等在御共、其外内〻祗候之輩奉相從、廣橋中納言(守光)爲扶持公卿之間候近所、經釣屋・臺屋等御懸儲打板、至南之廊令入御休所給、

○指圖アリ、便宜次頁ニ移ス、

御休所御座東面、副北御屏風立二階一脚、上階置御冠、西、盛柳莒、次泔器有臺、入水、撤蓋盛柳莒、東、中階櫛巾於盛打乱莒蓋置之、扶持公卿廣橋中納言守光卿進褰御簾、兼在座、親王出御、

加冠關白九條尚經

先之關白（九條尚經）以下廣橋中納言・左大弁宰相（勸修寺尚顯）等着上達部座、藏人頭左中弁伊長朝臣氣色加冠、以記錄所爲關白休廬、次加冠（關白左大臣尚經公、）着座、次置雜具、言綱朝臣入東面妻戸、取御冠出本路、入南面妻戸置御座右方、（御冠向外方、）次基規朝臣（持明院）取泔器置御座左方、次重親取櫛巾置中央、伊長朝臣候加冠眼路、加冠氣色、仍伊長朝臣召理髮人、（藏人頭中將實胤朝臣、）參進候妻戸前、依加冠氣色、

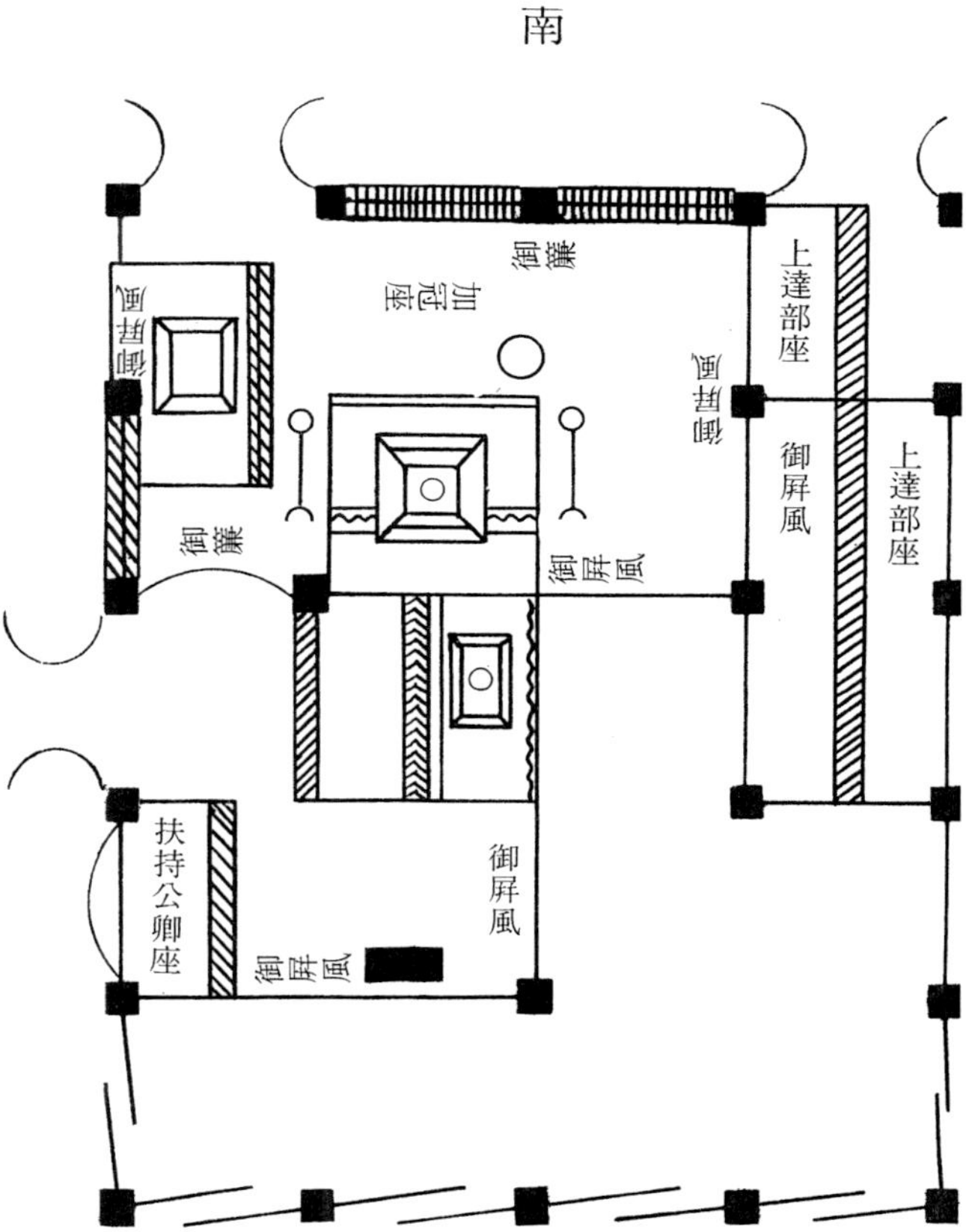

入妻戸進、押寄圓座於右方、不敷之、開櫛巾取出理髪具、抜懸巾子、取御手奉令突左右御膝之通、解御紕〔紐〕返御髪、其作法頗神妙、以檀紙巻末事、二ニ折テ横紙ニ巻之、山槐記談〔説カ〕云々、縱紙常計〔事カ〕也、理髪畢、引直圓座、退候妻戸外、加冠起座、移着圓座、入礒額取髪搔、入御髻歸座、實胤朝臣更參進整入雜具、押折櫛巾、置打乱莒退、次親王令歸入休所給、次加冠起座、次撤親〔雜カ〕具如前、冷泉宰相參進、令改着御冠給、御眉新典侍局參被直之、次供御前物六本、立平盤ニ御銚子、言綱朝臣・基規朝臣・雅綱朝臣等相互持參之、陪膳新宰相中將康親、衣冠旧例束帯、但依不具省略歟、雲客束帯引裾、陪膳取御銚子氣色、不及被楊〔揚〕盃、卽撤銚子退、御前物不撤如例、親王令起座給、先之源諸仲・重親等執燭前行、家司以下奉相從、經臺屋・釣屋等御參主上御前、有三獻、々々畢天酌、群參之近臣各參進、事終令歸入臺屋給、各申御礼、有御對面、其後各分散、

抑今度御調度等、一向密々手沙汰也、本儀藏人方調進也、雖然當時出納無案內、旁以便沙汰也、

加冠用の諸具

二階一脚古物

御冠一頭抜巾子 一頭例式　予申付了、

泔器新調　勾當局內々被申付、

櫛巾古物
納物櫛三予申付、本結三筋言綱朝臣調進、
髪掻、紙捻、柳筥三以上進之、左大弁宰相　笋刀古物　打乱筥古物
茵一枚古物、御休所用之、二枚予申付之、

廿七日、晴、

加冠の祿を賜ふ

廿八日、雨、加冠祿等、密々以代被送進云々、今度之儀依申沙汰併無爲、被悦思食由懇之仰也、仍三百疋拜領、伊長朝臣同三百疋被下之、祝着畏入之由申入、其後詣勾當局申入了、從新大納言典侍局、被送兩種・壹荷、悦申了、

内宮造替の事二月の大雪により顚倒せんとす

廣橋中納言來、神宮造替事内宮請印文書到來、伊長朝臣依輕服時元宿祢(小槻)直付傳奏了、有御尋事、申入所存了、

高倉永康薨ず

廿九日、雨下、訪永家(高倉)、愁傷了、

甘露寺伊長正四位上に叙せらる

卅日、晴、伊長朝臣正下事申入、即勅許、祝着之、

後四月

亡母月忌

一日、晴、廬山寺(月峯照雲)長老入來、明空等相伴如例、

内々月次和漢聯句御會

二日、晴、參内、依御小月次也、伊長朝臣同祇候、

さそひきて雲もかへるや郭公　(庭田)重親朝臣

緑新山入簾　元長

及晩退出、

三日、晴、

四日、晴、

五日、晴、

後土御門天皇の御冥福の爲に來る九月禁中にて法事を行はんとす

六日、晴、依召參内、來九月御法事被仰談、題目條々有之、

七日、晴、

八日、雨下、

禁裏御料所紙駄別公用到來

九日、晴陰、禁裏御料所紙駄別御公用到來、付遣新大典侍殿局、

月次和漢聯句御會

十日、晴、參內、月次和漢御會也、

雪の色に花もくは、る卯月かな　兵部卿(田向重治)

綠從□□添　爲學朝臣(五條)

法華八講につき下相談

事畢被召留、前內府(三條西實隆)同祗候、御八講事御談合、大略可有御治定云々、不可得歟、

十一日、晴、

十二日、晴、法花經一卷終却(功カ)了、三卷立筆、

曼殊院宮邸の連歌

十三日、晴陰、竹內宮(曼殊院慈運)御連歌參了、

清水寺法樂和歌の會

十四日、陰、清水寺法樂哥、今日披講、招講稱(マヽ)之衆、儲朝飡、冷泉大納言(政爲)・四辻大納言(季經)・民部卿入道(冷泉爲廣)・中御門中納言(宣秀)・大藏卿(東坊城和長)・冷泉宰相(永宣)・松殿(忠顯)・四辻宰相中將(公音)・新宰相中將(中山康親)・鷲尾中將(隆康)・庭田少將(重親)等也、朝饌已後講之、講了三獻、事了各分散、讀師冷大、講師伊長朝臣、發聲民入、

賀茂社の喧嘩についての足利義尹の調停を拒否す

十五日、晴、飯尾近江守(貞運)・同下野守(之秀)來、就喧嘩事也、爲室町殿內々有御入魂子細、不承引申、各歸畢、

十六日、雨下、

亡父親長の月忌

十七日、晴、竹中坊入來、如例相伴、寺家中公事事被語之、

十八日、晴、

三條西實隆新調鉢供御を催す

十九日、晴、於前内府鉢供御張行之、近邊之衆少ゝ招了、

廿日、雨下、

賀茂社の喧嘩につき社務氏人を喚ぶも來らず

廿一日、陰、賀茂社務幷氏人宿老可來由申遣了、就喧嘩依有被仰出旨也、各不出京、

廿二日、雨下、

廿三日、雨下、

廿四日、雨下、及晩晴、候番、

廿五日、晴、

廿六日、雨下、

廿七日、雨下、

高辻邸の和漢聯句會

廿八日、雨下、菅宰相（高辻章長）亭和漢會也、

一乘院良譽元長に禮物を贈る

廿九日、雨下、自一乘院（良譽）兩種・貳荷、先日昇進之事執申故也、

五月

大内義興賀茂社喧嘩のことにつき周旋
土佐光信勸修寺緣起を描く

一日、雨下、候番、
二日、雨下、
三日、晴陰、
四日、晴、左京大夫（大内義興）送使、喧嘩咎人申請度由懇望、令領狀了、勸條（修カ）寺緣起之繪出來、光信（土佐）持來、祝着、
五日、晴、及晩雨下、

（表紙）「元長卿記

永正十年
正月　二月　三月
四月　五月　六月」

（扉）「永正十年愚記　　權中納言判」

永正十年

正月

年賀參內

一日、天晴、早旦行水・遙拜・祝着之儀如例、看經之後二親之御靈供、自身御陪膳併如例年、次向饌、入夜參內衣冠、召具頭弁（甘露寺伊長）、參儀人（仕カ）々、予・三條中納言（三條西）公條・新中納言（勸修寺）尚顯・冷泉前宰相永宣・頭弁・雅業王（白川）・言綱（山科）・重親（庭田）等朝臣・範久（高倉）・橘以緒（薄）、天酌之後參親王（知仁）御方、拜領御盃退出了、

四方拜

四方拜頭中將公兄（正親町三條）朝臣申沙汰、御

劒頭中將、御簾・御裾頭弁、御草鞋藏人弁秀房（萬里小路）、御笏頭弁重役、脂燭基規（持明院）・重親等朝臣・橘以緒云々、

樂及び郢曲始

二日、晴、風吹、不出仕、樂幷郢曲始、萬歳樂・五常樂急・太平樂急・德是等也、

三日、晴、不出仕、

飛鳥井頼孝亭の鞠始
光物

四日、晴、番始、召進頭弁、頼孝（飛鳥井）亭鞠始、同遣頭弁了、兩種・壹荷遣之、夜半許有光物、從北方飛南、其形數丈云々、入雲後如雷鳴、

汁講

五日、晴、於資直（富小路）許有汁、

六日、雪飛、

大内義興來訪し大飲

七日、晴、左京太夫（大内義興）來、勸一盞、飛鳥井（前脱）中納言（雅俊）・權右中弁（日野内光）等來、數剋及大飲、入夜參內、天酌之後、親王之方（御カ）御酌如件（例カ）、

東大寺より大井庄の事につき禮物到來

八日、東大寺使節到來、就大井庄之儀、爲礼兩種・貳荷・千疋送之、

九日、晴陰、

廷臣等幕府に參賀
足利義尹年賀參內
一家の出家衆參集

十日、晴、武家參賀、召進頭弁、室町殿參內、參會同召進頭弁了、所々參賀各申付了、

十一日、晴、覺勝院（了淳、元長弟）・攝取院（元長女）・福昌庵（元長女）・西向（元長女、三條西公條室）・神光院（時詔、元長男）等、任佳例儲朝飡、

十二日、晴、

十三日、晴、

十四日、晴、

詩歌御會の題

十五日、雪下、有召、倒衣參內、有一獻、進上御樽、及晩退出、御祝漸之間又參內、天酌之後、親王御方御酌如例、則退出、詩歌御會御題被下之、

妙心寺の桂峰及び廬山寺の月峯來訪

能登一青庄年貢近日皆濟

十六日、晴、妙心寺桂峰座元（桂峰玄昌）入來、扇・杉原被携之、廬山寺長老（月峯照雲）被來、對面、能州御料所一青御公用、近日皆濟、

詩歌御會の案內

十七日、雪下、御會廻文書之、

霞添山色

右御題、來廿一日可被披講、可被豫參給由、被仰下候也、

正月十八日　元長

｜

｜

春色入毫端　以花爲韻、

右御題、來廿五日可被作進給由、被仰下候也、

正月十八日 〔元長脱カ〕

亡父親長の月忌

盧山寺竹中來、相伴、佳例扇子遣之、

伊勢神宮の門炎上により十六日より今日に至り廢朝三毬打延引

十八日、晴、無三毬打、去年(旧冬)神宮御門炎上、其後無廢朝之沙汰、自去十六日至于今日云々、

十九日、晴、頭弁進上三毬打如例、

廿日、雪下、

和歌御會始

廿一日、雪下、午時屬晴、今日和歌御會始、未刻許着直衣參內、到來之懷紙取調隨身頂(マヽ)之、

各參集、

冷泉大納言政爲・四辻大納言季經・(冷泉爲廣)民部卿入道宗清・小倉大納言季種・予・飛鳥井前中納言雅俊・中御門中納言宣秀・三條中納言公條・新中納言尚顯・冷泉前宰相永宣・姉小路宰相濟繼・右大辨宰相(烏丸)冬光・新宰相中將(正親町)実胤・伊長・(鷲尾)隆康・(山科)言國〔綱〕ゝ・重親等朝臣・秀房・源諸仲等也、召飛鳥井前中納言被重御懷紙、次第無案內之由申之間、予大略重之、讀師四辻大納言、其作法太不可說、講師伊長朝臣、發聲民部卿入道、法中先被講之、民部卿入道自歌、飛鳥井前中納言發聲、事了被出天酒如例、及晚退出、

廿二日、晴、及晩參內、依當番也、詣勾當局、携一樽・薫物等如例、

富小路資直の養子氏直奏慶

廿三日、晴、金光院來、佳例扇子遣之、新藏人氏直（富小路）今日奏慶云々、遣樽了、今日加首服云々、

廿四日、晴、

和漢聯句御會

廿五日、晴、參內、依和漢御會也、鹿苑院（宗山等貴）・前內府（三條西實隆）・予・兵部卿（田向重治）・三條中納言・姉小路宰相・爲學（五條）朝臣等也、

雪や春霞のきえぬ山もなし　御製

敲門先問梅　宗山

廿六日、雨下、招時元宿祢（小槻）・行方等、儲朝飡、

廿七日、晴、參岡殿、有御時（齋）、進上御樽、

廿八日、晴、及晩洗髮、講（構カ）神事、依內侍所ヽ（御カ）神也（樂脱カ）、

內侍所御神樂延引

廿九日、晴、及晩雪飛、明日御神樂、依用途不足延引云々、

卅日、雪下、

二月

亡母月忌により廬山寺長老入來

一日、晴、廬山寺長老(月峯照雲)入來、相伴明空來、長老佳例扇子進上、入夜薫物調合、

伏見宮邸詩歌會

二日、晴、參內、依和漢御會也、召具伊長朝臣、今日伏見殿御會始、御題先日被送下、詩歌同御題云々、

松有歡聲

内々の和漢聯句御會

今日、御小月次御發句、

花ならて末葉根にかへる柳かな

春風暖意纔　云(元)長

及昏色退出、

三日、晴、

畠山尾張守入道來訪

四日、晴陰不定、畠山尾張守(尚順)入道入來、

五日、陰、

方違

六日、雨下、及晩向景範(山井)宿所、爲方違也、

七日、晴、
八日、晴、
和漢聯句御會
九日、晴、參內、依和漢御會也、十日御會今日被遊了、
櫻色のこそめは梅のにほひかな　前內府(三條西實隆)
百態柳先春　御製
及晩退出、
十日、晴、
十一日、晴、
內侍所御神樂の案內
十二日、晴、內侍所御神樂來十六日可被行由、俄被仰出了、以廻文各觸遣了、
十三日、晴、
十四日、雨下、及晩洗髮、構神事、
十五日、雨下、
禁中觸穢により內侍所御神樂延引
十六日、雨下、禁中觸穢出來、御神樂延引云〻、甲穢也、不可說〻〻〻、流産云〻、
十七日、晴、
十八日、晴、

十九日、雨下、

春日祭三條西公條參行大內義興曇華院殿にて大飲

廿日、朝雨、午時屬晴、今日春日祭也、三條(三條西公條)中納言上卿參行也、參曇花院殿、左京大夫(大内義興)穩(祗)侯、大飲、半更歸宅、

廿一日、晴、

廿二日、晴、

應眞を下野專修寺門流の正統と勅許元長賀茂傳奏を辭退するも許されず

廿三日、陰及晩雨下、專修寺申勅裁事、勅許、賀(茂脱カ)傳奏辞退、依不許再往言上、猶可存知之由仰、仍可存知申入了、

廿四日、雨下、御月次御短尺、隨到來言上、

內々和漢聯句御會

廿五日、晴、參内、和漢御小月次也、發句兵部卿(田向重治)、

山松を花に霞のたえま哉　兵部卿

風絮半吹塵　元長

及晩退出、

曼殊院宮邸の連歌會

廿六日、晴、竹内宮(曼殊院慈運)有御連歌、發句主人御詠也、

梅かほり松かけきよきみ池哉

及昏色退出、

足利義尹細川高國邸に臨み松拍子を観る

廿七日、晴、傳聞、於右京大夫（細川高國）亭有松拍子、大樹（足利義尹）渡御云々、

廿八日、陰、時々雨下、

御樂始

廿九日、今日有御樂始、參仕人々、
花山院前左府（政長）・四辻大納言（季經）・按察（綾小路俊量）・予・兵部卿・菊亭中納言（今出川季孝）・四辻宰相中將（公音）・右兵衛督（四條隆永）・隆康朝臣（鷲尾）・雅業王・言綱（山科）・基規（持明院）・重親（庭田）・資敦等朝臣・宗藤（松木）初參束帶・橘以緒等也、地下、統秋朝臣（豐原）・朝秋（豐原）・景範・熈秋（今橋）・俊秋（豐原）・盛秋（豐原）等也、及晩事終有一獻、前左府申沙汰佳例也、
入夜退出、

三月

元長庭を作る

一日、陰、午後雨下、作庭、

着到和歌御會の案内

二日、晴、從明日可有着到和歌、御人數可相催由仰也、書廻文遣之、

弘長百首

從明日可有着到和哥、御題可爲弘長百首題、各可被存知様之由、被仰下候也、

三月二日　元長

冷泉大納言（政爲）殿

小倉(季種)大納言殿
飛鳥井(雅俊)前中納言殿
姉小路(濟繼)宰相殿
中山(康親)宰相中將殿
其沙汰候也、

袖書
明日、各可有御參之由、

葉室賴繼拜賀着到和歌

三日、細雨下、及晩晴、今日右少辨賴繼(葉室)可拜賀也、習礼兼日加諷諫了、秉燭令着裝束、依御着到之儀、不待出門之一獻、倒衣參內書之、右少弁參仕、舞踏殿上之儀如形、遂無爲之節、祝着〻〻、先之、專修寺(應眞)來、子細不能巨細、

僮僕　侍一人　如木一人　雜色四本

桂峯玄昌妙心寺入院

四日、晴、妙心寺入院也、右少辨參內、用手輿、四方輿依難得也、

桂峯參內

五日、妙心寺長老佳峰(桂)參內、進物如例、被訪勅使之宿所、以愚亭爲其所、愚老執奏之間、

觀花の御宴

對予被謝、折紙如例、今日花御覽一獻、依御沙汰祇候、

元長宮中の女官等を招請

六日、晴、於三位殿御局、上臈已下典侍殿達、儲朝飡招申之、

元長妙心寺を訪問

七日、晴、詣妙心寺、有酒、及晩歸宅、

八日、晴、

和漢聯句御會

九日、晴、和漢御會也、發句可申由、一昨日仰之間祇候、

花をよきて匂ひをちらす風もかな　云〔元〕長

廷臣官女等酒饌を獻じ觀花の御宴あり

十日、晴、今日花御覽、男女中沙汰云〻、進上土器之物・御樽等、召進頭弁、

十一日、晴、

月次御樂始

十二日、晴、月次御樂始也、午下刻着直衣參內、花山院前左府（政長）被參、予音頭、

万歳樂只　五常樂急　甘州　春楊柳　小娘子　慶德　林哥　朗詠　花上苑

有一獻、及晩退出、

十三日、雨下、

十四日、陰、

十五日、晴、

十六日、雨下、万秋樂吹之、

十七日、晴陰不定、

足利義尹細川高國と大內義興の專恣を怒り甲賀に出奔す

十八日、晴、大樹（足利義尹）去夜御逐電云〻、對諸大名可被仰子細有之云〻、御在所、後聞、江州甲賀郡之內タマキ館云〻、

十九日、晴、

朝倉貞景元長に馬を贈る

廿日、晴、朝倉孫次郎（貞景カ）送馬、去年暇乞之後、載折紙馬遲〻、今日到來也、

飛鳥井雅俊らを朝食に招く

廿一日、飛鳥井前中納言・新中納言（勧修寺尚顕）・姉小路宰相・天軸（竺）兵部少輔等招之、儲朝飡、

洗髪

廿二日、雨下、及昏色洗髪、構神事、明後日内侍所御神樂可被行云〻、

廿三日、雨下、

内侍所御神樂

廿四日、雨下、今日内侍所御神（樂脱カ）被行之、應召、依延引、大膳職別下行事加問答、貳百疋下行之、散狀案書寫之、

内侍所臨時御神樂

所作人

本拍子

四辻大納言（季經）

末拍子

按察（綾小路俊量）

付歌

基規朝臣（持明院）　忠時（多）

多忠吉

篳篥

安倍季音

　笛

甘露寺中納言(元長)

　和琴

資數朝臣(綾小路)

　人長

安倍季敦

　近衞召人

景　範(山井)

內侍所御神樂

所作人

　本拍子

基規朝臣

　末拍子

忠　時

付歌
多忠吉
篳篥
安倍季音
笛
景範
和琴
資數朝臣
人長
安倍季敦

大膳職供神物につき虚言を構ふ

供神物遲ゝ、仍至曉鐘始行、臨時事終天欲曙、恒例及巳剋云ゝ、件供神物、去月十六日觸穢時、不可致用意由仰處、悉用意之由答之間、可檢知可持來之由、以出納仰處、不持來、今般更可下行由、再三申間、構虚言条以外次第也、可弁沙汰由加勘發、窺〔窮〕困更無其術由、種ゝ懇望之間、狂〔任カ〕理四百五十疋之内、今度貳百疋又加下行了、此儀依再往遲ゝ也、自半更屬晴之間、改雨儀了、構晴儀也、

北野社法樂連歌御會二十首和歌

廿五日、晴、去月廿五日御法樂、依觸穢無之、仍今日可參之由、一昨日仰也、仍參內直衣、御連歌之後、有廿首之和歌、御短尺重之後、姉小路宰相讀進、給天酒退出、

行春はぬさもとりあへす花もなし

廿六日、晴、

廿七日、晴、

廿八日、晴、

三月盡和漢聯句御會

廿九日、陰、盡御會可參之由、昨日有仰旨、仍參內、衣冠、

ゆく道をけふにとちめよ春霞　前內大臣（三條西實隆）

黃鳥樹栖英

鹿苑院（宗山等貴）已下例式御人數也、

四月

亡母の年忌

一日、雨下、廬山寺長老（月峯照雲）已下三人入來、依御年忌也、朝之間万歲樂一具、景範（山井）・安倍季音來間吹之、次讀經・半齋、時〔齋〕相伴了、

齋藤上總介を招く

二日、雨下、向魚味膳、招齋藤上總介幷杉生、相伴、

三日、雨下、

豐原統秋亭に赴き萬秋樂練習

四日、陰、向統秋（豐原）亭、万秋樂習礼由、依傳聞俄思立了、連吹無爲、笙朝秋（豐原）・俊秋（豐原）・盛秋、篳篥安倍季音、笛予・景範、鞨（羯）鼓統秋・熈秋（今橋）、事了入風呂、及晩歸宅了、

五日、晴、

伶人景範の宅にて景益十七年忌供養のため樂あり

六日、晴、於景範宿所有万歳樂（秋ヤ）慈尊万歳樂（秋ヤ）也、故景益（山井）十七年也、予音頭、統秋鞨（羯）鼓、朝秋・益秋・景範・熈秋大鼓、俊秋・盛秋・安倍季音等也、小時之後始行、事終有時（齋）、々之後歸宅了、

七日、晴、

甘露寺邸連歌會宗碩周桂土佐光信ら參會

八日、雨下、連歌興行、姉小路宰相（濟繼）・宗哲・宗碩・殊全・卜純・周桂・光信（土佐）朝臣等招之、予發句、

　なけやこの待夜のかすに郭公

秉燭之後事了、各分散、

九日、晴、

和漢聯句御會

十日、晴、參內、依和漢御會也、

一聲もなけやみやこの郭公　中務卿宮（貞敦親王）
雨殘夏木園　三条中納言（三條西公條）
及晩退出、

曼殊院宮家の連歌會

十一日、晴、於竹内宮（曼殊院慈運）有御連歌、鹿苑院（宗山等貴）御發句、
卯花はおるへき月の桂かな
及晩雨下、

中御門宣胤の亡母十三回忌施餓鬼

十二日、雨下、向中御門大納言（宣胤）入道亭、母儀十三回也、遣香奠、佛陀寺僧衆七人、有施餓鬼、松尾社務相秀來、職拜任之後始也、
十三日、晴、
十四日、晴、
十五日、晴、晩頭雨下、

和漢聯句御會

十六日、晩陰雨下、參内、有和漢御會、
月雪の卯花かきに花もなし　親王御方（知仁）
竹新風露飜　中山宰相中將（康親）
十七日、雨下、

和漢聯句御會

十八日、晴、俄有召、倒衣參內、有御和漢、及昏色退出、

元長賀茂社傳奏を辭退するも許されず

十九日、晴、賀茂傳奏辭退之由、去二月言上之後、頻猶可存知之由仰也、于今難澁、一昨日重而有仰旨、仍今日奏事始申之、書目〔錄〕六、

賀茂社奏事始

永正十年四月十九日　元長　奏

鴨社東御方神事無爲事、

同社造營事、

同奉行可被加增歟否事、

同社祝從四位下鴨伊忠縣主申從四位上事、

別雷社神事無爲事、

着直衣參內、懷中奏事目錄、於儀定所候円座披之讀之、併如例、造營奉行可被加裾〔祐〕春歟之由申入、被聞食仰也、一ゝ蒙御氣色、卷目〔錄〕六懷中退出、次頂戴天盃了、次退出、

專修事雜掌

廿日、雨下、專修寺雜掌來、

廿一日、晴、

廿二日、晴、

廿三日、晴、金光院入來、如每月、

廿四日、晴、

廿五日、晴、資直《富小路》來、五旬昨日帙（秩）満云々、

廿六日、晴、

廿七日、晴、

廿八日、晴、

廿九日、晴、

連歌御會

卅日、晴、及晩陰、雷鳴細雨下、有御連哥、依召參內、重親《庭田》朝臣申發句、

しける葉に木のまもりくる風もなし

晩頭退出、

〔五〕
四月

亡母月忌
明空寂す

一日、御月忌如例、明空不來、相尋之処、去月廿八日卒云々、不便、及晩夕立、

美濃瑞光寺住持勅願寺に列せられんことを請ふ

二日、晴、晩雨下、向四条亭、儲朝湌、濃州瑞光寺住持入來、依勅願寺之儀申請也、

三日、晴、

四日、晴、
五日、晴、
六日、晴、
七日、晴、

元長權中納言賀茂傳奏等の諸役を辭せんとして上表す

八日、雨下、午前晴、今日依有所存、當官已下賀茂傳奏等申沙汰之条〻、可被令(マヽ)上表了、
　當官幷賀茂傳奏・御會共申さた・能州一青・越州河合庄申つき(次)、以上悉上表と(マヽ)いたし
　候、愚昧未練の身として事上(マヽ)あつかり候て、理(非)ひの分別も候はて、空おそろしく日來存
　候つる、とにかくに罷過候き、かた〳〵かくこ(覺悟)のむね候程に、しんしやくいたし候、
　このよし御心え候ておほせ候へく候、かしく、
　　勾當内侍殿御局へ　　　　もとなか
九日、晴、
十日、晴、

元長の辭意を慰留せらる

十一日、晴、三条(三條西公條)中納言入來、進退無謂由御使云〻、不申領狀、
十二日、晴、
十三日、雨下、晩頭晴、

○十四日ヨリ十七日マデ日付ノミ、今コレヲ略ス、

元長の辭意を慰留せらる

十八日、晴、勾當內侍來臨、進退事教訓也、一宿、

元長に辭意撤回を命ぜらる

十九日、晴、及晩歸參、不承引無曲之由被命、

廿日、

廿一日、

再々女房奉書を賜ひ慰留せらる

廿二日、晴、大藏卿(東坊城和長)持來女房奉書、申所存事、

廿三日、晴、大藏卿又持來女房奉書、仰及度々之間、雖非本意、猶可加思案由命之事〔畢カ〕、

元長辭意を撤回す

廿四日、晴、午時雨下、大藏卿來、罷向御返事可申由令返答了、戌剋許謁大藏卿許、畏申由申了、則同道向長橋局、以大典侍局申入了、有一獻、

廿五日、陰、

廿六日、雨下、

廿七日、晴、向姉小路(濟繼)亭、有作善、

廿八日、

廿九日、

六月

亡母月忌

一日、晴、廬山寺(月峯照雲)長老入來、如例、

鴨社假殿造替につき披露す

二日、晴、鴨社假殿造替同時〔日〕宣下事、令披露了、

鴨社假殿造替日次の事、今月中旬・下旬之内、木作始已下次第の日時宣下の事、おほせ出され、經營仕候はんする由申候、次經所の邊に杉一本候、これをなをして材木にめしつかひ候は丶、用脚の潤色にて、他事まて事行へき御事候、勅許子細なく御さ候ハ丶、つ丼てに造畢可然樣にと、おなしく申候、五位職事、一﨟にて候へは、季〔秀〕房(萬里小路)におほせつけられ候へき歟、先、日時早々勘させられ候へき、しかるへく存候、このよし心え候て御申候へく候、かしく、あなかしく、

勾當內侍殿御局へ　　もとなか

もと／＼正殿造替には、社解にて嚴重のやうに候、かり殿にハちかき程も、これまてハ候ハぬ、

鴨社假殿造替木作始已下次第、日時風記幷宣下事、可被申沙汰給由被仰下候也、恐ゝ謹言、

六月二日

（萬里小路秀房）
藏人弁殿

中旬・下旬之間、可令勘進也、可被仰遣候也、

三日、晴、

四日、晴、

興福寺六方衆筒井順盛同寺衆徒と確執あり春日社及び興福寺の門を閉づ

五日、晴、從春日社注進到來、去月十六日、六方御衆中依確執之儀、爲六方社頭幷七堂悉閉門由也、可驚可歎、可令披露殿下（九條尙經）由、申含頭弁（伊長）了、

（表紙）
「元長卿記

永正十一年
正月　二月　三月
四月」

（扉）
「永正十一年愚記

權中納言判」

永正十一年

正月

大內義興來賀するも對面せず

年賀參內

一日、晴、風靜、太平春也、行水・遙拜・看經如例年、三獻表佳例丁（畢歟）、大內左京大夫（義興）來、不及對面歸云々、入夜參內、着直衣、召（具脫カ）頭弁（伊長）、參仕人々、予・三條中納言（三條西公條）・勸修寺中納言（尚顯）・冷泉前宰相（永宣）・新宰相中將（正親町實胤）・伊長朝臣・雅業王・重親朝臣（庭田）・臣・秀房（萬里小路）・範久（高倉）・源諸仲（五辻）・橘以諸（薄）（緒）等也、

天酌之後參親王(知仁)御方、御酌之後退出、

節分方違

二日、陰、及晩雨下、不出仕、節分也、爲方達〔違歟〕宿宗壽所、

三日、晴、不出仕、

四日、晴、

五日、晴、詣前内府(三條西實隆)亭、有朝飡、召具伊長朝臣、

六日、雨下、

七日、晴、

八日、晴、及晩細雨下、

九日、晴、

廷臣幕府に參賀す

十日、晴、武家參賀、召遂〔進〕頭弁了、

一家の出家衆參集

十一日、覺勝院僧正(了淳、元長弟)・神光院法眼(時詔、元長男)・西向(三條西公條室、元長女)已下入來、儲朝飡如例年、

十二日、晴、

十三日、晴、和歌御會始、御題被下之、

小槻時元らを朝食に招く
日野蒲生の和歌會始懷紙

十四日、晴、時元(小槻)宿祢・資直(富小路)・伊治(小槻)・景範(山井)・吉田四郎兵衛尉等來、儲朝飡、日野蒲生會始懷紙遣之、

三毬打
和歌御會始案
內

十五日、晴、三毬打三本燒之、御會始、書廻文遣之、神（袖欤）書、刻限可爲午一點之由、內々其沙汰候也、

水石歷幾年

右題、來十九日可被披講、可令
豫參給之由、被仰下候也、

正月十五日、　元長

四辻（季經）大納言殿
民部卿（冷泉爲廣、宗清）入道殿
小倉（季種）大納言殿
按察（綾小路俊量）殿
兵部卿（田向重治）殿
飛鳥井（雅俊）前中納言殿
中御門（宣秀）中納言殿
大藏卿（東坊城和長）殿
廣橋（守光）中納言殿
三条中納言殿

勸修寺中納言殿
左衛門督殿（持明院基春）
冷泉前宰相殿
姉小路宰相殿（濟繼）
四辻宰相中將殿（公音）
左大弁宰相殿（烏丸冬光）
中山宰相中將殿（康親）
右宰相中將殿（正親町實胤）
冷泉三位殿（爲孝）
鷲尾三位殿（隆康）
頭中將殿（正親町三條公兄）
大内記殿（五條爲學）
冷泉中將殿（爲和）
伯殿（雅業王）
內藏頭殿（山科言綱）

飛鳥井（雅綱）中將殿
庭田（重親）中將殿
藏人弁殿（萬里小路秀房）
中御門少將殿
高倉（永家カ）少將殿
藏人中務丞殿

十六日、晴、

亡父親長月忌
十七日、晴、竹中坊入來、佳例扇子遣之、

三毬打燒見物
十八日、晴、入夜三毬打見物、下姿、

和歌御會始
十九日、晴、午斜着直衣參內、暫人々參某（集）、被召御前、參御三間、有仰事、召飛鳥井前中納言可重御懷紙由被仰、仍召之、次第無案內之間、可扶沙汰之由有命、仍相共重之、飛鳥（井脫）持參置文臺之上、懷帋之下有御前之方、端作爲上、二ツニ推折、法中御懷帋上ニアリ、次各可參之由表之、各祗候、小倉大納言讀師可懃仕之由有仰、暫辭退、再三仰之間懃之、伊長朝臣講師懃之、發聲飛鳥井前中納言、讀師進退作法可謂不可說歟、披講終有天酒如例年、事畢各退出、

詩御會の題

甘露寺邸の蹴鞠の會

姉小路濟繼奏慶

朝倉教景室より佳札到來

和漢聯句御會

德大寺公胤帶劒を聽され奏慶

久我通言も帶劒を聽され奏慶

廿日、晴、被下御懷紙、可閇進上之由被仰下、閇之書裹書進上了、詩御題被出、
春入太平象 以季爲韻、
大藏卿進之題也、來廿九日可作進之由也、可遣廻文也、今日甲申日也、仍蹴鞠、人數、勸修寺中納言・伊長朝臣・持紹(時詔)法眼、鴨社之衆、光將三位・光雄三位・光藤敗(縣歟)主、賀茂社之衆、數久・茂久・松下三郞 氏人、式部大輔(高辻章長)等也、入黃昏詣姉小路宰相亭、慶申云々、仍遣樽了、下襲裾・表袴・石帶 有文巡方、等借(貸)与之、衣文冷泉前宰相、前裝束中御門中納言、三獻人數々多、頗經裎(程)事畢出門、路次見物了、
廿一日、晴、詣姉小路宰相亭、儲朝飡、米(未歟)斜歸蓬屋了、入夜雨下、朝倉後室佳札到來、
廿二日、雨風不休、
廿三日、晴、金光院入來、佳例扇子遣之、
廿四日、晴、明後日可有和漢御會、宰相觸(可脫ヵ)由有仰、遣廻文、
廿五日、雨下、
廿六日、陰、着直衣參內、依御會也、及晚退出、德大寺中納言(公胤)今日申慶云々、裝束衣文事被相語、仍召具永家(高倉)詣出門所、左衛門督亭也、扈從殿上人基規朝臣・永家云々、地下前駈四人、衞府長一人、女木(如)一人、小雜色六人、裝束被着、々後爲見物參御所、久我中納言(通言)內(同歟)慶申

甘露寺亭連歌會
宗碩周桂土左乘光ら參會
湯漬

也、徳黄門退出之後、以彼装束補沙汰由、兼日聞其沙汰了、綾小路中將(資能)・中院少將(通胤)扈從云々、及深実(更歟)間不見物、前駈通用云々、

廿七日、晴、入道相國(徳大寺實淳)被送使者、昨夜下具等被備(借カ)用儀幷衣文計所被譸(謝)送也、兩種・柳貳荷拝領、他出之間、歸宅已後則向彼亭譸(謝カ)申了、

廿八日、晴、向四条(隆永)亭、有朝飡、

廿九日、陰、連歌興行、冷泉前宰相・秦倭(マヽ)・一音院(御倉)・宗碩・周桂・惠金・土左乘光等也、儲湯漬、事畢又勸一盞、

卅日、晴、詣中御門(宣秀)亭、有朝飡、

二月

亡母月忌

人々を朝食に招き連歌一折興行

一日、晴、廬山寺長老(月峯照雲)入來、相伴、佳例扇子遣之、

二日、晴、中御門(宣秀)・四条(隆永)・山科(言綱)・葉室(賴繼)等招之、儲朝飡、飯後連歌一折張行之、

三日、晴、向夸(資歟)直宿所、有朝飡、

四日、晴、及晩雨下、

内々和漢聯句御會

五日、晴、參內、小月次和漢御會也、
六日、晴、
七日、晴、
八日、雨下、
九日、晴、

和漢聯句御會

十日、晴、參內、依和漢御會也、御發句親王(知仁)御方、參仕人々如例、

さかぬまの花に色こきかすみ哉

春促暗巢鶯　前內大臣(三條西實隆)

十一日、
十二日、

內侍所御神樂

十三日、陰、入夜雪下、今夜內侍所御神樂、依有御願被行之、所作人少之省略〔ミカ〕、此事先日被仰談、予可在時宜候由申入了、本拍子四辻大納言(季經)、末拍子基規朝臣(持明院)、付歌資數朝臣(綾小路)・忠時(多)・多忠吉、篳篥安倍季音、笛景範(山井)、和琴久泰、人長安倍季敦、先晴儀也、中央雨儀云々、庭燎時分聽聞、雪飛間〔本ノマヽ〕其後之事不見及、伊長朝臣申沙汰、仰星云々、
十四日、

山科邸の連歌會頭役廣橋守光

徳大寺公胤大納言に西園寺實宣中納言に昇任を望む

徳大寺公胤權大納言昇任勅許

西園寺實宣權中納言昇任のこと暫て勅許

十五日、晴、

十六日、晴、於山科亭（言綱）有連哥、廣橋中納言（守光）頭役、入夜歸宅、

十七日、晴、徳大寺中納言（公胤）大納言所望事被申、書狀被付頭弁（伊長）、西園寺宰相（實宣）納言所望事同前、

十八日、

十九日、晴、徳・西園狀兩通、相代頭弁披露、徳大寺亞相事勅許、西園納言之事、勅答重可被仰之由也、

廿日、晴、

廿一日、晴、及晩雨下、

廿二日、已來忩劇出來候間、不書之、

三月

元長春日祭勅使として參向

廿一日、春日祭參行、曉天進發、雨下、於四條邊置傘、着神主家興之宿所、酉下刻雨下、曉天行水着裝束、布衣侍一人・雜色二本・新權神主家統、家興之子、相從、着祓戸座、屬晴、次着々到殿座、六位外記康友（中原）・六位史通照着座、則起座入藤鳥井弁慶賀門洗手、立作合

勅使として參向につき興福寺より助成有り

橋上、社家出仕遲〻、暫停留、天欲曙之間、昇御棚如例、庭中座雨儀事畢着直會殿座、三獻之後覽見參、康友從事歸館了、改衣裳向朝飡、從東大寺送樽、

廿二日、晴陰、經西路上洛如昨、今度自寺門有助成、三百疋、有子細不能記、

廿三日、晴、午時雨下、

月次和漢御會懷紙

廿四日、陰、御月次懷帋等執集進上之、

第三皇子に親王宣下
御名清彦
親王尋で得度
青蓮院尊猷法親王

廿五日、晴、三宮青蓮院親王宣下也、御名字大藏卿(東坊城)和長卿勘進、清彦、上卿三条(三條西公條)中納言、伊長朝臣申沙汰、同參陣、未斜上卿着陣奧、頭弁(伊長)昇陣、於座下〻御名字、先之御名字被下、於便所書高檀帋、

清彦

四辻季經を清彦親王勅別當となす

無裹懸紙、懷中、上卿結申仰之間、其詞可爲親王、則退出、上卿起座移着端、令敷軾、召弁、頭弁參進、被下御名字、弁結申、上卿仰詞如職事、弁退出、取笏着床子座、召史康貞(中原)來、下御名字、結申退入、弁立床子座出陣、仰勅別當事、其詞云、權大納言藤原朝(四辻季經)臣季可爲親王家勅別當、上卿召留弁仰、〻詞同前、弁退出、取笏立横敷前仰之、史康貞承之退入、各退出、於勾當内侍局申御礼退出、

公人下行

六位史百疋、陣官人百疋、軾二十疋、

大藏省〻官御訪三十疋、白晝間無夜儲、同寮官御訪三十疋、

廿六日、晴、

廿七日、

廿八日、

廿九日、

明日の亡母正忌に備へて阿彌陀三昧の行を修す

卅日、晴、神光院（時詔）・眞性院等來、行阿弥陀三昧、明日御十三回宿忌也、中坊・中將・二位等以上五人、

四月

亡母十三回忌法要

一日、晴、廬山寺（月峯照雲）長老以下十人入來、有頓寫、助筆中御門中納言（宣秀）・三条（三條西公條）中納言・四条宰相（隆永）・親就（和氣）朝臣・師象（中原）朝臣・景範（山井）、點心遲〻間先初寫經了、書了經供養、半齋後有時（齋）、及晚參墳墓了、直垂、路次異行、

二日、晴、今日向魚味、助筆人數招之、

○三日ヨリ七日マデ日付ノミ、今コレヲ略ス、

八日、晴、
九日、晴、

月次和漢聯句御會

十日、晴、參內、依御會也、予申發句、
おもひねの夢をやはつねほと、きす
夏雲月漸昇　大藏卿(東坊城和長)
鹿苑院(宗山等貴)・兵部卿(田向重治)・大藏卿・三條中納言・冷泉前宰相(永宣)・姉小路宰相(濟繼)・中山宰相中將(康親)・爲學(五條)朝臣、執筆、
十一日、晴、

月次御樂始

十二日、晴、有御樂、御月次始也、參仕人々、花山院前左府(政長)・四辻大納言(季經)・予・四条宰相・四辻宰相中將(公音)・鷲尾三位(隆康)・言綱(山科)・基規(持明院)・重親(庭田)等朝臣也、万歲樂等只　三臺急　甘州
春楊柳　老若子(君欤)　小娘子　林歌、子音頭、事畢有一獻、沈醉退出、
十三日、晴、終日平臥之外無他事、
十四日、
十五日、

賀茂祭の御內祭

十六日、晴、參內、賀茂祭御內祭所令參仕也、近臣少々祗候、

入江殿にて茶事有り大内義興祗候大飲

十七日、晴、

十八日、陰晴不定、參入江殿、依御茶事也、左京大夫（大内義興）祗候、大飲、入夜歸宅、

内々月次和漢聯句御會

十九日、晴、參内、有御小月次和漢、予去十日申發句、餘分今日可申由仰也、雖重疊申入了、

人つてをま、になせとやほと、きす

濕從梅雨凝　爲學朝臣

鹿苑院・兵部卿・大藏卿・三條中納言・冷泉前宰相・姉小路宰相・爲學・重親等朝臣・範久（高倉）、執筆、

廿日、晴、

（表紙）
「元長卿記

永正十二年
正月　二月　壬二月」

（扉）
「永正十二年愚記

權中納言判」

永正十二年

正月

年賀參內

一日、晴、入夜細雨下、一天泰平風靜也、戌刻許着直衣參內、召具伊長（甘露寺）朝臣、參仕人々、帥中納言（三條西公條）・勸修寺中納言（尚顯）・冷泉前宰相（永宣）・右宰相中將（正親町實胤）・雅業王・言綱（山科）・重親（庭田）等朝臣・秀房（萬里小路）・範久（高倉）・源諸仲（五辻）・橘以緒（薄）等也、天酌終參親王（知仁）御方、御酌之後各退出、

四方拜

後聞、四方拜、早參之職事頭弁伊長朝臣・頭中將（正親町三條）公（兄脱）朝臣・脂燭基規（持明院）・重親等朝臣・源諸仲・橘以緒等云々、

二日、晴陰不定、不出仕、
三日、晴、早旦參內、依請取番也、於常御所有盃酌之事、
四日、晴、今朝又有盃酌、候御厢、

三條西實隆邸訪問

五日、雨下、詣前內府（三條西實隆）亭、有朝飡、召具頭弁、
六日、晴、資直（富小路）來、儲朝飡、
七日、晴、不出仕、晩頭向資直宿所、有晩飡、

元長の室鞍馬寺參詣

八日、晴、女房參詣鞍馬寺、依初寅也、
九日、陰、

廷臣幕府に參賀
足利義稙年賀のため參內

十日、雪下、午後雨、武家參賀、召進頭弁、大樹（足利義稙）御參內、參會今日不參、伊長朝臣同不參、
十一日、晴、師卿・中御門少將入來、始而於內々儲朝飡、覺勝院僧正（了淳、元長弟）・神光院（時詔、元長男）・攝取院（元長女）・福昌庵（元長女）請伴、撤膳之後有三獻、
十二日、晴、

方違
終夜將棋に興ず

十三日、晴、爲方違入夜詣前內府亭、三条前大納言（正親町三條實望）同爲方違云々、有象戲及曉天、

元三

十四日、雪飛、元三、不出仕、

三毬打燒
和歌御會始めの案內

十五日、晴陰不定、三毬打二本燒之、不出仕、御會始御題、書廻文遣之、

十六日、晴、

十七日、晴、竹中入來、遣佳例之扇、

十八日、晴、於山科（言綱）亭有朝飡、

和歌御會始

十九日、晴、今日和歌御會始也、御題、竹爲師、午斜着直衣參內、遲々方々遣使者、未刻許參集、先召飛鳥井前中（雅俊）納言、被重懷紙、次第一向無案內之由命之間、予相互取重置文臺上、召殿上人置御前之後、各被召御前、讀師前內府、講師爲和（冷泉）朝臣、發聲飛鳥井前中納言、御製講師可爲別人由、昨日被仰下、飛鳥井前中納言懃之、讀師兼行、發聲予懃之、事終被出天酒如例年、事畢各分散、近臣於常御所有天酌、

妙心寺長老來訪
越前朝倉の使到來

廿日、雨下、被下御懷紙、可閇進上云々、妙心寺長老被來、越前使者到來、

廿一日、晴、

廿二日、晴、

廿三日、晴、金光院入來、遣佳例扇子、

廿四日、晴、

廿五日、晴、

吉田四郎兵衞

廿六日、晴、向吉田四郎兵衞宿所、有朝飡、

伏見宮亭和歌會始
武者小路緣光權大納言を辭し飛鳥井雅俊權大納言に任ぜらる

廿七日、晴、參岡殿、有御時〔齋〕、進伏見殿御會始懷紙、詩御題故障申了、
廿八日、晴、梵阿來、飛鳥井前中納言亞相所望之事、付予披露、勅許、昨日武者小路（緣光）辭退、付予、件闕也、仰云、今一闕被相待、元長同日可有御推任由、所被思食也云々、予申入云、於時宜者先以忝、但飛鳥井早速所望子細等演說之間、兩道（和歌・蹴鞠）門弟之間、可被讓任条有其謂、先有勅許者可畏存由言上、仍所有勅許也、

廷臣酒饌を獻じて宴有り猿樂有り

廿九日、陰、風吹、今日佳例申沙汰也、土器（金鈍）物・御樽進上如例、午下刻許參內、有猿樂、新大納言（飛鳥井雅俊）・中山宰相中將（康親）相加參仕、從其年如此歟、丑刻許退出、宿前內府亭、
卅日、陰晴不定、

二月

盧山寺長老來訪

一日、晴、夜中雪下、時々猶飛、盧山寺長老（月峯照雲）入來、請伴、進佳例扇子、

和漢聯句御會

二日、晴、參內、有御和漢、御發句、

くりかへし年のをなかき柳かな

風融朝雨餘　　親王（知仁）御方

三日、晴、
四日、晴、

元長夫妻孫三條西實世着袴の祝に赴く

五日、陰、及晩雨下、師中納言（三條西公條）小生（實世）予孫也、着袴云々、仍向彼亭、女房同見訪、遣樽三荷、三獻之後歸了、
六日、晴、
七日、晴、
八日、晴、

内々月次和漢聯句御會

九日、晴、參內、有和漢御小月次、可申發句由一昨日仰、仍今日早參、
こきいれぬ梅か丶あまる袂かな
十日、晴、及晩雨下、

樂人景範ら勅勘を蒙る

十一日、陰、及昏色景範（山井）來、景通（山井）与傍輩絶交之儀、去年已來未休、恣申入欤、景範勅勘之由被仰出、御沙汰之次第不可説之題目共也、

鴨社奏事始

十二日、晴、參內、鴨社奏事始也、
永正十二年二月十二日　元長　奏
鴨社東御方神事無爲事、

同社造營連續事、
別當《雷歟》社神事無爲事、
仰、以上被聞食关〔矣カ〕、
退御前、於傍申出御硯、書仰之詞、次被下天盃退出、
十三日、晴、
十四日、晴、
十五日、晴、讀經、

和漢聯句御會

十六日、晴、參内、和漢御會也、
あやにくにゆくかりをくる霞哉　親王（知仁）御方
爭先春問途　御製
及昏色退出、

亡父親長月忌

十七日、晴、竹中入來、平松入道（資冬）等請伴、

姉小路邸にて梅見の宴
春日祭參向のことにつき飛鳥井雅俊元長に教へを受く

十八日、晴、姉小路亭梅見事、一種・一瓶各張行、入夜歸宅、先之飛鳥井（雅俊）來、讀《談歟》春日祭參行之趣、遣次第覺悟之分演說、猶未分明題目、當座書指圖遣之、
十九日、晴、

春日祭
飛鳥井雅俊勅使として參向

廿日、晴、今日春日祭也、飛鳥井參行、早旦行水・遙拜、書三十頌一卷、
廿一日、晴、及晩新大納言(飛鳥井雅俊)送使、祭無爲令上洛、從路次、先注進云〻、珍重、
廿二日、晴、
廿三日、晴、金光院入來、如例、

飛鳥井雅俊權大納言昇任につき拜賀

廿四日、陰、入夜雨下、新大納言申拜賀、今朝遣樽也、及晩詣彼出門之第、姉小路宰相宿所也、装束司冷泉前宰相(永宣)・扈從姉小路宰相(濟繼)・雅綱朝臣(飛鳥井)沓役・賴孝(飛鳥井)、地下前駈一人、侍一人、如木一本、小雜色八本、三獻之後歸宅、列之樣不見及、

北野社法樂連歌御會

廿五日、晴、參內、有法樂御連哥、
雲かすみみるに花ある朝かな　御製
春の林のかけの木深さ　親王御方

廿首續歌

事畢廿首御續哥、各引筆、姉小路宰相讀上之、賜天酒退出、亥刻許也、
廿六日、晴、
廿七日、晴、

山科邸にて三部經頓寫
飛鳥井邸の蹴鞠と和歌會

廿八日、晴、向內藏頭(山科言綱)亭、有三部經頓寫、未斜向新大納言亭、有蹴鞠并和哥披講、事畢大飮、

内々月次和漢聯句御會

廿九日、晴、有小月次和漢、

待もよしちるたにあるも春の花　冷泉前宰相

柳青先入湖　中務卿宮（貞敦親王）

卅日、雨下、

閏二月

一日、雨下、

二日、晴、

三日、晴、

四日、陰、

五日、雨下、

冷泉爲廣入道邸にて日吉社法樂歌會及び當座和歌あり

六日、陰、於民部卿（冷泉爲廣）入道亭有被講（披）、先日日吉法樂題到來、執重、今日如此云々、願主有之云々、有當座、執重讀上之、披講、讀師中山入道（宣親）、講師時元宿祢（小槻）、發聲冷泉三位（爲和）、々々歌予發聲、當座曉阿弥讀上之、入夜歸宅、

曉阿彌

七日、雨下、
八日、晴、
九日、晴、

和漢聯句御會

十日、晴、參內、有和漢御會、
こてふとふゆくゑを花の山路哉　(三條西實隆)前內大臣
夢殘春馬嘶　(等貴)宗山

天竺越後入道等來訪

十一日、雨下、天軸(竺)越後入道・同兵部少輔・舍弟二郎等來、有朝飯、

圓滿院宮仁悟法親王薨

十二日、晴、(仁悟法親王)圓滿院宮御入滅、日來御病氣云々、

鴨社指圖

十三日、晴、鴨社指圖到來、
十四日、陰、賀茂社御奉加事申之、申狀到來、圓滿院殿御他界之時分無骨之間、先不能披露、
十五日、晴、

連歌

十六日、雨下、有連哥、

亡父親長の月忌

十七日、晴、竹中入來如例、
十八日、雨下、

（表紙）
「元長卿記

永正十四年
正月　二月　三月」

（扉）
「白馬節會內辨勤仕事
永正十四年愚記

正月二日昇進
權大納言藤原判」

永正十四年

正月

四方拜

節會

一日、晴、早旦行水・遙拜・看經如例年、法花經一卷讀誦之、御靈供御陪膳如例年、四方拜、頭中將（正親町三條公兄）申沙汰、早參、兩頭・藏人弁秀房（萬里小路）・源諸仲（五辻）・藤原氏直（富小路）等云々、今日節會申沙汰藏人右少弁賴繼（葉室）、內弁右大臣實香公（三條）、參仕公卿、久我大納言通言・帥中納言公條（三條西）・三条中納言公賴・四辻宰相中將公音・右宰相中將實胤（正親町）・少納言宣賢朝臣（清原）・次將雅綱朝臣（飛鳥井）・重親朝臣（庭田）・□□（右中カ）

久我通言拝賀

弁秀房、久我大納言中拜賀、借用愚亭、旧冬從廿七日入來、裝束衣文致沙汰了、爲御祝參仕、着衣冠召具頭弁(甘露寺伊長)、天酌了參親王(知仁)御方御祝、拜賀人〻、右府・三条中納言・中山中(康親)納言等也、及半更事始、公卿參列、久我大納言、堂上之後令退出了、

小朝拜

小朝拜、右府被練萩虫、謝座早練也、當橘樹乾被練出、圍(闈)司ハ罷寄ヌヤト被問了、

元長権大納言に昇進

二日、晴、藏人右少弁持來白馬節會御點、昇進事有御推任、可勤內弁仰也、既被載新大納言由、且面目、但無餘日、旁以迷惑之至也、於闕如可致如形之沙汰欤之由申入了、仍申御礼、下姿、

三日、晴、參內、請取番也、於御前有一獻、午斜退出、又候宿、

四日、晴、旧次第令抄出、今度無出御弁叙位、仍新作了、

元長白馬節會內辨の習禮

五日、晴、爲習礼招人〻、中御門一品禪門(宣胤)・同中納言(宣秀)・四条宰相(隆永)・鷲尾宰相(隆康)・基規朝臣(持明院)・師象朝臣(中原)・時元宿祢(小槻)・伊治(小槻)等也、

六日、晴、

白馬節會元長節會內辨を勤仕

七日、晴、所〻嘉礼(札カ)使者并酒肴充滿、刻限着束帶、先之宗藤朝臣(松木)裝束、頭弁等着用沙汰之、言綱(山科)朝臣來問(間カ)令着之、永家(高倉)朝臣來、爲予裝束也、有文玉巡方帯、紺地平緒、樋鏍(マヽ)鈿餝太刀、通用之物也、魚袋等如例、入來人〻、

中御門中納言宣秀束帯、今日外弁上首也、帥中納言公條直衣、言綱朝臣束帯闕腋、今日次將也、宗藤朝臣束帯、藏人右中弁秀房、藏人右少弁賴繼等也、帥中納言外各可令扈從云々、雖過分當時面目、自愛之由命之、三獻之後出北面之妻戸、頭弁役沓、列在東、南上西面、言綱朝臣・秀房・賴繼遲々間不待之、向上首(中御門宣秀)一揖、答揖之後過前、頭弁蹲居、欲經床子座前無人、仍不揖、立無名門前、頭弁出逢之間一揖、答揖之後蹲居、持笏歸出一揖、予答揖之後蹲居退了、予二三歩進出舞踏、々々了入無名門、出神仙門、昇沓脫一揖、脫沓懸左膝昇、々了一揖、引寄裾直衣文、三息許之後、逃足左一揖起座、經臺盤南出上戸參御所、於御三間御對面、給天盃退、參親王(知仁)御方御對面、卽退、欲令着陣處北陣始云々、問職事各無隙、相待彼終停留、暫事終之由相告間、下殿着陣奧、次移着端座、召官人令敷軾、右中弁(萬里小路秀房)着參議第一座、六位史通照挿文於杖進小庭、目之後來軾、抜取文置前、刷衣裳、披懸紙一々見之、先下懸紙、次一々下文、通照取文退、次藏人右中辨持來藏人方吉書、取文結申欲起間、召留下之、秀房結文退、次召官人令撤軾退、次廣橋中納言(守光)着陣、藏人右少弁覽吉書、藏人方許也、起座出宣仁門令相讀、進着陣奧、中御門中納言・廣橋中納言・四条宰相・鷲尾宰相等着了、藏人右中弁秀房來座下、仰內弁之事、其詞內弁二、予居向承仰、職事退之後、逃右足一揖起座、沓揖如例、移着外座、直裾・沓等、刷

衣裳正笏、召官人、二音、ミミ(官人)來、仰云軾ヲケ、官人敷軾退、次又召官人仰云、大外記召セ、
官人退、次大外記(中原)師象朝臣來、予問云、諸司ハ候ヤ、御弓《ヲンタラシ》ノ奏ノ諸司ハ候ヤ、國栖候ヤ、
一ミ候由申、仰云、候ハシメヨ、外記退、次召官人、召外記、ミミ來軾、仰云、外任奏候
フヤ、答云、候フ、仰云、持テ參レ、外記退入、次持參外任奏納筥、置予前、予置笏引寄筥
蓋披見、礼帋ヲ左方ヘ押合テ置左、筥內見之、如元卷之置前、取笏目外記、ミミ申云、左右馬頭申障不候、代給ハラン、外記
退入、予令官人仰云、藏人弁此方ヘ、秀房來軾、予右手ニ乍持笏、左手ニテ取廻筥押出、
職事取之、予仰云、御弓奏內侍所ニ、又左右馬頭申障不候、代可爲誰人哉、職事退入、暫職事持來外任奏置予前、予置笏
刷衣裳袖乍筥內披見外任奏、押疊礼紙右方ニテ披之、前ニテ指上テ結申、職事仰云、列ニ
左馬頭代左近中將雅綱朝臣、右馬頭代右近中將言綱朝臣、押右方文ノ端ヲ上ニナス、卷畢礼紙ニ卷加置之、又職事仰云、御弓奏
事聞食ツ、次退入、予召官人、召外記、ミミ來、返給外任奏、不及結申、取筥欲退入、
予仰云、列ニ、又仰云、御弓奏聞食ツ、又仰云、左馬頭代左近中將雅綱朝臣、右馬頭代言
綱朝臣、外記退入、予召官人令撤軾、居向上首仰云、外弁ニ、中御門中納言揖退入、已
下同之、次逃足揖起座、着沓揖、左廻經本路出宣仁門、召六位外記康貞令押笏紙、自懷中取
出笏紙展之、置笏之上与之、押了、予取之着靴、近衞引陣欤之由相尋處遲ミ云ミ、不立胡床云ミ、官史掌行方申云、
駕輿丁勒(勤)之処不候、仍遲ミ、仰使部申子細不承引云ミ、聊移刻了、引陣由申間、予入宣仁

一條冬良相傳の練様

門、經宜陽殿壇上着兀子宜陽殿土廂北第一間、一揖、暫內侍出南面妻戸居簀子、予起兀子深謦(磬)折、內侍退入、予更揖經壇上斜入軒廊西第二間、立南面暫停留、刷衣裳進出庭上、留立橘樹坤方練始、先右足、件練先年後妙花寺殿(一條冬良)御相傳、今度始勤仕之、自愛至也、至宣命飯(版カ)西邊練留、二三歩逆行、向東一揖、向艮二拜、逃座下足起時座上、更一揖練歸、至橘木坤方徐歩入軒廊、南面立ツ、暫停留、次堂上傍南欄昇、入右足先之、西面妻戸、着端第一兀子、一揖着也、顧座下仰云、開門仕レ、陣官答云、開門仕テ候、月花門扉ヲ三叩也、又顧座下仰云、圍(闈)司ハ罷寄ヌルヤ、陣官答云、圍司着座、次召舍人、二音、去明應二年先(甘露寺親長)人元日御奉行御記云、召様去年正月幷旧冬傳給關白峯殿(九條道家)御秘抄等給了、以上御記、所守彼御所爲也、召畢、少納言宣賢朝臣進出、陣官申云、少納言版ニヲス、ミ、往古ハ版ニヲツキト申、予顧座下仰云、刀祢召セ、少納言退入、召公卿、兼雁列月花門下如例歟、少納言向御殿方一揖退出、次公卿中御門中納言、廣橋中納言、四条宰相・鷲尾宰相等參列、陣官申公卿御列參之由、是又往古ハ公卿御列トハカリ申キ、予仰云、敷尹、公卿二拜、謝座拜、次謝酒拜、二拜、造酒司參進、定如例歟、公卿各堂上、中御門中納言端・廣橋中納言奧・四条宰相奧・鷲尾宰相端着畢、予起座揖下殿、出西面妻戸傍南欄下、當家用此說、軒廊立東第一間南面、以官人召外記催白馬奏、允代一人挿文於一杖兩(通カ)道持來、一人、腋夾笏見此文、加立紙拔取一之文、披立紙上下ヲ押折也、見文之処、加礼帋文如例、件立紙非分之間捨地上、披礼帋、中ヲ折テ挿食指披見之如例、見畢入大指卷之、加礼帋氣色允、〻差寄杖、挿片鳥口、（縦、）〔又カ〕文抜取殘一通、立紙如前捨地上、披礼紙見文如前、〻〻挿片鳥口令持允、基規朝臣相從予、出軒廊第三間、出宣仁門就弓場奏之、藏人右少弁頼繼出逢取之、予退入宣仁門、經本路歸昇、白馬渡畢、有沙汰公人等無案内、次目不聞合、条〻違例也、次起座揖下殿同前、召内豎、（チサワラハ、二音、）〻〻來、仰云、餛飩、内豎進寄間歸昇、後置餛飩、置畢鷲尾宰相氣色之間立箸、暫抜箸、取笏氣色鷲尾宰相、仰云、飯汁、宰相起座下殿催之、次置飯汁、置畢宰相氣色、倚懸笏於臺盤先立也、次立寄箸匕（ハ飯ノ頂外ノ方ヘスチカヘテ立之、箸ハ右ノ方ニ寄立也、）暫予抜箸取笏氣色鷲尾宰相、仰云、一獻、欲起座間乍座之由仰之、仍召内豎催之、次一献、以左手取盃、以右手取上之、土器請之目、次座人飲之捨尻居、如元居之返遣了、一獻了取笏起座、揖下殿併如前、立東第一間、以官人召外記、仰云、國栖（トウ）、仰畢歸昇、次令鷲尾宰相催二獻、〻〻畢令目四条宰相（御酒勅使事）、〔々々脱カ〕起座來予座下、仰云、（マウチキンタチニミキタマエ、）卽退出、西面妻戸、進南面第二間邊、作法如例、歸座、次令目鷲尾宰相、仰云、三獻、〻〻畢起座揖下殿、催坊家奏、無用意之由申之、公人無案内、元日不可入由奉行申間、可爲其分由心得云〻、空手非可歸昇間、欲催立樂処、不及催發樂聲間、又次目相違、徒非可歸昇間、次目雖早速出軒廊第三間、着陣端座ニ懸片尻、（乍着靴、）召官人令敷軾、次又召官人仰云、内記召セ、〻〻〔内記〕來軾、仰云、宣命（モチマイレ）、内記退、次挿宣命見參於一枚進軾、差寄杖、抜取宣命見參置前、披見宣命畢置笏上、見參目〔錄〕六各披見之、笏与宣命共取上、以左手宣命見參等返給內記、次起座(起居無揖)、出宣仁門就弓場、內記相從、藏人右少弁出逢、差笏取杖取直テ授之、抜笏令目、藏人右少弁於臺盤所妻戶奏聞、〻〻畢返給、又差笏文与杖ヲ取テ授內記、抜笏退、內記相從入宣仁門、入軒廊西第一間、立柱之平等、內記差寄宣命見參、(挿杖縱橫)夾笏於腋抜取宣命見參、令懷中見參目〔錄〕六、取副宣命於笏、傍南欄昇立兀子前、揖而居、令氣色四条宰相、〻〻〻〻起座來予座下、從袖下授宣命、宰相退、次令氣色鷲尾宰相、來予座下、授見參目〔錄〕六、取之直下殿、着祿所、次抜笏起座揖下殿、出軒廊西第一間、立右杖南頭、(去樹一丈餘)、中御門中納言・廣橋中納言列立、宣命使出軒廊、就版宣制一段、群臣再拜、又一段、群臣拜舞、次宣命使復座、次予一揖退入軒廊西第一間、傍南欄昇着兀子、(揖如例)、次抜〔笏脱カ〕起揖下殿、至軒廊作合南行、經壇上向祿所着、蹲蘆獘給祿、向艮小揖退出、改靴着淺沓〔履ヤ〕、于時寅下刻欤、

侍一人(右兵衞尉元國)、如木一人、雜色六人、

八日、晴、餘屈平臥、

九日、雪下、

廷臣等幕府に參賀

十日、雪下、武家參賀、召進頭弁、

親昵の者參會

十一日、雪飛、親昵佳例參會、儲朝飡、

十二日、雪下、

中御門宣胤等を朝食に招く

十三日、雪下、一品禪門(中御門宣胤)・同中納言(宣秀)・大藏卿(東坊城和長)・姉小路前宰相(濟繼)・四条宰相・鷲尾宰相・新藏人等、儲朝飡、

十四日、晴、

元長諸家に參賀

十五日、陰、參賀曇花院・入江殿・近衞殿(尚通)・九条殿(尚經)・德大寺(公胤)等、入夜參內、天酌之後親王御方御酌、〻〻畢可祇宿處、沈醉之間退出、入夜雨下、

踏歌節會菊亭季孝內辨を勤仕

十六日、陰、細雨下、及晚雨止、入夜節會見物、裹頭也、所〻任意見物之所爲也、內弁菊亭大納言(今出川季孝)・帥中納言・中山中納言・右宰相中將・鷲尾宰相・次將重親朝臣・通胤(中院)朝臣・宗藤朝臣・範久(高倉)等也、今日練歩寸ヒキ入道相國(德大寺實淳)諷諫云〻、起壇上兀子經宜陽殿壇上、入作合、右廻、立軒廊西第一間、暫休息、出件間自橘樹西邊練歩、奏聞之道西行軒廊、被出宣仁門、見宣命見參之道、自軒廊之內右廻被差之、今夜宣命使右宰相中將、御酒勅使・雜事祿所等鷲尾宰相也、今夜時雪下、但晴之儀也、謝座時分大風吹、吹卷裾、在前陣官直之事及度〻、頗珍事、舞樂人中違乱、每事遲〻、日出之後事終退出、

亡父親長月忌

十七日、陰、終日平臥、竹中坊來入、時請伴(齋)、扇如例書遣之、

三毬打進上

十八日、晴、頭弁進上三毬打、賀茂社三毬打九本進上之、

和歌御會始

十九日、雪飛、和哥御會始、以廻文相觸、御題、

松影浮水

參仕人ゝ、民部卿入道(冷泉爲廣)・予・飛鳥井大納言(雅俊)・中御門中納言・冷泉前中納言(永宣)・帥中納言・姉小路前宰相・鷲尾宰相・右衞門督(冷泉爲和)・飛鳥井中將(雅綱)・庭田中將(重親)・源諸仲(五辻)等也、尅限出御、被召御前、只(マヽ)飛鳥井大納言御懷帋可執重被仰下、仍召之、卽參仕、乍御文臺取之退傍、予相共披之展紙、執重置文臺上、召重親朝臣令置御前、次召人ゝ、次伺讀師・講師等、讀師飛鳥井大納言、講師雅綱朝臣之由仰也、仍示此由、頻辞退、暫猶豫、及遲ゝ由示間、參進於御前、与奪予之由擧申間卽勅許、可參進由頻有命、再往斟酌、民部卿入道又頻入魂、旁難遁間參進候氣色、進寄文臺邊召雅綱朝臣、ゝゝゝゝ參進、次召講頌衆、各參進

歌會における作者の讀み樣

之後、令目雅綱朝臣、先之取下懷帋置前、法躰懷帋三枚別在上、乍重取下、取最末懷帋置文臺之上、民部卿入道懷帋也、次冷泉大納言入道、次逍遙院懷帋也、件作者欲堯空讀、逍遙院之由示之処、逍遙院ト讀之、但ムサ／＼ト讀也、入道前ノ内ノオホヒマウチキミト可讀也、作者毎ゝ不可説之讀樣等有之、不足言也、發聲飛鳥井大納言、ゝゝゝ歌發聲右衞門督勤之、事畢被下天酒如例、再反之後退出、

越前朝倉教景より佳札到來

自越前嘉札到來、於燈下見之、

廿日、時ゝ雪飛、於頭弁許有佳例、

詩御會の案内

廿一日、雪飛、被下詩御題、來廿九日、可作進之由、可相觸由仰也、仍書廻文、

鶯報踏春歌　以陽爲韻、　大藏卿進題云〻、

右題、來廿九日、可被作進之由、被仰下候也、

正月廿一日　元長

前(高辻長直)菅大納言殿　中御門中納言殿

大藏卿殿　帥中納言殿

中山中納言殿　菅(五條爲學)宰相殿

庭田中將殿　高倉(永家)少將殿

廿二日、

廿三日、晴、

元長夫妻三條西邸に招かる

廿四日、晴、詣逍遙院、有朝飡、女房同被招、三兩二荷送之、

廿五日、晴、

時元宿禰らを朝食に招く

廿六日、晴、招時元宿祢・師象朝臣・伊治・行方等、儲朝飡、

四條隆永の子息元服元長故實に則り加冠す

廿七日、晴、四条宰相息加首服、自旧冬加冠事可存知由示之間、頻雖令斟酌、再往申間領狀、午刻許着直衣向彼亭、卽着座、冠者着座、理髮具置便之所案、理髮西川藤左衞門尉、

公家武家兩屬の侍

家侍也、近年与力武家、猶相兼本家云々、烏帽子・上下、次進冠・泔坏・櫛巾等、執之懃其役退、予起座、取髮搔入左鬢、取左手置冠上、放右手入右鬢退、冠者退入、本役人調雜具置案上退、改着冠・練貫・直衣等、進簀子二拜、次着座、予起座取一腰遣之、中御門中納言・鷲尾宰相・言綱（山科）朝臣等在此席、三獻之後歸宅、

廿八日、

廿九日、

卅日、

二月

廬山寺長老來訪

一日、晴、廬山寺（月峯照雲）長老入來、佳例扇子遣之、

冷泉政爲飛鳥井雅俊らを朝食に招く

二日、晴、冷泉（政爲）大納言入道・飛鳥井（雅俊）大納言・頭中將（正親町三條公兄）・飛鳥井中將（雅綱）・同少將・藏人弁（萬里小路秀房）等來、儲朝湌、

三日、

山科言綱らを朝食に招く

四日、晴、山科（言綱）・松木少將（宗藤）・資直（富小路）朝臣等、儲朝湌招之、

○五日ヨリ十二日マデ日付ノミ、今コレヲ略ス、

清原宣賢天竺越後入道等を朝飡に招く

十三日、晴、宣賢《(清原)》朝臣・天軸《〔竺〕》越後入道・同兵部少輔・同次郎・同孫三郎等、儲朝飡招之、

十四日、晴、持齋讀經、

十五日、

十六日、

十七日、

元長龍安寺妙心寺を訪問

十八日、陰、詣龍安寺・妙心寺等、

十九日、

廿日、

廿一日、

水無瀬社法樂和歌を詠進

廿二日、雨下、水無瀬殿御法樂御題三首被下、則可詠進云〻、卽曳筆進上了、

廿三日、雨下、藤內侍殿入來、

廿四日、雨下、

北野社法樂連歌御會

廿五日、晴、法樂御連歌可參由、兼日有其催、辰一點着直衣參內、

花の枝も松をかさしの宮ゐ哉

續歌
時正
法華經連日讀誦

心のしめはた、春の色　　親王（知仁）御方
影うすくかたふく月の明はて、　　元長
事終有御續哥、御題二首詠進被讀上、新中納言懃之、今日時正也、始法花經讀誦了、
廿六日、讀經同前、
廿七日、讀經同前、
廿八日、晴、讀經二巻了、今日中日持齋也、及有（脱アルカ）蹴鞠、
廿九日、雨下、讀經一巻、

元長誓願寺緣起の詞一段を書く
法華經讀誦結願

三月

一日、晴、誓願寺縁起詞一段書之、上東門院段也、讀經同前、
二日、陰、讀經結願、又今月分一巻始之、
三日、晴、不出仕、
四日、雨下、
五日、雨下、

六日、雨下、
七日、雨下、明日内侍所御神樂治定云々、頭弁(甘露寺伊長)申沙汰也、

内侍所御神樂

八日、晴、内侍所御神樂、兩頭之外五位職事各輕服云々、頼繼(葉室)以別勅被召云々、資能(綾小路)朝臣今夜笛所作云々、
九日、
十日、

元長石山寺に參籠す

十一日、陰、石山參詣、板輿、至來十九日參籠志也、申刻許着宿坊、法花經二卷讀誦、及晩參堂、卅三灯申付了、細雨下、
十二日、雨下、法花經一部讀誦、日々參堂同前、
○十三日ヨリ十八日マデ日付ノミ、今コレヲ略ス、

元長石山寺より歸邸

十九日、晴、卅三灯申付了、參堂之後歸宿坊、相待輿丁午刻許歸京、酉下刻京着、

岡殿における法樂連歌會

廿日、陰、於岡殿有法樂御連哥、
廿一日、
廿二日、

近衛尚通らに酒饌を賜ふ
當座和歌御會

廿三日、晴、參内、陽明(近衛尚通)・前左府(花山院政長)・西園寺中納言(實宣)等祗候、以前御返礼云々、有御當座、被講(披)

大飲

民部卿（冷泉爲廣）入道、大藏卿（東坊城和長）・帥（三條西公條）・鷲尾宰相（隆康）等祇候、讀師陽明、講師伊長朝臣、發聲民部卿入道、〻〻〻〻〻歌發聲予出之、及大飲、早出、不知後之事、

○廿四日ヨリ廿九日マデ日付ノミ、今コレヲ略ス、

三月盡和漢聯句御會

卅日、晴、參內、盡御會也、

いさゝくら我もとけふは春もなし　　御製

掖花落尚香　　如月

月舟（壽桂）弟子之喝食也、初參、

（表紙）
「元長卿記

永正十七年
正月　二月　三月
五月　六月」

（扉）
「永正十七年愚記
民部卿藤原判」

永正十七年

正月

法華經讀誦
一日、晴、早旦行水、着衣冠遙拜・祝着如例、讀誦法花經一卷、暫看經、供御靈供之後向饌、

年頭參內
入夜參內、着直衣、大藏卿（東坊城和長）・冷泉前中納言（永宣）・帥中納言（三條西公條）・山科三位（言綱）・重親朝臣（庭田）・季國朝臣（滋野井）・範久（高倉）・源諸仲（五辻）等也、天酌已後參親王（知仁）御方、御酌已後退出、

三日、晴、

四日、陰、

将棋
女官らに薫物進上

五日、晴陰、資直（富小路）朝臣來、有象戯、及昏色參內、依當番也、薫物等送勾當內侍局如例年、同携小樽、

中御門宣秀らを朝食に招く

六日、晴、招中御門大納言（宣秀）・四条中納言（隆永）・山科三位・資直朝臣等、儲朝飡、

人日の祝

七日、晴、朝祝如例、不出仕、左大弁宰相（甘露寺伊長）今日參內、元日依歡樂不參、

節分
方違

八日、晴、節分也、金剛王院（時詔、元長男）來、今日精進之次令寫經了、方違宿攝取院（元長女）方、

中御門邸の朝食に招かれ楊弓に興ず

十日、晴、詣中御門大納言亭、有朝飡、遣一樽、及晚有楊弓、彼小科（マヽ）、

親昵衆參會
将棋

十一日、晴、佳例親眼（昵）參會、儲朝飡、及晚資直朝臣有將碁（棊）、

富小路資直を招き汁有り

十二日、陰、招資直朝臣儲汁、有將碁（棊）、初□　□參詣、每月之護持品、今日於□
□覺勝院（了淳、元長弟）講讀、祝着之、從禁裏被下御會始御題、書廻文、

和歌御會始の題と案內

松歷年

右題、來十八日、可有披講、可令豫參給之由、被仰下候也、

正月十三日　　、、　明日各可遣之、

丞相兩人別折帋遣之、

十三日、晴、

十四日、晴、讀經持齋、

三毬打燒

十五日、雨雪下、粥之後燒三毬打二本、不出仕、

十六日、晴、

亡父親長の月忌

十七日、晴、竹中坊來、平松(平松資冬、常心)の入歟道等相伴〔遣脱カ〕、佳例扇子、

和歌御會始

十八日、晴、午刻着直衣參內、依御會也、讀師左府(三條實香)、講師重親朝臣(庭田)、發聲飛鳥井前大納言(雅俊)、
於御前被下天酒、三獻之後退出、三毬打不見之、

元長夫妻三條西邸の朝食の會に招かる

十九日、晴、詣逍遙院亭、有朝飡、送三種・二荷、女房任嘉例相具、

廿日、晴、入夜雪下、

內侍所御神樂

廿一日、晴、今日被行內侍所御神樂云々、

土一揆蜂起
廬山寺炎上

廿二日、晴、今夜土一揆蜂起、燒廬山寺、

廿三日、晴、金光院入來、談夜前之儀、佳例扇子、

詩御會の題

廿四日、晴、被下詩御題、書廻文相觸、題者菅中納言(高辻章長)、
早春眺望　以晴爲韻、

廿五日、雪飛、

和氣親就邸の朝食の會に赴く
徹夜將棋に興ず

廿六日、晴、佳例申沙汰、依有仰子細祗候、

廿七日、晴、向親就(和氣)三位亭、有朝飡、向資直朝臣宿等〔所カ〕、有將碁〔棊〕、終夜指明了、

和氣親就らを朝食に招く

詠進の詩懐紙整理

元長の詩

廿八日、晴、

廿九日、晴、招親就三位・時元（小槻）宿祢・息伊治等、儲朝湌、今日詩懐帋被執重、綴出遣菅
中納言許、詠草随到來書懐帋、

春日賦早春眺望　詩　以晴爲韻、

民部卿藤原元長

□□並輿〔替〕入宮城、鎖
□□村霞未晴、忽聽
黄鸝添一曲、合歡雅宴
太平聲、

二月

一日、雨下、

二日、雨下、

富小路邸の汁講と將棋
細川高國方の攝津越水城陥落す
賀茂兩社奏事始
月次和歌御會延引
足利義稙參內
和漢聯句御會

三日、晴、
四日、晴、向資直（富小路）朝臣宿所、有汁、象戯、及晩聞攝州小清水城沒落云々、都鄙安危在此事、珍事〳〵、
五日、晴、
六日、晴、
七日、晴、今日賀茂兩社奏事始、奏了、被下天盃如例、
八日、雨下、
九日、晴、
十日、晴、御會延引、
十一日、晴、
十二日、晴陰、室町殿（足利義稙）御參內、召進左大弁宰相（甘露寺伊長）、直衣、入夜雨下、
十三日、雨下、和漢御會、依雨着衣冠參內、御發句、
　露かすむ野はわか草のはやま哉
　□□鶯說春　　親王（知仁）御方
十四日、晴、

攝津池田城伊丹城陷り細川高國方敗北す
細川高國敗れて上洛し義稙を奉じて近江に奔らんとするも義稙應ぜず
西岡に土一揆蜂起
細川澄元入京せんとし部兵の宿舍を點定す
世上不安
北野社法樂連歌御會
二十首續歌

十五日、晴、
十六日、陰、及晩雨下、今日攝州合戰敗北、右京大夫（細川高國）没落云々、
十七日、晴、右京大夫上洛、一宿可落行江州云々、今日着坂本由風聞、室町殿可御供申由申入歟、無御承引云々、於西岡爲一揆數輩蒙疵、留命云々、
十八日、晴、
十九日、晴、從澄元（細川）方打宿札云々、
廿日、陰、未刻雨下、世上物言猶未休、
廿一日、晴、
廿二日、晴、
廿三日、晴、
廿四日、晴、
廿五日、雨下、今日御法樂御連哥、着直衣參內、
　こちふかはまたれぬ春の花もかな（王御方カ）
かすむ梢（ほや）に雨をめき空　親房
逍遙院（三條西實隆）・民部卿（冷泉爲廣）入道已下如例、御連哥了後、有廿首御續哥、左大弁宰相讀上之、

廿六日、晴、
廿七日、晴、
廿八日、晴、
廿九日、陰、御月次延引、今日進上懐帋、

月次和歌御會

三月

一日、雨下、
二日、晴、
三日、雨下、不出仕、於資直（富小路）朝臣宿所有和漢、及晩歸宅、

富小路資直邸の和漢聯句會

四日、細雨下、
五日、晴陰、霙時々下、參岡殿、
六日、晴、有歡樂氣、朝儀無殊事、無益之間不記、陰晴經數日了、

五月

亡母月忌廬山寺長老入來

一日、晴、廬山寺（月峯照雲）長老入來、如毎月、

細川高國近江より反攻の軍を進め京都に迫る

二日、陰、右京大夫出張沙汰滿巷、山〻燒篝、

三日、陰、如昨日、

細川高國の軍勢如意嶽を越へ淨土寺吉田河原等に充滿

元長ら御所より見物

四日、陰、細雨下、如意嶽・〻下淨土寺・吉田河原等軍勢滿、參內、於小御所御庭山・紫宸等殿見物、及晩退出、

細川高國の軍勢三好之長の軍勢を攻圍す

三好之長敗北して退く

五日、陰晴不定、諸勢自早朝如昨縮寄　筑前守殿（三好之長）、室町殿北築垣邊井東面祗候云〻、所有野（〻脫カ）伏云〻、及晩諸勢引返本陣、戌下刻三好沒落云〻、先是酉刻許、久米・河村・東條已下九頭降參云〻、

落人狩り

三好之長曇花院に籠居の由風聞

六日、晴、落人隱居、從在〻所〻尋出、令生涯由、時〻有其聞、三好籠居曇花院殿由風聞、以軍勢晝夜相圍、無之由被陳云〻、問答不休、

七日、

八日、

九日、

三好之長の子息捕はる

十日、祗候之由露顯、筑前守之子孫四郎(長則)、弟者他名号芥河二郎(長光)云々、爲降參之分、軍勢召具兩人、遣右京大夫許了、

三好之長ら捕へられ切腹

十一日、晴、筑前守又爲降人分、如昨日相伴諸勢入上京、於百万反(知恩寺)切腹了、同名新介子同切腹云々、毎時如夢、孫四郎・芥河二郎死生、今日無其聞、

三好孫四郎芥川二郎も切腹

十二日、晴、兩人死生猶未風聞、及晩件兩人切腹云々、不便々々、

將棋

十三日、晴、伊勢兵庫助來、有象戲、

十四日、陰、持齋讀經、

十五日、

十六日、

月次和漢聯句御會

十七日、晴、參內、有月次御和漢、

○十八日ヨリ廿八日マデ日付ノミ、今コレヲ略ス、

廿九日、雨下、日々無指題目、不能記、

六月

亡母月忌
筝賞翫

一日、陰、及晩雨下、廬山寺長老（月峯照雲）入來、冷泉大納言入道（政爲）爲筝賞翫招之了、

日吉社修造の日次披露

二日、雨下、午後晴、南光坊送狀、日吉大宮修造日次到來、令披露、

日吉大宮上葺事始日次
來月四日庚申　時辰
假殿遷宮日
廿八日甲申　時亥
正遷宮日
八月廿三日戊申　時戌
五月十六日　左馬權頭在富（賀茂）

(表紙)「元長卿記

永正十八年
正月　二月」

(扉)「永正十八年」

永正十八年

正月

元旦の行事例年の如し

一日、朝間細雨下、午時屬晴、一天風静太平春色、(也カ)早旦行水・遙拜併如例年、三盃祝着之後、讀法華經、奉懸弥陀三尊并兩尊靈之御前、供香并餅等、▩手午自供御膳了向饌、入夜參

年賀參内

内、召具左大弁宰相(甘露寺伊長)、予直衣、左大弁衣冠、參仕人〻、予・冷泉前中納言永宣・帥中納言(三條西)公條・勸修寺中納言尚顯・權中納言(正親町)實胤・左大弁宰相伊長・伯三位(白川)雅業・重親朝臣(庭田)・範久(高倉)・尹豐(勸修寺)・源諸仲(五辻)・橘以緒(薄)等也、之後(天酌脱カ)參親王(知仁)御方、御酌畢退出、

四方拜

後聞、四方拜、頭弁(日野内光)・藏人左少弁(葉室頼繼)早參、御劒重親朝臣・指燭(マヽ)爲豐(冷泉)・源諸仲・橘以緒等也

云々、

二日、晴、不出仕、

三日、晴、不出仕、

四日、晴、

三條西實隆に朝食に招かる官女らに薫物を贈る

五日、晴、逍遙院(三條西實隆)被招、有朝飡、女房・左大弁宰相等同有此席、三種・柳二荷携之、當番、晝間左大弁宰相祗候、予參宿、勾當局携小樽、官女ゝ中遣薫物如例年、

中御門宣秀らを朝食に招く中御門邸にて楊弓

六日、晴、中御門大納言(宣秀)・四條中納言(隆永)・資直(富小路)朝臣招之、儲朝飡、及晩詣中御門大納言亭、有楊弓、

攝取院を訪ふ

七日、晴、午時詣攝取院(元長女)、有獻、不出仕、

八日、晴、

九日、陰、入夜細雨下、

廷臣ら幕府に參賀

足利義稙年頭參內

十日、雨下、武家參賀、召進左大弁宰相、御參內參會不參、同召進宰相、

親昵者參集

十一日、陰、帥卿・覺勝院(了淳、元長弟)・神光院(時詔、元長男)・攝取院・福昌庵(元長女)・西向(元長女、三條西公條室)等、有佳例、儲朝飡、金剛幢院召出、有同席、

十二日、晴陰、朝間雪下、

中御門邸朝食の會に招かれ楊弓に興ず
賀茂社司基久ら上階
和歌御會始の題と案内

十三日、陰、於中御門大納言亭有朝飡、同楊弓張行、及晩歸宅、
十四日、晴陰、賀茂社司基久・爲平・數久申一級、依無奏事始內々披露、勅許、遣藏人左少弁許、來十九日和哥御會始事、有女房奉書、則書廻文、題者民部卿入道（冷泉爲廣）、題卽返上、

鶴伴仙齡

右題、來十九日可有披講、可令豫參給之由、被仰下候也、

正月十五日

大納言入道殿（冷泉政爲）　四辻前大納言（季經）
冷泉大納言入道殿（爲廣）　小倉大納言殿（季種）
中御門大納言殿　久我大納言殿（通言）
按察殿（田向重治）　廣橋大納言殿（守光）
帥中納言殿　冷泉前中納言殿（永宣）
勸修寺中納言殿　冷泉中納言殿（爲孝）
四辻中納言殿（公音）　中山中納言殿（康親）
權中納言殿（正親町實胤）　三條中納言殿（公頼）
鷲尾宰相殿（隆康）　菅宰相殿（五條爲學）

右衛門督殿(冷泉爲和)　伯三位殿(雅業王)
山科三位殿(言綱)　三條宰相中將殿(公兄)
頭弁殿(日野内光)　頭左中弁殿(萬里小路秀房)
飛鳥井中將殿(雅綱)　庭田中將殿(重親)
綾小路中將殿(資能)　高倉少納言殿(範久)
飛鳥井少將殿　藏人中務丞殿
藏人將監殿

十五日、晴、遣廻文、不出仕、

中御門邸にて連歌會

十六日、雨下、於中御門亭有連歌、

亡父親長月忌

十七日、晴、竹中坊入來、平松入道(資冬)如毎月、

風呂

十八日、晴、逍遙院誘引、入風呂、

和歌御會始
讀師飛鳥井雅綱讀樣散々

十九日、晴、午下尅着直衣參內、參仕人々、民部卿入道・中御門大納言・帥中納言・冷泉中納言・權中納言・鷲尾宰相・左大弁宰相・雅綱・重親等朝臣・範久・源諸仲・橘以緒等也、召民部卿入道令重御懷紙、予半重之、讀師中御門大納言、講師雅綱朝臣、讀樣等有相讀(談欤)事、少々所直定示之、但無稽古俄之事、不足信用、仍讀樣散々、不便々々、畢天

鴨社々務らを朝食に招く

內侍所御神樂

因幡堂藥師にて藥師本願經講釋あり本尊開帳

藥師堂參詣詩御會の題と案內

酒如例、中御礼退出、

廿日、雪下、被出昨日御懐紙、鬥進上之、書裏書、

　永正十八年正月十九日　　和歌御會始

廿一日、雨下、東御庵(元長姉、中御門宣秀母)來臨、

廿二日、晴、鴨社々務祝光信朝臣・行賢等召集、儲朝飡、且佳例也、

廿三日、晴、金光院弟子僧來、金林坊來、携羞酒、今日被行內侍所(御神樂脱カ)云々、

廿四日、雪飛、午時屬晴、於藥師堂有講尺、寂光院講之、藥師本願經也、開帳八百年已來

無之云々、從昨日事也、

廿五日、晴、詣藥師堂、詩題被下、書廻文遣之、

　柳擁春宮　題中取韻、

右詩題、來廿九日可(令欤)被作進給之由、被仰下候也、

　正月廿五日、　　—

前菅大納言殿(高辻長直)　中御門大納言殿　新大納言殿(東坊城和長)

菅中納言殿(高辻章長)　帥中納言殿　中山中納言殿

菅宰相殿　庭田中將殿　高倉少納言殿

薬師堂參詣
伏見宮家より
詩歌會の題を
賜はる

廿六日、晴、詣薬師堂、従伏見殿被下詩歌御題、春雪在松、詩歌通用也、加奉、

廿七日、晴、

廷臣ら酒饌を
獻じて宴あり
手猿樂大夫吉
田與二

廿八日、晴、及晩雨下、參岡殿、有御時〔齋〕、

廿九日、晴、女中并内々衆申沙汰如例、土器物・一樽等進上、雖故障依別仰之旨參内、手猿樂大夫吉田与二、

二月

亡母月忌
猿樂見物

一日、晴、廬山寺〔月峯照雲〕長老入來、佳例扇子遣之、於吉田宿所有猿樂、隨招見物、

二日、晴、

元長風邪平臥

三日、晴、權大夫景□等召寄、儲朝飡、及晩俄風氣平臥、召資直〔富小路〕朝臣見〔合脱カ〕脉、

四日、晴、猶以平臥、

五日、雨下、

方違

六日、晴、今日御方違長橋局云々、以此次可有一獻由、兼日風聞、進御盃臺、且爲例、

月次和漢聯句
御會缺席

七日、晴、御月次御會之由、雖有其催、依歡樂之餘氣不參、

八日、晴、
九日、晴、
十日、晴、

足利義稙後柏原天皇の卽位式の資萬疋を獻ず

十一日、晴、廣橋大納言(守光)、御卽位用途万疋從室町殿被進云々、舊冬、畠山次郎(稙長)進上御折紙、被付進之由、御申之外也云々、予申云、近來一向不及沙汰、以此次、當日諸下行分有之上者、御修理方爲後日之沙汰被遂行、可入魂條可然之由再三口入、同心、然者以式部少輔(畠山順光)可達條可然歟、仍召光將三位、內儀相違、可披露之由申間、則相讀(談歟)了、
十二日、晴、
十三日、晴、

持齋

十四日、晴、持齋、式部少輔來、條々相讀(談歟)、廣□(橋カ)在此席、入夜、室町殿御同心其(之カ)由申送、珍重々々、

誓願寺參詣
勸修寺邸にて蹴鞠

十五日、晴、持齋、參詣誓願寺、於勸修寺(尚顯)亭暫雜讀(談)、及晚有鞠、

御樂始

十六日、雨下、雷鳴、今日御樂始云々、今日廣(廣橋守光)・勸(勸修寺)以兩人、從禁裏面向之事被申云々、可被執日次由被申也、

亡父親長月忌
元長畠山順光を訪ひ返禮

十七日、晴、竹中坊・平松(資冬)如每月、爲式部少輔反礼行向、物詣之間申置了、次參曇華院殿、

連歌會

後柏原天皇卽位式の日次決定

知仁親王主催の御宴

次於兵衛督（西洞院時長）亭、武家御服事有相讀（談欤）、卽歸宅、

十八日、晴、風吹、有連歌、中御門亭會引移了、

　花にかせさそひそめけるにほひかな

從廣（廣橋）日次寫送、叙位來月十七日、御卽位廿一日、

十九日、雨下、風、親王（知仁）御方申沙汰、依老屈召進左大弁（伊長）宰相、

○コノ年底本ニナシ、宮內廳書陵部所藏柳原資廉書寫本ヲ以テ補フ、

大永二年

正月

四方拜

一日、晴、早旦行水・遙拜如例年、次祝着儀畢、讀經法花經一卷畢、御靈供手自供之、併如每年、次向饌、四方拜及卯刻云々、晩頭右大弁宰相秀房(萬里小路)來、節會參仕爲令着裝束也、宗藤(松木)朝臣・藤原氏直(富小路)等同衣紋所望之由、從兼日約諾、各相調之、次着直衣參內、爲御祝也、及遲々間天酌終云々、親王(知仁)御方御酌末座參之時分也、不論次第參了、仍參御所方、御對面、被下天盃、退出、中御門大納言(宣秀)爲裝束着用來、則沙汰之、事了向內弁(德大寺公胤)之旅店令着裝束、

德大寺公胤元旦節會の內辨勤仕

小朝拜

爲小朝拜見物參御所下姿、參仕人々、

關白(二條尹房)・內大臣(德大寺公胤)・中御門大納言・權中納言(甘露寺伊長)・鷲尾中納言(隆康)・右大弁宰相・頭中將重親(庭田)・右頭中將季國(滋野井)・基規(持明院)・範久(高倉)等朝臣・賴繼(葉室)・尹豐(勸修寺)・濟俊(姉小路)・源諸仲(五辻)・橘以緒(薄)・藤原氏直、列立無名門、頭中將申次、々々畢加列、各進東庭如例、重親朝臣正上雖無異論、季國爲基規下﨟也、仍立參議末間、重親朝臣先立參議、仍兩頭立畢、事終間曉鐘報數聲、仍令退出、

元日節會

不見節會始行、無念〻〻、

殿上淵醉

二日、晴、及晩資能朝臣（綾小路）來、爲令着淵醉装束也、沙汰之、爲見物參内下姿、主殿司兼而置饗膳於臺盤上、兩頭之膳置折敷、餘皆置臺盤耳、女嬬取傳之、兩頭從上戸着奥端上首奥、次從下侍基規朝臣着之奥、次資能朝臣奥、次資遠（平松）朝臣端、次頼繼端、次尹豐奥、次兼□（秀カ）端着了、獻盃下﨟藏人氏直進懃之、主殿司續瓶、一獻了立箸、次獻盃橘以緒懃之、次極﨟源諸仲懃之、事畢從下﨟翻袖、次兩頭三反、往古五反云〻、今度省略、已下一反、往古三反云〻、先是基規朝臣出歡無極、次東岸西岸柳、次人（令カ）撤如例、各脱右肩袍袖悉放之、左右脱樣前〻有故實歟、今度一樣也、事畢退出、及夜半鐘、

三日、晴陰風吹、昨今不出仕、

四日、晴、無事、

三條西邸の朝食の會に招かる

五日、晴、逍遙院（三條西實隆）佳例朝飡被儲之、中納言（甘露寺伊長）同道、三種・二荷送之、及晩歸宅、亥刻許詣叙（徳大寺公胤）位執筆旅店、装束相調之後、見廻御所中、關白不參、

叙位の儀見物

奏聞遲〻間先歸宅、爲禦寒風改裹頭見物、良久而有奏聞儀、職事着小板敷、西上南面也、東上歟之由覺之、如何、頭中將重親朝臣窺御氣色參進、艮向斜差入杖於簾中、結申儀東向也、副杖於南欄、此作法未見及、右頭中將季國朝臣同前、藏人弁頼繼向妻戸正面、叶

愚意了、右少弁尹豊如兩頭進退、藏人侍従兼秀向正面了、事終撤鬼間疊、撰定重親朝臣奥方南面西、季國朝臣相並東、頼繼西東面、尹豊東西面、兼秀西相並頼繼東面、藤原氏直端方東北面、主殿司置硯各〻前、結灯臺兼置之二、分東西中央、頭中將分文授五位職事、各披文廻覽、貫首(重親)奥方ハ管領、頭端方(季國)ハ傍頭覽之、叙位無殊事間如此歟、除目難定東文等覽、兩頭及再往事有之、不可限奥端、事了構御殿御裝束、内大臣公胤公起陣立無名門前、廣橋大納言守光・中山中納言康親列之、左大弁宰相内光西方東面立了、内府一揖入無名門、昇小板敷被着御前座、廣橋大納言不立上東、先是、小内記取筥列立三人、從座上授一筥、此事立上東從座下南可授筥事也、異失歟、取箱一揖入無名門、從小板敷東行入鬼間妻戸進御前、其躰聊尓、後聞、出妻戸着御前座時、着大臣座云〻、不可説〻〻〻、中山中納言立上東取筥參進如例也、左大弁宰相於本立所取箱參進、置箱之後、着横敷座、及曉天之間令歸宅了、翌朝巳刻許事終云〻、入眼之躰、左大弁宰相見苦進退等有之由、相談者有之、呵〻、今日被下佳例御扇、祝着〻〻、

四條隆永山科言綱拜賀

六日、陰、午時細雨下、及昏色雨脚休、四条中納言(隆永)・山科宰相(言綱)申拜賀云〻、從中御門亭出門、僮僕等有通用之者云〻、四条中納言隆永裝束衣紋事、從兼日約束之間、向出門之所沙汰之、三獻之後歸宅、兩種・壹荷送之了、山科宰相言綱衣文、永家(高倉)朝臣沙汰之云〻、兩種・一荷送

之了、

白馬節會
三條西公條内辨を勤仕

七日、晴、今日内弁帥大納言(三條西公條)可令懃之云々、衣紋事兼約也、爲折重大帷午剋許謁彼亭、經數刻間禁裏御祝可爲早速由有沙汰間、召寄直衣着用、從彼亭參内、天酌已後則退出、令着内弁装束、紫段(緞カ)平緒・金魚袋如例、石帶有文丸鞆也、平緒々(之)下不苦故也、事了水無瀨宰(英兼)相拜賀装束、可來由招間向彼旅店(富小路)資直朝臣亭、衣文沙汰之後三獻事畢歸宅、改衣冠爲見物參内、參仕人々、帥大納言公條・四条中納言隆永・中山中納言康親・冷泉中納言爲和・山科宰相言綱・水無瀨宰相等也、陣儀不及見、參議兩人不着陣云々、叙位宣命拜立所位異、重行之躰錯乱以外爲躰也、晴御膳終後、休息番衆所、其間事不見及、驚立樂聲又出見物、天明之後事終、參議不着祿所、弁同前頂之、尹豐着床子、史同前、今日叙位宣命使中山中納言、御酒勅使水無瀨宰相、雜事例宣命使等山科宰相、着兀子事、四条端、中山奥、冷泉中納言奥、山科奥、水無瀨端、出御、内侍二人・威儀一人女藏人云々、

叙位宣命拝の位置錯亂

八日、晴、終日平臥、無事也、

九日、晴、

廷臣幕府に參賀す

十日、晴、武家參賀、召進中納言、所々參賀同前、

親昵衆參集

十一日、晴、佳例各來、但帥卿依歡樂之氣無來入、覺勝院(了淳、元長弟)同前、

十二日、晴、山科宰相儲朝飡、仍詣彼亭、

山科邸の朝食會に招かる

十三日、晴、曉天雪下、於姉小路(濟俊)有朝飡、

姉小路邸朝食の會

十四日、晴、持齋讀經、

持齋讀經

十五日、晴、入夜參內、依御祝也、

十六日、晴、節會、中納言御點也、入夜着衣冠爲見物參內、參仕公卿、三条大納言公頼内弁・勸修寺中納言尚顯・菊亭(今出川)中納言公彥・甘露寺中納言伊長・菅宰相爲學・四条宰相隆繼、三条大納言着陣奥、勸修寺中納言・菊亭中納言・菅宰相同前、兩人不着、依座狹云々、何不着端座、四条宰相未着陣故云々、右頭中將季國出陣仰內弁、承仰移端座、已下如例、圍(闈)司ハ罷(リ)ヨンヌヤ、如此、宣命拜立所去橘木一丈餘許、不尋常、後聞、祖父如此被立云々、菅宰相宣命使進退不可說、不當沓之鼻於宣命版、差笏事不堪々々、其躰太輕忽、不知懷中之儀歟、良久欲差暫後懷中、後聞、從列之所可懷中之由示之云々、從懷中又落了、取上又懷中又落了、堂上・堂下見物之男女放頤、堂上之衆・予・近邊之衆雖制之猶以笑之、近來之題目也、今日立樂遲々間入御也、左次將退、基規朝臣・濟俊等也、右次將不退、資能朝臣・隆重等也、舞畢退了、異也、後聞、欲退處不可退由、奉行職事申由有告來、仍不退云々、可爲雜說者也、万歲樂・地急(久)・皇帝・新鳥蘇・太平樂・長保樂也、

踏歌節會
三條公頼內辨を勤仕

五條爲學の宣命使としての所作未練

亡父親長月忌

十七日、陰、竹中坊・平松（資冬）入道如例、餘屈終中（日カ）平臥、及晩雨下、

甘露寺邸朝食の會

和歌御會始の御題と案内

十八日、陰、中御門大納言・四条中納言・山科宰相・四条少將隆重等、儲朝飡招之、和歌御會始御題被下、書廻文遣之、

梅近聞鶯　勅題

内侍所神樂

十九日、雨下、光茂・行方・久親等有朝飡、内侍所御神樂今夜被行云々、藏人左少弁（頼継）奉行云々、

妙心寺長老來訪

廿日、晴陰、妙心寺長老入來、扇・杉原如例、勸盃、

四條邸朝食の會

廿一日、晴、詣四条中納言亭、有朝飡、

廿二日、雪下、

和歌御會始

廿三日、晴、午斜着直衣參内、依和歌御會也、遲參之方々遣使者、皆參之由申入、出御、所執集懷紙持參置文臺上、解紙捻懷中退、民部卿（冷泉爲廣）入道可重由仰也、仍召之、可召具右衛門督（冷泉爲和）由示間令諾了、仍此由得時宜了、重訖持來予前、臈次相違之所改之返了、執之民部卿入道置文臺上退、予各可召欤之由伺之、御氣色之間、以極臈召之、參仕人々、民部卿入道・中御門大納言・帥大納言・冷泉前中納言（永宣）・勸修寺中納言・權中納言・鷲尾中納言・山科宰相・右大弁宰相・頭中將・右頭中將・飛鳥井中將（雅綱）・藤少納言（範久）・左少弁・冷泉少（爲名）

將・源諸仲(五辻)・橘以緒(薄)等也、伺讀師・講師事、可計申由仰也、讀師擧申帥卿、講師擧申爲(冷泉)豐、被免之樣御沙汰可畏入由、祖父大納言入道申入由有仰、先年件所作所聽及存器量之由、猶可被仰欤、堅故障之時、可爲他人欤之由申入、蒙勅許示其旨、今日所作神妙、爲家餘慶者也、發聲右衛門督、〻〻〻〻歌民部卿入道唱之、雅綱朝臣可被召講稱欤之由伺時宜、依御氣色召之了、無聲輩少〻殘座、晴御會時有此趣欤、事畢天酒如例年、申御礼退出、

廿四日、晴、鴨社〻務父子□儲朝飡召之、

惠命院における連歌會

廿五日、雨下、於惠命院有連歌、逍遙院父子・宗碩已下門徒五六輩、入夜及大飲、

廿六日、晴、

風呂

廿七日、雨下、入風呂、廣橋・小河坊城・福井兵部丞等來、儲饌、

國阿上人

廿八日、陰晴不定、國阿上人入來、

廷臣酒饌を獻じて御宴猿樂

廿九日、晴、内〻輩中沙汰也、不出仕、召進中納言、金飩・御樽如例進上之、有猿樂云〻、

覺勝院僧正出京、

二月

亡母月忌廬山寺長老入來

一日、晴、廬山寺長老（月峯照雲）入來、扇子如例年送之、

蹴鞠

二日、晴、冷泉前中納言永宣・親就（和氣）三位・伊（治脱カ）（小槻）等來、儲朝飡、金剛院（時詔カ）上洛、蹴鞠了、

三日、晴、

四日、晴、

五日、晴、

攝取院に盗賊入る

六日、雨下、今夜攝取院（元長女）盗人襲來、聞付遁難、

七日、晴、

八日、晴、

九日、晴、

十日、晴、

十一日、

十二日、

十三日、

川田右衛門大夫持齋

十四日、雪下、持齋、川田右衛門大夫來、勸一盞、依盗人之事也、

十五日、晴、昨日不慮飲酒間、又持齋、

外様廷臣酒饌を獻じて御宴

十六日、晴、外様申沙汰云々、參近衛殿(尚通)、爲御衣文也、

小除目あり足利義晴を従四位下に敍し參議兼左近衛中將に任ず

十七日、細雨下、及晩晴、今日被行小除目云々、武家(足利義晴)參議中將御任官云々、同御四品云々、一昨夕賴繼(葉室)來、可參陣、書様作法如何之由相尋、取出次第記六(錄)、粗申了、

十八日、晴、

十九日、雨下、

廿日、陰、

廿一日、細雨下、

水無瀬宮法樂和歌

廿二日、晴、被下水無瀬殿御法樂御短(題カ)、詣右兵衛督(西洞院時長)亭、武家御下結沙汰之、

中御門邸における連歌會

廿三日、雨下、於中御門亭有連歌、

廿四日、晴、

北野社法樂連歌御會

廿五日、晴、參內、毎年御法樂連歌也、二百韻、及夜半退出、御發句、

　この神の八重かきつくるかすみ哉

毛詩講釋

廿六日、晴陰、有毛詩講尺、三卷畢、

○廿七日ヨリ卅日マデ日付ノミ、今コレヲ略ス、

三月

一日、雨下、

二日、

三日、晴、不出仕、

四日、晴、

五日、晴、俄依召參內、有一獻、

六日、晴、武者小路（本願寺光兼室）出京、入來、

七日、雨下、

九日、晴、

和漢聯句御會

十日、晴、參內、依御會也、

十一日、晴、參岡殿、有一獻、女中一兩輩御參、入夜退出、

十二日、雨下、
十三日、晴、
十四日、
十五日、晴、持齋讀經、
十六日、晴、有和漢會、
和漢聯句御會
十七日、晴、月次御題被下、書廻文如例、
月次和歌御會の案内
十八日、
十九日、
廿日、
廿一日、晴、參內、有一獻、和漢一折被遊、子刻退出、
和漢聯句御會
廿二日、陰、
廿三日、雨下、武者小路歸宅、

（表紙）「元長卿記

大永三年
正月」

（扉）「大永三年愚記

民部卿藤原」

大永三年

正月

元旦節會
三條西公條內辨勤仕

小朝拜

一日、晴、一天風靜太平春也、早旦行水如例、遙拜表（マヽ）例年之趣、事畢三獻祝着之儀如恒、其後法華經讀誦、御靈供手自供之、併如例年之儀也、先是供餅了、次向膳、可有節會、帥（三條西公條）卿內弁云々、爲裝束司及晚向彼亭、御祝可爲早速間着直衣、先於內弁之亭打重裝束、秉燭令同道參內、天酌之後遂（マヽ）電退出、不參親王（知仁）御方御酌、裝束着用之輩可及遲々之間、申入子細了、四条中納言（隆永）・權中納言（伊長）・山科宰相（言綱）・氏直（富小路）等令着之、內弁出門之後、爲見物改着衣冠又參內、暫徘徊、陣儀見物及半更間、出御以前退出、先是小朝拜見物、中院宰相（通胤）中

將參仕、兩頭幷資能（綾小路）朝臣・五位職事三輩、濟俊（姉小路）・基國・橘以緒（薄）・藤原氏直等也、

二日、細雨下、木（不欤）出仕、

三日、晴陰、

鴨社神事無爲

四日、陰、鴨社神事無爲云々、送神供、午時之後雪飛、

三條西實隆邸の朝食に招かる

千秋萬歲

五日、晴、被招逍遙院（三條西實隆）亭、有朝飡、千秋萬歲來、事畢歸宅、着衣冠參內、依番始也、薰物貝如例年遣之、幷携一樽、有三獻如例年、

越前御料所年貢の一分進納

六日、雪下、被下佳例御扇退出、及晩越前御料所御貢（公）用之內、先且千疋從下京召寄、遣長橋局了、

伊勢備中守らを迎へて將棋

湯漬

七日、陰、朝祝如例、及晩右兵衞督（西洞院時長）・伊勢備中守・飯尾左衞門大夫等來、有象戲、招資直朝臣、秉燭之後有湯漬、

將棋

八日、晴陰、右兵衞督來、有象戲、

九日、晴陰、霰時々飛、

廷臣等幕府に參賀

十日、晴、武家參賀、中納言（伊長）歡樂之間予所參也、御比丘尼御所々々同參入、於所々被出御盃、沈醉及晩頭歸宅、

一家の出家衆參會

十一日、晴、雪飛、覺勝院（了淳、元長弟）・攝取院（眞榮、元長女）・福昌庵（元長女）以下、佳例祝着參會、神光院（時詔）稱指合不來、依

方違

和歌御會始の題と案内

節分精進之間、西向(三條西公條室、元長女)十三日之由申定了、朝飡如例年、入夜小河坊城來、爲方違也、予又向山科宰相亭一宿、資直朝臣來相談了、大雪下、月雪相映有興、

十二日、晴、風吹、

十三日、晴陰、西向・神光院入來、儲朝飡、御會始御題被下之、則書廻文、

松添榮色

右御題、來十九日可被披講、可爲午一點之由、其沙汰候也、可令豫參給之由、被仰下候也、

正月十四日　元長

大納言入道殿(冷泉政爲)　四辻前大納言殿(季經)　民部卿入道殿(冷泉爲廣)　小倉前大納言殿(季種)

中御門大納言殿(宣秀)　菅大納言殿(東坊城和長)　廣橋大納言殿(守光)　帥大納言殿(三條西公條)

三条大納言殿(公頼)　按察殿(田向重治)　園前中納言殿(基富)　冷泉前中納言殿(永宣)

勸修寺中納言殿(尚顯)　四辻中納言殿(公音)　中山中納言殿(康親)　鷲尾中納言殿(隆康)

右衛門督殿(冷泉爲和)　菅宰相殿(五條爲學)　山科宰相殿　左大弁宰相殿(日野内光)

右大弁宰相殿(萬里小路秀房)　伯三位殿(雅業王)　中院宰相中將殿(通胤)　頭中將殿(庭田重親)

右頭中將殿(滋野井季國)　飛鳥井中將殿(雅綱)　綾小路中將殿(資能)　藤少納言殿(高倉範久)

藏人左少弁殿(勸修寺尹豐)　冷泉少將殿(爲名)　藏人中務丞殿　橘藏人殿(薄以緒)

持齋讀經

十四日、晴、持齋讀經、從逍遙院和哥題二首持來、

三毬打燒
姉小路濟俊を特に和歌御會に加ふ

十五日、晴、粥如例、燒三毦(毬)打三本、吉書入之、從禁裏有御折紙、御會始可被召加濟俊(姉小路)云〻、則遣書狀了、

內侍所御神樂
中御門邸にて和漢聯句會

十六日、晴、御卷數共、依御神樂御神事、今日不進上、於中御門亭有和漢會下豪(マヽ)、入夜歸宅、

亡父親長月忌

十七日、晴、時〻雪飛、竹中坊入來、齋之後遣扇子如例年、

中御門宣秀らを招く

十八日、晴、招中御門・四条父子(隆永・隆重)・山科・資直朝臣等、儲饌、

和歌御會始

十九日、晴、午下刻參內、直衣、着韈、人〻少〻參上、參集之後、執集懷帋進上、可置御文臺由有仰、召民部卿入道、可執重由仰之間召之、爲豐(冷泉)可召具由申間無子細由諾、仍兩人參上、執重置文臺上、其後出御、御三間如例、其後召諸卿、前左府(三條實香)・中御門大納言・帥大納言・三条大納言・勸修寺中納言・鷲尾中納言・甘露寺中納言(伊長)・山科宰相・伯三位・中院宰相中將・重親・季國・資能・範久等朝臣、濟俊・爲豐・源諸仲・橘以緒等也、讀師事伺中入、被仰講師可爲誰人哉、可有未(爲ヤ)役之者欤御思惟、且無器量之仁、可爲爲豐由被仰下、頻故障、然者可仰重親朝臣由仰也、懃之、發聲民部卿入道、自歌鷲尾中納言出之、從次哥民部卿入道出之、事畢有一獻、左府・三条大納言御請伴、自餘有傍、二獻之時民部卿入道已下參上、二獻不置三条大納言膳、折二合被出之、三条大納言下初之座、守次第着

和氣親就らを招く

妙心寺長老參內

詩御會題

之、三獻折又同前、二獻巡盃・三獻相懸如例、事畢各退出、
廿日、晴、招親就（和氣）三位・伊治（小槻）・景範（山井）・光茂・久親等儲饌、妙心寺長老入來、羞酒、扇・杉原如例被持、參內之次也、被下昨日御懷帋、可閉進上由也、仍閇之、書裏書、詩御題以下書廻文相觸、

和氣消雪　以晴爲韻、

廿一日、晴、詣中御門亭、有朝飡、
廿二日、晴、
廿三日、金光院（良秀）入來、遣扇子如例年、
廿四日、晴、及晩細雨下、
廿五日、雨下、

「(表紙)

元長卿記

大永四年
正月　二月　三月」

「(扉)

大永四年愚記

民部卿(花押)」

大永四年

正月

四方拝

元日節會三條公頼内辨勤仕

一日、晴、早旦行水・遙拝幷如例年、祝着之後讀經、御靈供如例、致御陪膳備進之、四方拝參仕之輩可尋記、節會内弁三条大納言公頼、四辻中納言公音・中山中納言康親・山科宰相言綱・右大弁宰相(萬里小路)秀房、次將宗藤朝臣(松木)・資遠朝臣(平松)、爲豐(冷泉)・濟俊(姉小路)等也、此外誰人參候哉可尋記、

少納言(東坊城)長淳今日不出仕、御祝參仕輩未尋知、

岡殿の若御寮は元長の猶子

二日、晴、不出仕、岡殿若御寮依爲猶子、遣圓談(本ノマ、)[鏡]幷柳壹荷、佳例也、

三日、晴、不出仕、

四日、晴、不出仕、

元長夫妻及び伊長ら三條西實隆邸の朝食に招かる

五日、晴、不出仕、詣逍遙院(三條西實隆)有朝飡、女房・中納言(甘露寺伊長)等、佳例也、三種・二荷送之、

六日、雪下、不出仕、

人日の祝參內

七日、雪下、及晩晴、入夜參內、着直衣、召具中納言、今日參仕人々、予・前菅大納言(東坊城)和長・帥大納言(三條西)公條・冷泉前中納言永宣・四辻中納言公音・鷲尾宰相隆康・山科宰相言綱・右大弁宰相秀房・頭中將(庭田重親)・右頭中將(滋野井季國)・範久朝臣(高倉)、尹豐(勸修寺)・兼秀(廣橋)・長淳(東坊城)・實敍《ノフ》・諸仲(五辻)等也、天酌訖參親王(知仁)御方、御酌訖則退出、

八日、晴、金剛幢院來、遣佳例扇子、

九日、晴、

廷臣等幕府に參賀

十日、武家幷諸家參賀、召進中納言、

親類衆參會

十一日、晴、親類中參會、任佳例儲朝飡、帥卿(三條西公條)・覺勝院(了淳、元長弟)・宗藤朝臣・神光院(時詔)・西向(公條室、元長女)・攝取(眞榮)院・福昌庵(元長女)等也、覺勝院附第小童爲和卿子來、

元長室鞍馬寺參詣

十二日、晴、初寅也、女房參詣鞍馬寺、

十三日、晴、

和歌御會始の案內

十四日、晴、持齋・讀經如例、被下御會始御題、書廻文相觸之、丞相各々以別紙觸之、

三毬打燒

十五日、晴陰、三毬打燒之、

月次和漢聯句の會

十六日、陰、今日中御門門(行カ)弟(第カ)月次和漢、引寫(移カ)愚亭、依發句也、

　　雪消て梅かゝしめるしつく哉

　入韻　中御門大納言(宣秀)

　　鶯語弄春暉

入來人ゝ、
民部卿(冷泉爲廣)入道・中御門大納言・四条中納言(隆永)・中山中納言(康親)・左衛門督(持明院基春)・頭中將(庭田重親)・左中弁・中
御門中將・高倉眞性院・石川四郎右衛門尉等也、入夜畢、

亡父親長月忌

十七日、雨下、竹中坊入來、遣佳例扇子、

姉小路濟俊らを迎へて蹴鞠始
甲申の年の甲申の日

十八日、晴、招姉小路少將(濟俊)・祐春三位・祐雄・祐光・竹田助太郎等、儲朝飡、甲申年今日
當甲申、雖有濕氣、鞠始可然歟之由各申之、仍一足張行、冷泉前中納言(永宣)・持明院三位(基規)・
石川・吉田与次等來加、

和歌御會始

十九日、晴、禁裏御會始也、午刻着直衣參內、人ゝ遲ゝ、暫相待、
民部卿入道・中御門大納言・帥大納言・三条大納言・冷泉前中納言・四辻中納言・中山
中納言・鷲尾中納言・右衛門督(冷泉爲和)・中納言(伊長)・山科宰相・重親朝臣・範久朝臣・資定朝臣(柳原)・

尹豊・爲豊・「濟俊(柳原本ニテ補フ)・諸仲等也、讀師三条大納言公頼、講師爲豊、」臣下懷紙讀畢起座、御製之時更召、立進來、如此之進退無之歟、事畢賜天酒如例、二反後退出、

妙心寺住持景堂玄訥參內

廿日、晴、妙心寺長老景堂入來、參內之次也、扇・十帖如例年隨身、羞酒、

廿一日、晴、東御庵(中御門宣秀母)來臨、儲御時(齋)、

正親町實胤邸にて楊弓

廿二日、晴、參三位殿御局、歸路詣正親町亭、有楊弓、及昏色間暫時之事也、

立花の會

廿三日、雪飛、有花會、花瓶各持來、逸興也、

後柏原天皇の歳厄祈禳のため近臣等因幡堂藥師に參詣
青蓮院尊鎭法親王も御修法

廿四日、晴、早旦詣因幡堂藥師、禁裏依御重厄七人詣近臣之沙汰也、申出御撫物、進上香水、相番之外師卿・長淳(東坊城)等相語了、愚老父子參了、今日御修法、青蓮院宮(尊鎭法親王)申御沙汰云々、

廿五日、晴、

廿六日、晴、伊治(小槻)・行方・久親等召寄、儲朝飡、例年佳例也、

飛鳥井邸和歌會始

飛鳥井邸の蹴鞠の會二階堂某らの武士も參加

廿七日、陰、飛鳥井中將(雅綱)亭和哥會始、以次可有蹴鞠由兼日有催、中御門大納言・持明院三位・姉小路少將等同道、無當座、懷帋披講後有盃酌、仍改葛袴出庭上、光將三位來、武家輩二階堂・荒川・井上又五郎・四宮四郎・石川四郎右衛門尉・淨淸寺等也、入夜雨下、

元長詩御會の詩を詠進

今日詩御題先日相觸之、愚老懷帋、付進長橋局了、

掖垣柳色　便用鶯字、

掖垣柳短綠纔生、之《マヽ》弄春光數囀鶯、
五日風閑枝不動、
知時微雨濕無聲、

青蓮院尊鎭法親王の御修法結願

「（柳原本ニテ補フ）廿八日、雨下、」
廿九日、晴、御修法今朝結願、二座被進云々、

二月

中御門邸朝食の會

一日、晴陰、讀經如例、
二日、晴、向中御門大納言（宣秀）亭、有朝飡、
三日、晴、
四日、晴、
五日、晴、
六日、雨下、

和漢聯句御會

七日、晴、參內、依和漢御會也、御發句、

春の色は袖にもあまるかすみかな

□□花氣簾　親王（知仁）御方

及昏色退出、

八日、雪下、

御方違行幸

本願寺光兼の室武者小路氏上洛

九日、晴、及晩時〻細雨下、今日爲御方違、有行幸長橋局、依有故障子細不參、召進中納（甘露寺伊長）言、遣御盃臺幷栗之臺、今日本願寺武者小路上洛、爲見訪彼局也云〻、

十日、晴、

足利義晴參內して歲首を賀す

十一日、晴陰、大樹（足利義晴）御參內也、去月十日依御歡樂延引也、召進中納言了、

十二日、晴、

中御門宣胤春日社法樂連歌張行

十三日、晴、中御門一位（宣胤）入道春日社法樂連歌張行、從朝飡詣彼亭、發句亭主、

神かきはおらても花を手向かな

柴屋軒宗長

杉たてる山の花さける春　宗長

かつとくる氷に水のあやみえて　入道前內大臣（三條西實隆）

及晩歸宅、

千本釋迦堂に赴き遺教經の講を聴く

十四日、晴陰、持齋如例、朝之間讀經、參誰（マヽ）遺教經、逍遙院（三條西實隆）・少將（三條西實世）等同道、

持齋

十五日、持齋・讀經如日〻、昨日於釋迦堂有一盞、仍今日所修直也、

十六日、晴、

亡父親長月忌
知仁親王御所にて近臣酒饌を獻じて御宴

十七日、雨下、竹中坊來入（入來）、時（齋）如例、今日武者小路（本願寺光兼室）被歸山科畢、今日於親王（知仁）御方各申沙汰、召進中納言、土器物・御□（樽カ）如例進上、

法華經讀誦結願

十八日、雨下、法花經結願・時正中精進無其疑、祝着〻〻、

十九日、晴、

三條西邸における和歌會
柴屋軒宗長
月村齋宗碩
半隱軒宗牧

廿日、晴、於逍遙院有披講、一昨日被送題、召具中納言、鷲尾中納言（隆康）・左衛門督（持明院基春）・冷泉少將（爲豐）・姉小路少將（濟俊）・宗長・統秋（豐原）朝臣、熙秋（今橋）・宗碩・宗牧・石川（四郎右衛門）・河合（秦四郎吉宣）等也、披講有付物、琴・笙、事終三獻之後歸宅、

廷臣をして水無瀬法樂和歌を詠進せしめらる

廿一日、明日水無瀬殿御法樂御題被下、所〻相觸了、

廿二日、晴、御法樂御短尺書之、

廿三日、

廿四日、

春日祭

廿五日、晴、今日春日祭、遙拜如例、

廿六日、夕立、

北野社法樂連歌御會

廿七日、晴、一昨日御法樂御連歌、依春日祭今日御沙汰也、參內、着直衣、百韻之後有御續哥、亥終許退出、

廿八日、

廿九日、

卅日、

三月

一日、晴、讀經如例、

廷臣ら酒饌を獻じて御宴猿樂有り

二日、晴、攝家・淸花・外樣番衆申沙汰、有猿樂、依爲堅固召、雖難治祇候、

三日、雨下、

四日、晴、

禁裏五十首續歌

五日、晴、參內、有五十首御續哥、

足利義晴細川尹賢邸に臨む

六日、晴、大樹（足利義晴）今日渡殿〔御カ〕故歟（細川尹賢）右馬頭亭云々、

七日、晴、

八日、晴、

九日、晴、

月次和漢聯句御會

十日、晴、參內、月次御和漢也、親王（知仁）御方御發句、

ちり殘る花やひとへのはつさくら

春遊□□同

近衛尚通邸の和歌會

十一日、晴、陽明和歌御會、兼日・當座披講、予讀師、講師季富（河鰭）、發聲左衞門督（持明院基春）、

十二日、晴、

十三日、雨下、

廿五三昧式書寫終功

十四日、陰、持齋如每月、廿五三昧式終寫功了、

十五日、

廷臣に宴を賜ひ三十首續歌有り

十六日、晴、參內、去二日攝家・淸花申沙汰御反礼也、有三十首御續哥、讀師前左府（三條實香）、講師尹豐（勸修寺）、發聲民部卿入道（冷泉爲廣）、ゝゝ哥左衞門督懃之、

十七日、雨下、

十八日、

十九日、

姉小路邸月次和歌會
四條隆永邸火災

廿日、晴、向姉小路亭、月次會也、今朝相番衆相招勸汁、今夜有火事、四条中納言仰天、無風珍重〻〻、

廿一日、陰、

廿二日、雨下、

(表紙)「元長卿記

大永五年

正月　二月　三月」

(扉)「大永五年愚記

民部卿元長」

大永五年

正月

科註法華經書寫
四方拜を行ひ節會を停む

一日、晴、早旦行水・遙拜、次祝着之儀如例年、法花經一巻讀誦、御靈供自身備進之、例年之儀也、朝飡已後科註法花經書寫、今日不出仕、節會無之、四方拜如例年歟、

二日、晴、不出仕、

三日、雪下、不出仕、終日風吹、

四日、晴、無事、

三條西邸を訪ふ

五日、晴、詣逍遙院(三條西實隆)、有朝飡、有象戲、及晩歸宅了、

六日、晴、不出仕、

中御門宣秀らを朝食に招く
光物

七日、晴、入夜著直衣參內、今朝中御門大納言(宣秀)・四条中納言父子(隆永・隆重)・刑部卿(和氣親就)・資直朝臣(富小路)等、儲饌招了、有光物動、

八日、晴、

九日、晴、謁(詣カ)資直朝臣宿所、有朝飡、

廷臣ら幕府に參賀す
足利義晴參內

十日、雨下、武家參賀、召進中納言(甘露寺伊長)、御參內參會、同中納言參了、

親類の衆參會

十一日、晴、覺勝院(了淳、元長弟)・神光院(時詔、元長男)・攝取院(眞榮、元長女)・福昌庵(元長女)・西向(公條室、元長女)等、佳例參會、儲朝飡、帥卿(三條西公條)・同少將(實世)入來、

十二日、晴、

十三日、晴、

持齋

十四日、晴、持齋・讀經・寫經、

細川高國來訪

十五日、晴、細川右京兆(高國)入來、

十六日、晴陰、細雨下、

十七日、晴、

十八日、晴、詣刑部卿宿所、有朝飡、

和歌御會始

十九日、雨下、和哥御會始也、兼日被下御題所相觸也、午斜着直衣參內、頃之各參仕、取集懷帋進上、次出御〻三間、依召參上御前、執重事可爲誰人哉之由有仰、依爲御師範、先〻被召飛鳥井訖、中間民部卿入道（冷泉爲廣）有申請旨、連年被召了、但又其後、飛鳥井故前大納言（雅俊）依召參上、不一具、可爲時宜由申入、可召左衞門督（飛鳥井雅綱）由仰之間召之、次第一向無案內之間、予重之、其由計也、次各可參由有仰、告其旨、前左府（三條實香）參上、次第群參、講師事伺之、頭弁爲豐（冷泉）等故障、被仰兼秀（廣橋）懃之、讀師前左府、發聲左衞門督、左衞門督哥右衞門督（冷泉爲和）出之、事畢天酒如例年、其後遂（マヽ）電退出、

廿日、晴、被出御懷帋、閉之書裏書進上、

西洞院時長を朝食に招き將棋に興ず

廿一日、陰、招兵衞督（西洞院時長）、儲朝食、有象戲、

廿二日、朝曇、晚雨下、今日申沙汰延引云〻、

廷臣酒饌を獻じて宴猿樂有り

廿三日、晴、今日一獻申沙汰、獻料付長橋局、土器物金飩如例年、有猿樂云〻、祐春三位・祐雄・祐光・竹田左京亮等朝飡招了、

甲申の日により蹴鞠張行

廿四日、晴、甲申日也、仍蹴鞠一足張行、昨日之衆外持明院（基規）來了、久我西向出京、被寄輿、有一盞、

廿五日、晴、

飛鳥井邸和歌會始蹴鞠

廿六日、陰、飛鳥井亭和哥會始也、未刻許出宅、武邊之衆外無人、有披講、其後一盞、其後有蹴鞠之興、事畢又一盞、其後歸宅、風吹細雨下、

廿七日、晴、

靈山上人來訪

廿八日、晴、靈山上人入來、

和漢聯句御會始
詩御會懷紙

廿九日、晴、和漢御會始也、詩御題兼日被下、觸遣、少〻到來懷帋持參、

□□春十分　(知仁)親王御方

こそことしさかびにたてる霞哉　御製

二月

亡母月忌

一日、晴、廬山寺長老代僧來、遣扇子、

中御門邸酒宴
相國寺の早鐘

二日、晴、被下詩御懷帋、閉之書裏書進上、詣本ノマヽ、(中脫カ)御門(中御門宣秀)大納言亭、有朝飡、終日有酒、及晩歸宅、相國寺有早鐘、未聞子細、無覺束、

三日、晴、

山科邸に招かる

四日、陰、山科宰相(言綱)相招之間詣彼亭、有朝飡、入夜歸宅、

廷臣知仁親王に酒饌を献ず
三十首和歌詠草讀合のため三條西邸訪問
白鳥賞翫
本願寺光兼の葬儀
殉死の者有りとの風聞
月次和漢聯句御會延引
鴨社奏事始
三席御會を催さんとの勅旨を受けて元長攝關家を訪問

五日、晴陰、爲親王(知仁)御方申沙汰、土器物・御樽如例年、召進中納言(甘露寺伊長)、
六日、晴、爲三十首和歌詠草讀合、謁逍遙院、白鳥可賞翫之間、可逗留云々、仍召資直朝臣(富小路)、
有象戯二番、入夜歸宅、
七日、晴、本願寺法印(實如光兼)去二日卒、今日薨(葬カ)礼云々、門徒地下人爲冥途供奉、有切腹者之由聞、必
定云々、
八日、晴、
九日、晴、結鞠、
十日、晴、和漢御會御延引、可爲來十三日由、昨日有仰、有御用子細、可祗候之由、同有
仰間、今日可祗候之由申入、參仕之次、可申鴨兩社奏事始也、

大永五年二月十日　元長　奏

鴨社神事無爲事、

一言社再興事、

別雷社神事無爲事、

事畢拜領天盃、次被召御前、三席御會御讀(談欤)合、御人數於御前書之、先内々參仕人數申試、
隨其可有御沙汰由申入退出、詣逍遙院(三條西實隆)讀(談欤)此旨、次謁前左府(三條實香)、參仕事幷亞相(三條公頼)御遊笛所作事等

申之、次參近衛殿(尚通)、御參幷右府(近衛稙家)御參等事申入、和哥席事又被申之、賜御盃退出、詣入道(徳大寺實淳)相國亭、暫雜談、左府(徳大寺公胤)參仕事申之、更可參由被申、有一盞、移刻歸宅、

十二日、晴、

月次和漢聯句御會

十三日、晴、月次和漢御會也、參內、

梅(か脱)かにみれは霞のたち枝哉　親王(知仁)御方

詩の講頌斷絶につき三席御會は不可能

事了參御前、晴御會參盃(マヽ)少ゝ申入、詩講頌斷絶之由前菅大納言(東坊城和長)申之、然者和哥・御遊可爲兩席歟、可被經御沙汰由申入、

持齋舍利講式を讀誦

十四日、晴、爲(行カ)持齋・讀經如例、朝飡已後讀舍利講式廻向畢、師象朝臣(中原)來、前左府使也、御遊所作亞相故障旨被申、

三條公頼笛の所作辭退

十五日、晴、舍利講式讀之、書狀於遣源宰相中將(庭田重親)許、御遊笛所作事三(三條公頼)亞相故障之上者(は歟)、必ゝ可有沙汰、示遣了、故障趣粗返答、

四條邸月次連歌會

十六日、雨下、於四条中納言(隆永)亭有月次連哥、入夜歸宅、

近衛邸の和歌會始

十七日、晴、陽明御會也、未刻參進、民部卿入道(冷泉爲廣)・左衛門督(飛鳥井雅綱)等祗候、兼日御題、去月延引、今日御當座廿首、左衛門督出題、讀師愚老、講師季富(河鰭)、事終有一獻、及昏色退出、

十八日、晴、

姉小路亭和歌會始

故本願寺光兼の後室武者小路氏を弔問

廷臣らをして水無瀬法樂和歌を詠進せしめらる

物書會

叔父本願寺光兼追善の寫經の會か

月次和歌御會

北野社法樂連歌御會

三席御會のこと御談合

十九日、雨下、詣四条中納言亭、有朝飡、
廿日、晴、姉小路和哥會始、讀師中御門大納言（宣秀）、講師頭中將（松木宗藤）、發聲予、〻自哥冷泉少將、
事畢有晩飡、
廿一日、晴、本願寺後室武者小路訪之、遣經（阿彌陀經カ）阿一卷・香奠百疋、
廿二日、晴、水無瀬殿御法樂御題今夕被下、早旦詠進、從逍遙院同到來、遣之、今日物出（書カ）
會中山（康親）張行、有二首題、
廿三日、雨下、
廿四日、晴、御月次御短尺詠進、
廿五日、晴、例年御法樂御連哥也、於議定所有此事、
乃とけさを花もわか世の色香哉
廿六日、晴、
廿七日、晴、依召參內、御會事等被仰合、勅題、花色春久、來月二日相伴帥卿（三條西公條）、御室礼可
定申由被仰之、
廿八日、晴、
廿九日、晴、

賀茂社々務賀茂爲平を罷め同數久を之に替ふ

卅日、晴、聊雪飛、賀茂社務職爲平辞退、可仰數久由被仰下、則申付了、

三月

一日、晴、

二日、晴、

三日、晴、

将棋
富小路俊通十三回忌追善和歌

四日、雨下、泉州刑部大輔象戯張行、明日故俊通（富小路）三位十三回云々、俄書壽量品今朝送了、包紙書歌、

馴きつるありしなからのおもかけハ
十とせあまりにみつる夢かも

五日、晴、

六日、雨下、

七日、陰、

八日、晴陰、

将棋

九日、晴、招人〻有象戲、

月次和漢聯句御會

十日、晴、禁裡月次和漢御會、參內、御發句、伏見殿(貞敦親王)、

夜や雨花に霞のにほひ哉　　中務卿宮

春風吹露乾　元長

伊勢備中守邸に招かれ将棋有り

十一日、晴、伊勢備中守招之間、詣彼亭、先日之衆參會、有象戲、入夜歸宅、

廷臣酒饌を献じ看花の御宴有り

十二日、晴陰、今日花御覽、各申沙汰之由有其告、御樽・鯉等進上了、昨日他出之時分、明日必予可祗候、他御要有之由仰之間令祗候、夜半退出、

伏見宮貞敦親王御所の和漢聯句會

十三日、晴、有和漢御會、可參由、從伏見殿仰之間祗候、

持齋

十四日、晴、持齋・讀經如例、

十五日、晴、及晚雨下、

連歌

十六日、晴曇、有連哥、

花山院政長薨去七十五歳

十七日、晴、今日花山院(政長)前相國薨云〻、

十八日、晴、

終日終夜の将棋の會

十九日、晴、一雲象戲張行、詣彼亭、終日終夜、催興、

「（表紙）
文明十四年
元長卿記
御教書
奥文龜・永正伊長卿記在之、」

「（扉）
文明十四年
元長卿記
御教書
此奥文龜・永正伊長卿記在之、」

內侍所御神樂

內侍所御神樂事
來月、可被行內侍所御神樂、上中旬之間兩三ヶ日、〻次可被擇申之由、被仰下候也、
恐〻謹言、
（文明十四年）二月廿八日
（土御門有宗）陰陽頭殿

日次到來、來月五日・九日・十三日云〻、奏聞、可爲九日、但依無御服、不可有行幸、女中

又無夏御衣、此等之子細、可尋勸修寺大納言（教秀）・老父（甘露寺親長）等之由有仰、女房奉書見違無行幸之例注進之、非其儀之由重有仰、

よへ御返事のおもむきはいけん仕候、昨日の仰のふん（分）、御ふ〻（文）をそこつ（粗忽）にはいけん仕候、正たい（體）なく候、女中御まいり候ましき事、けさ勸修寺大納言に申つかハし候つる、老父もさらに、先規をも存知し候ハぬ、ふるうハかやうの儀、よも御座候ハしと存候、ひとへかさねの御衣まいり候ハヽ、五月のしふん（時分）へ延引候へきか、又たま〳〵おこなハれ候ハんする事にて候へは、當時おとこかた（男方）にも親王・關白をはしめて、夏も冬のしやうそくをもちいられ候事にて候へは、冬の御衣にても御まいり候へきこと、くるしからす候ハヽ、さやうにも御さた候へきかと申候、又あさてのやくそうの事、公卿に手なかをも、關白のやくそうをも貫首にてハつかまつり候ハぬよし、御心えて御ひろう候へく候、かしく、

內侍所御神樂、舊冬延引、可被行來月御處〔候カ〕、依無夏御服無行幸候、仍女中典侍内侍〔可脫カ〕被參御〔候カ〕處、是又夏衣不具候、就此等之儀、被略被行候儀歟、又可被看〔着カ〕用冬衣歟、可被計申之由可得御意候也、恐々謹言、

三月廿九日　　　　　元長

西洞院殿（時顯）

廿九日、晴、自勸修寺大納言有使林右京亮、女中等一向不可有御參、只可被行御神樂、殊刀自等申御訪之間旁不可叶、此分可申沙汰云〻、

來九日、可被行內侍所御神樂、可〻〔令カ〕候召人座給者、依

天氣執啓如件、

四月一日　　　　右中弁元長

謹上　四辻（季經）宰相中將殿

追啓

御所作可爲拍子候也、

來九日、可被行內侍所御神樂、可〻〔令カ〕候召人座給者、依

天氣執達如件、

四月一日　　　　右中弁元長

謹上　左兵衞督殿（綾小路俊量）

追申
御所作可爲拍子歟、

來九日、可被行內侍所御神樂、任例可被申沙汰、仍執達如件、
四月一日　右中弁元長
藏人大內記殿（唐橋在數）

來九日、可被行內侍所御神樂、任例可被致沙汰之狀如件、
四月一日　右中弁判
四位大外記殿（中原師富）　四位史殿（壬生雅久）

御神樂事、所作人相觸候之處、御訪減少之由其沙汰候、窮困事旁以難叶之由歎申候、可被如何候哉、可然之樣可有申御沙汰候、誠恐頓首謹言、
四月四日　元長上
勸修寺殿

内侍所行幸事　文明十四、十、三、仰云、可有行幸、惣用已下可相尋云〻、

可有行幸內侍所、日次被擇〔可脫カ〕由〔申〕之由被仰下候也、恐言、

十月四日　元長

陰陽頭殿〔土御門有宗〕

來十日前後幷中旬日次可然候也、

午尅許日次到來、八日・十四・十七云〻、

近日、可有行幸內侍所候、可申沙汰之由被仰下候、寮役已下事、以最省略可給注進之、

日次治定候者、可進一通之狀如件、

十一四日　元長

四位大外記殿

よへ申入候ハんするを、はうきやく〔忘却〕仕候、ないし所行かうには、御はいの御まいり候へきほとに、かもんれう〔掃部寮〕のち御ちうしん〔注進〕にみかくら〔御神樂〕なとのときも、五百疋はかりにてありけに候、まつちうしんを申候へと申つかハし候つる、御心え候へく候、

なかハしとのへ
御局へ　　ちかなか

ないしところ行幸の風記まいり候、日次ち(治)ゝやうし(定)候ハヽ、あいふれ候てちうしんともとゝのへ候て申入候へく候よし、御心えて御ひろう候へく候、かしく、
勾當内侍殿
御局へ　　もとなか

來十四日、可有行幸内侍所、任例可被申沙汰、仍執達如件、
十月四日、　　右中弁
藏人大内記殿　四日來之間以面仰了、不及遣一通、

來十四日、可有行幸内侍所、任例可被致沙汰之狀如件、
十月四日　　右中弁判
四位史殿　四位大外記殿

來十四日、可有行幸內侍所、可令早參給、仍執達如件、

十月四日　右中弁元長

謹上　藏人弁殿（葉室光忠）　藏人左少弁殿（坊城俊名）

藏人右少弁殿（清閑寺家幸）　中弁元長

來十四日、可有行幸內侍所、御劍役可令參勤給者、依

天氣執達如件、

十月五日　右中弁元長

謹上　白川中將殿（資氏）

來十四日、可有行幸內侍所、仍令与奪在數（唐橋）之處、申敍爵之由候、一﨟事定御存知候歟、

仍一官事、中務歟、式部歟、推任候哉、于今不存知候間、內〻申候、早〻先可有御下

知候、重可進一通候、謹言、

十月六日　元長

五辻殿（富仲）

內侍所行幸、來十四日分候、剋限吉時可注給、可爲白晝候、巳・午剋吉時候者可承候、
恐言、

十月十一日　元長

陰陽頭殿

陰陽寮領上鳥羽鄉采女田事

當國紀郡上鳥羽鄉采女田事、任去寛正六年十一月一日院宣、當知行之旨弥不可爲〔有カ〕相違
之由、
天氣所候也、可被存知之狀如件、

文明十四年十二月廿九日　右中弁判

陰陽頭殿

采女司領山城國久世村

山城國采女司領久世村、任當知行之旨、知行不可有相違由、
天氣所候也、可被存知之狀如件、

文明十四年十二月廿九日　右少弁判

陰陽頭殿

神宮奉行事 文明十四、九、度會

豐受太神宮權禰宜度會常頼康久闕替、宜轉補同宮禰宜、宣下未到之間、且可從神事之間、
可被下知之由、被仰下候〔之狀カ〕然如件、

七月廿日　　右中弁判

四位史殿

日野一位資綱卿

初傳奏奉書、載荒木田之由、
仍後日爲外宮之間、可爲度會之由申
改之、文明十四十十書改遣之、內
宮皇大神也、荒木田也、外宮豐受度會、

光明寺舜空に香衣着用を許す

「（中扉）
勅裁案　文龜元　右少弁伊長」

可聽着香衣候間被聞食訖者、
天氣如此、悉之、以狀、
文龜元年九月一日　右少弁判
光明寺舜空上人御房

「（中原）御教書案　文龜三 永正五八　藏人右少弁伊長」

文龜四年甲子革令仗議

明年甲子革令定、申沙汰事被仰下、雖辞申重而有仰旨、仍申請文畢、先御卽位以前改元、度々例有無被尋兩局、仍遣教書之、〔了〕傳奏中山中納言宣親、

御卽位以前改元及兩度否、先規可被勘申狀如件、

（文龜三年）十一月十六日　右少弁判

（中原師富）四位大外記殿　四位史殿

明年甲子可被行條々、任例可被勘申狀如件、

十一月十七日　右少弁判

四位大外記殿

甲子革令につき改元仗議

文龜四年

來月十八日可有仗議、可令參仕給者、依

天氣言上如件、伊長誠恐謹言、

正月廿二日　右少弁伊長奉

進上　侍從大納言（三條西實隆）殿

追言上

可爲甲子革令定、可令存知給候也、重誠恐謹言、

來月十八日可有仗議、可令參仕給者、依

天氣言上如件、伊長謹言、

正月廿二日　右少弁伊長奉

進上　權帥（町廣光）殿　中山中納言（宣親）殿

勸修寺中納言（政顯）殿　小倉中納言（季種）殿

追言上

可爲甲子革令定、可令忽（存知カ）給候也、重謹言、

來月十八日可有仗議、可令參仕給者、依

天氣上啓如件、

正月廿二日　　少弁伊長

謹上　右大弁宰相殿（中御門宣秀）

追上啓

可爲甲子革令定、可令忽（存知カ）給候也、

來月十八日可有仗議、可令參仕給者、依

天氣上啓如件、

正月廿二日　　右少弁伊長

謹〻上　菅宰相殿（東坊城和長）

追上啓

可爲甲子革令、（定脱カ）可令存知給候也、

來月十八日可有仗議、任例可被致沙汰之狀如件、

正月廿二日　　右少弁判

四位大外記殿　四位史殿

永正五年八月廿八日

大法師宗玄除服事、被聞食候訖、早可從寺役由、可令下知給者、

天氣如、〔此脫カ〕悉之、謹狀、

八月廿八日　左少弁伊長

謹々上　興福寺別當僧正御房

主殿寮領小野山供御人緩怠の事

（中扉）「勅裁案　永正六　宣下同七　藏人左少弁伊長」

當寮領小野山供御人等、禁中恒例・臨時公事幷俄火炬仰事、每度無沙汰、年預致補沙（マヽ）汰云〻、太不可然、所佺〔詮カ〕、自今已後定置在京之人數、可令勤仕其役、若猶及致緩怠者、可被處罪科之由、可致〔被カ〕加下知之狀如件、

永正六年八月十三日　　左少弁判

主殿頭殿

當寮領小野山供御人等、恒例・臨時之松明一向致闕如云〻、言語道斷次第也、向後速可致其沙汰、若猶及令遲怠者、可被處罪科之由、可被加下知之狀如件、

永正六年八月十三日　　左少弁判

小野山供御人武家の被官となる者また田畠山宅を沽却する者多し

當寮領小野山供御人等、致武家之家禮事、堅禁制之處、近來次（恣歟）止爲武士被官、剰田畠幷山宅等人〻沽脚〔却〕、不應年預下知之〔由脱カ〕、太無謂、於向後者可令停止、若猶有異犯〔違〕之輩者、速可注申交名、可被處罪科由、可被加下知之狀如件、

永正六年八月十三日　　左少弁判

主殿頭殿

小野山年預の愁訴

當寮領小野山年預兩官人申、近年有限隨分一向有名無實之間、在京難叶云々、於事實者太不可然、所詮、自今日後、年貢・諸公事物等可致嚴密之沙汰、若猶重令無沙汰者、供御人等可被處罪科之由、可被加下知職行清方之狀如件、

永正六年八月十三日　　左少弁判

主殿頭殿

職行之一通、清方之一通、依文章同符案如此、

內侍所供御人諸役萬雜公事免除事物座頭

內侍所供候〔御〕人家久申、諸役万雜公事免除事、度々綸旨幷證文等分明上者、任先例不可有相違、爲惣座頭、於子孫永代令商賣、可專神役之由、可加下知旨所被仰下也、

永正六年八月廿六日　　左少弁判

內膳奉膳正

居住の坊人に新光院の號を勅許

居住坊人吉、可号新光院之由、被聞食之旨、所被仰下候也、悉之、以狀、

永正六年後八月四日　左少弁判

當院住持大德御房

鴨縣主敍任

永正七年五月一日　宣旨

從三位鴨縣主光〔將脫ヵ〕

宜任宮內卿

藏人左少弁藤原伊長奉

永正七年五月一日　宣旨

從四位上鴨光雄縣主

宜敍正四位下

藏人左少弁藤原伊長奉

口宣二枚獻上之、早可知狀〔下脫ヵ〕如件、

五月一日　　左少弁伊長奉

進上　中御門新大納言殿（松木宗綱）

石清水八幡宮領美作國梶並庄

石清水八幡宮領美作國梶並庄事、任檢校交清法印下文〔申カ〕之旨、領掌不可有相違之由、
天氣所候也、悉之、以狀、

永正七年五月二日　　左少弁判

安藝守殿

當寺爲勅願寺處、證文先年粉〔紛〕失之由被聞食訖、〔未脱カ〕來際、可奉祈寶祚長久之間〔旨カ〕、
天氣所候也、仍執達如件、

永正七年五月八日　　左少弁伊長

弘譽上人御房

六角堂頂法寺本尊開帳

頂法寺本尊事、令開帳可專都鄙貴賤之結緣旨、可令下知給之由、被仰下候也、以此旨
可令申入座主宮給、仍執啓如件、

六月五日　　左少弁伊長

謹上　大納言法印御房

織田信長足利義昭を奉じて入洛につき綸旨

入洛之由既達叡聞、就其京都之儀、諸勢無亂逆之様可被加下知、於禁中陣下者、可令召進警固之旨、依

天氣執達如件、

（永祿十一年）九月十四日　　左少弁（甘露寺）經元

織田彈（信長）正忠殿

万里小路處

御出張珍重候、就其被成綸旨、京都之儀、禁中御警固以下堅被申付候者、可被悦思食之旨被仰下候、猶明院可被申候、巨細磯谷兩人仰含候也、謹言、

九月十四日

織田彈（マ、）忠殿

同

就霜臺（織田信長）出張之儀、被成綸旨之、諸勢堅被申付、京都之儀無別義之様肝要候、禁中可被

召進御警固候者、可然之旨被仰下候、御馳走所仰候、猶磯谷兩人可申候也、謹言、

九月十四日

明院御房

誠仁親王元服について織田信長に奔走を依頼

永祿十一 九

宮の御かた《（誠仁親王）》御けんふく《（元服）》の事、いそかれたくおほしめされ候、おわりの守ちそう《（馳走）》し、やかて申くたされ候へ、先年、たん正《（信長）》の忠もこの御所の御事ちそう、た《（他）》にことなる御事にて候つる、あいかわらす、一かと申さた候やうに御心へ候て、おほせ下され候へく候よし、能々申入候、かしく、

までのこうち《（萬里小路惟房）》大納言とのへ

若宮《（誠仁親王）》御方御元服之事、被申沙汰候様、内々可申旨候、女房書《（奉脱カ）》如斯、仍猶此者申含候也、謹言、

十月九日

織田尾張守殿

立入左京進

今般、隣國早速屬御理運、諸人崇仰之由、奇特誠以漢家本朝當代無貳之籌策、武運長久之基、併御幸(高カ)名無隱之、就其被成勅裁之上者、被存別忠、每端御馳走肝要候、御料所等之儀、且取出御目錄候、仍此紅衫下進之候、表祝儀斗候、猶立入(宗繼)左京進可申下候也、恐々謹言、

(以下内閣文庫所藏久松家舊藏本ヲ以テ補フ)
「十一月九日

織田尾張守殿

目錄

御元服

御修理

御料所

以上

當社樂頭事、季敦(安倍)在國之間、被仰付盛秋(豐原)朝臣畢、可存知給之由、被仰下候也、恐惶謹言、

四月十五日　藤堂右兵衛大夫
景任 判

禰宜三位

當社樂頭事、季敦在國之間、被仰付盛秋朝臣之、可被存知之由、被仰下候也、恐々謹言、」

四月十五日　藤堂兵衞大夫景任判

鴨社祝殿

永祿五五三、盛秋朝臣、以四辻大納言季遠卿懸御目畢、

解題

一

『元長卿記』の筆者元長の出た甘露寺家は、藤原氏北家の閑院左大臣冬嗣の孫、贈太政大臣高藤を始祖とする勧修寺家流の一家である。高藤の曾孫権中納言為輔が初めて甘露寺と号したが、その後は坊城・吉田などと称していた。この一流からは『大府記』の筆者参議為房、『永昌記』の筆者参議為隆、『吉記』の筆者権大納言経房、『吉続記』の筆者権大納言経長、および後醍醐天皇に仕えた吉田定房・万里小路宣房らが出ている。甘露寺の家号を代々称するようになつたのは、南北朝時代に出た権中納言藤長（吉田定房の弟隆長の子）からである。甘露寺家は摂家・清華・大臣家・羽林家・名家という当時の公家社会の家格からいえば、権大納言を極官とする名家に属する家である。元長はこの甘露寺家に『親長卿記』をのこした正二位権大納言親長の次男（母の出自は未詳）として、長禄元年（一四五七）に生れた。（註）次男ではあつたが、兄の氏長が同じ勧修寺家流に属する万里小路冬房の養子となつたので（春房と改名）、元長が甘露寺家の家督を嗣ぐことになつた。

（註）『尊卑分脈』の元長の項にみえる「大永七年八月十七日頓死、七十一歳」から逆算すると、彼の生年は長禄元年（一四五七）となる。ところが『公卿補任』は、文明十八年（一四八六）元長が参議に任ぜられた時の年齢を三十一歳とし、爾後、それを土台として年齢をかぞえている。これによると、彼の生年は康正元年（一四五六）という計算になる。しかし、元長の死んだ時の年齢が七十一歳であることが動かしがたいことであ

つたので、『公卿補任』は死の前年の大永六年に七十一歳としておきながら、大永七年も七十一歳とするという不合理を敢えてして、つじつまを合せている。『公卿補任』の年齢はまちがいで、長禄元年誕生、参議任官の年三十歳が正しい。念のため註記しておく。

『公卿補任』・『元長卿記』などにもとづいて、任官・叙位を中心に彼の年譜を整理すると、大略つぎのようになる。

年月	年齢	元長とその一家に関する事項	参考事項
長禄元	一	誕生	
寛正五、七	八		後土御門天皇践祚
六、三	九	父親長、権中納言を辞す	
文正元、四	十	叙爵	
応仁元、一	十一		応仁の乱勃発
文明二、十二	十四	（この頃、右兵衛佐に任ぜらる）	後花園上皇崩御
四、二	十六	蔵人に補し、ついで右少弁に任ぜらる	
五、十	十七	従五位上に叙せらる	山名宗全・細川勝元死
六、閏五	十八	正五位下に叙せらる	
六		正五位上に叙せらる	

文明七、一	十九	左少弁に進む	京都の兵乱鎮静
九、十一	二十一		
十三、九	二十五	右中弁に進み従四位下に叙せらる	
十二		蔵人頭に補せらる	
十四	二十六	従四位上に叙せられ左中弁に進む。ついで八月正四位下に叙せらる	
十五、二	二十七	正四位上に叙せらる（この頃、高倉永継の女と結婚？）	足利義政、東山々荘に移る
十六	二十八	長男伊長誕生	
十八、八	三十	参議に任ぜられ右大弁に進む	
十九、七	三十一	従三位に叙せらる	七月、長享と改元
長享二、九	三十二	権中納言に任ぜらる	
延徳二、一	三十四		足利義政薨去
三、十二	三十五	正三位に叙せらる	
四、一	三十六	父親長、権大納言に任ぜらる	七月、明応と改元
明応二	三十七	父親長権大納言を辞し、八月出家す。法名、蓮空	
八、一	四十三	弟金剛王院空済寂、三十九歳	

明応九、八	四十四	父親長薨去、七十七歳。後常楽院と号す	九月、後土御門天皇崩御。後柏原天皇践祚
十、二	四十五	元長の母、美濃より帰京、元長の女得度（摂取院）	二月、文亀と改元
八		従二位に叙せらる	
文亀二、一	四十六	元旦節会の外弁を勤む	
四		元長の母死、七十八歳。後広大寺殿と号す	
四、八	四十八	賀茂伝奏の事仰せらる（以後、連年）。十一月春日祭参行	二月、永正と改元
永正五、二	五十二	春日祭参行	足利義尹将軍に復し、細川高国管領となる
七、二	五十四	元長の女、三条西公条に嫁す	
九、四	五十六		第一皇子知仁、親王宣下
十、五	五十七	権中納言・賀茂伝奏などの辞意を上表するも抑留せらる	
十一、三	五十八	春日祭参行	
十四、一	六十一	権大納言に任ぜられ、白馬節会内弁を勤む	
四		正二位に叙せらる	

永正十五、二	六十二	春日祭参行	
六		子伊長、参議に任ぜられ左大弁に転ず	
十六、九	六十三	民部卿に兼任せらる	
十八、三	六十五	即位式外弁を勤む	後柏原天皇即位。八月、大永と改元
四		権大納言を辞す。賀茂伝奏・民部卿はそのまま。伊長、権中納言に任ぜらる	
大永四、七	六十八	法華御八講伝奏の事仰せらる	
六、五	七十	従一位に叙せらる	四月、後柏原天皇崩御。後奈良天皇践祚
七、八	七十一	急病により薨去。法名清空、道号古月	

元長は後土御門・後柏原両天皇に歴仕し、その穏厚篤実な性格の故に、ことに後柏原天皇の御信任厚く、内々衆の一人として側近に奉仕し、種々のことについて御下問にあずかり、とりわけ天皇の御即位式の費用の調達に関して奔走した。彼は当時の公卿のなかでは比較的に和歌・連歌・漢詩をよくした方で、その関係もあつてか、禁中における それらの御会の幹事役を勤め、かつ笛を得意とし禁裏の御楽や内侍所御神楽には無くてはならぬ存在であつた。また

一流の伝統と父親長の衣鉢をついで有職故実に通じ、ことに装束の着付けが得意で諸家から重宝がられ、年頭には家伝によつて調合した薫物を女官らに贈るのを例としていた。かつ賀茂伝奏のほかに禁裏御領の能登一青荘・越前河合荘の申次役をつとめ、および大徳寺・妙心寺の住持任命のことにもあずかつていた。ともあれ元長は、皇室の式微時代において、二歳年長の三条西実隆とともに、最も誠実に朝廷に奉仕した公卿であつた。

『尊卑分脈』によると、元長には兄一人・弟二人・姉妹三人があつた。兄は万里小路冬房の養子となつて春房と改名した氏長で、文明三年五月、参議・右大弁を辞して出家し、春誉・寂誉・蓮誉と号した。明確に断定する史料はないが、文亀二年四月の母の葬儀の記事などから察すると、そこに登場する江南院龍霄は即ちこの氏長の後身と推定される。弟の一人は『元長卿記』にしばしば登場する覚勝院了淳であり、もう一人は明応八年正月十六日の条に、「後聞、金剛王院空済僧正卅九オ今夜入滅云々、不便々々」とみえ、ついで同十年正月十六日の条に、「故後光明院第三廻空済僧正、予弟忌日也」とみえる空済である。但し、この空済が『尊卑分脈』にみえる長深と同一人物か否かは、今のところ不明である。また『尊卑分脈』に「後花園院御在位之時伺候、後遁世」と註してある「典侍親子」は、その年齢からみて元長の姉にあたり、後に大納言局尼と通称され景総庵と号した女性である。他の二人は接聚院真性の弟子となり得度して真益と称した女子と、中御門宣胤に嫁して宣秀を生んだ「典侍朝子」とで、後者は「東向」として日記にしばしば登場している。文亀四年正月十三日の条に「東向来臨右大弁宰相母堂予姉也」とあるところからみると、彼女は元長の姉であることは確かであり、してみると三人の女子はみな元長の姉と思われる。

『尊卑分脈』によると、元長と妻高倉氏との間には、二男三女があつたことになつている。その子息の一人はいうまでもなく家督を相続した伊長であり、他の一人は永正七年正月八日の条に「従二神光院一新発持紹、愚息也来」とみえる、この頃得度したばかりの「持紹」であり、これが『尊卑分脈』にみえる「時詔」であることは疑いをいれない。ちなみに、この時詔はやがて叔父空済の後をうけて金剛王院に住し西賀茂の神光院を兼帯している。女子の一人は永正七年二月に三条西公条に嫁して実世を生んだ女子であり、他の二人は得度して尼となり、正月の一家の集りにはいつも顔を出している摂取院と福昌庵の二人である。

当時、甘露寺家の所領の多くは、他の諸家の場合と同様、武士に横領されて不知行となり、その家計の維持は容易でなかつたはずである。時折り越前朝倉氏からの送金や朝廷からの頒賜はあつたが、それらはさほどの額ではなかつたと思われる。しかし不思議なことに元長は一応中流公卿としての体面を保ちながら、地方に下ることもなく、官は家格相応に権大納言まで昇進し、位は父親長をこえて従一位にまで昇り、まずは平穏な生涯を送つたのであつた。しかし大永七年の八月十七日、即ち父親長の正月命日に七十一歳を一期として頓死したのであつた。

二

宮内庁書陵部編の『図書寮典籍解題 歴史篇』は、『元長卿記』を解説して、

後土御門天皇の延徳二年、甘露寺元長権中納言卅五歳〔卅四〕より、権大納言辞任後、賀茂伝奏たりし後柏原天皇の大永五年七十歳〔六十九〕までの三十六年間のうち、永正十三、十五、十六年の三箇年を欠く三十三箇年の日記。しかもその内〔し〕、四季共に完備した年度は殆ど〔削る〕なく、数日から数箇月の間の断簡が多い。史籍年表記載の文明九、十、十一、十四年は、御教書案・勅裁案文で、元長左少弁の時のものである。

と述べている。これは右側に〔 〕で訂正した箇所を除けば、『元長卿記』の解説として要領をえたものである。

『元長卿記』の自筆原本は残闕本として一冊・一軸が宮内庁書陵部に伝存している。それについては拙い解説を施すことをやめて、前記『典籍解題』のそれをそのまま左に引用しておこう。

『元長卿記』　一冊　白川本　四五九・五二

二五・〇糎×二二・〇糎の袋綴本。原表紙に「資益王」と外題。現在は更にその上に本寮補修の紺表紙を附す。本文用紙は杉原、消息類を反故したもので、大部分は甘露寺宛の消息、中には忠富王からの書状がある。計七紙。一紙十二行書、一行十五、六字前後。

所収年次は、流布本に全然欠けた年度、即ち文亀元年（八・十六―十九 九・一）の零細な断簡ではあるが、原本たることは明らかである。その内、八月十七日の記事に「故禅閣周忌」と注した甘露寺親長の周忌法会の記事のあることからしても、当然甘露寺家の記録と推測されて、外題の如き白川家資益王（文明十六年薨）の記とは考へられない。実隆公記その他に勘案して、親長の次子元長の自筆原本の断簡である。

『元長卿記』　一軸　白川本　四五九・三三

一紙二五・〇糎×四三・六糎の巻子本。原表紙に「資益王」（後花園院卅三回忌事）と後人の注。現在は絓絹表紙、金砂子白紙題簽に「資益王□」とあるが磨滅して明らかでない。紫檀丸軸。

本文用紙は前出本と同じく、杉原紙の書状類を飜して注してゐる。前出本と全く同一の大きさの冊子本を、後世改装したもの、筆跡も書写形式も同一で、嘗つては前書と同類一括のもの、即ち元長卿記の残闕と推測される。本巻の所収年次も、他書に見へない文亀二（八・廿七（首欠）・廿九 九・一―十四、十二・十五―廿三）で、その十二月記は後花園天皇卅三回聖忌の御経供養記である。

写本は『国書総目録』によれば、国会図書館・内閣文庫・宮内庁書陵部・学習院・東京国立博物館・京都大学・東大史料編纂所・彰考館・神宮文庫その他に所蔵されていることが知られるが、その内容はいずれもさして変りはないようである。ここでは内閣文庫所蔵の三種と、宮内庁書陵部所蔵の柳原家旧蔵本についてだけ、簡潔に解説するにとどめておこう。

(1)　内閣文庫所蔵　勧修寺家旧蔵本　二十三冊本　架蔵番号　特五三―一

大永三年の奥書に「慶安元年令修復也　前亜槐経広（勧修寺）」とある。但し此の本は大永二年の分を欠き、所々に落丁がある。

(2)　内閣文庫所蔵　甘露寺家旧蔵本　二十三冊本　架蔵番号　一六二―二五〇

永正九年の奥書に「令家僕書写加一校畢　延宝七年四月九日　正二位資熙（中御門）」とある。なお、大永三年の奥書には、前記勧修寺家本の奥書が、そのまま写されている。但し此の本は御教書案・勅裁案を欠いている。

(3)　内閣文庫所蔵　久松家旧蔵本　十二冊本　架蔵番号　一六二―二五二

奥書に「明治元年十二月廿五日　華族久松定謨献之」とある。欠落の部分が多いが参考になる部分もある。

(4)　宮内庁書陵部所蔵　柳原家旧蔵本　三冊本　架蔵番号　柳―二六七

柳原資廉（正徳二年没）の書写にかかるもので、明治十五年に柳原光愛が人名などにつけた朱註の書込みがある。

本纂集の『元長卿記』は、(1)の勧修寺家旧蔵本を以て底本とし、文亀元年・二年の部分を書陵部所蔵の自筆原本を以て補い、底本に欠落している大永二年の部分を(4)の柳原家旧蔵本により補つた。なお底本の文亀三年六月十四日の条には落丁があるので、これを(2)の甘露寺家旧蔵本で、また底本の御教書案の落丁と思われる部分を(3)の久松家旧蔵本によつて補つた。底本の判読困難な箇所は諸本みな同様に判読が困難で、自筆原本のないものの再現の至難さを痛感した。その点、識者の御示教をえて改訂していきたいと願つている。

三

『元長卿記』は、日本歴史上の大きな転換期である応仁の乱後の約三分の一世紀にわたる日記である。しかし、この日記は朝廷の儀式や和歌・連歌の会などの記述は詳細であるが、政治・社会・経済などの動きに関する記載はまことに少なく、たまたま有つてもきわめて簡単である。その意味では、いわゆる史料的価値は、『親長卿記』『実隆公記』『宣胤卿記』『二水記』などに較べて低いといわねばならない。だが、応仁の乱後、政治の圏外に全くしめだされ、経済的にも零落した当時の公家社会の生活の実態と、彼等の社会のムードを知る上では、やはり貴重な史料である。

『元長卿記』を読むと、金は無いが閑暇だけは有り余るほどある当時の公家社会の人びとの生活が、いかに判で押したように単調で退屈なものであつたか、彼等が朝儀や和歌・連歌・和漢聯句・漢詩の会、音楽・聞香・蹴鞠・楊弓の会、さては酒宴・汁講などにいかに生活の刺激を求めていたかがよく分る。かつ経済的に窮迫しているといわれながら、男も女も実によく酒を飲んで憂さを晴らし、徒然をまぎらせていたことが、肌でわかる思いがするであろう。しかもその一方、応仁の乱による家財道具の焼亡と打ちつづく困窮のために、上級公卿さえも朝儀への出仕に必要な装束に事欠き、互いに貸借しあい、夏に冬の装束を着けることの普通に行われていたことが知られ、この時期がわが国の服装史上大きな変革期となる理由の一半も納得がいくであろう。

なお、『元長卿記』の記載の中で、とくに興味深く思われたのは、次ぎの二つである。永正十七年二月、管領細川高国は細川澄元を奉ずる三好之長の軍に敗れて一旦近江に走つたのであつたが、やがて勢力をもりかえし、五月五日には如意嶽を越えて反攻に出、両軍が鴨河原などで対陣し、ついに高国方が勝利をえるという出来事が起つた。この時、京都市中は騒動し人びとは不安におびえたはずであり、元長らも皇居に馳せ参じたのであるが、日記には「如意嶽・々下の浄土寺・吉田河原等に軍勢満つ、小御所の御庭の山・紫宸殿に於て見物す」と記されている。即ち公家の人びとは「戦争は武士たちのやることで、自分たちには関係のないことだ」として、これをいわゆる高見の見物しているのである。そして之長とその子息らの捕縛と切腹のニュースを聞いて、「不便々々」と一応の同情を示しながらも、十三日には何事も無かつたかのように伊勢兵庫助を迎えて将棋に興じている。戦乱に対するこの傍観的態度とその神経の図太さは注目すべきことで、それは折から頻発した徳政一揆などに対しても、同様であつたろうと思われる。応仁の乱前後からこの時期にかけて、「不安動揺の世」「戦国の世」であるにもかかわらず、世にいう東山文化の形成された秘密を解く一つの鍵は、ここに見出さるべきである。

もう一つ興味深いことは、元長が三十三ヶ年にわたつて日記をつけながらも、一年を通じて完備しているものが一つもないことである。これは散失によるのではなく、おそらく当初から書かなかつたのであろう。日記には日付だけで天候の記載も何もないもの、或いは単に天候と「無事」「殊なる事無し」と記しただけのものが多く、永正十七年三月六日の条には「歓楽《(病気)》の気有り、朝儀殊なる事無し、無益の間記さず」とある。また前述の細川高国と三好之長との合戦のあつた永正十七年五月末日の条には「日々、指せる題目無し、記すこと能わず」ともある。これは何を意味するであろうか。

元長がこう記したのは、体の調子の悪さからくる無力感や六十四歳という老体にもとづく倦怠感にもよるであろう。また、毎日の生活が判で押したように単調なものであったことが、彼に日記を書きつづける気力を失わせたことも事実であろう。しかし「日々、指せる題目無し」と彼はいうが、実際は細川澄元の死などの事件もあったのであり、ことに翌十八年の正月には禁裏の和歌御会の事を丹念に記し、さらに大永二年正月五日には、二条尹房らの叙位の儀を見物して、これを精細に日記に書きつけているのである。この事は、日記に書きつけるにあたいするか否かを判定する彼の価値基準がどこにあつたかを、ゆくりなくも暗示するものである。すなわち彼にとつて記すにあたいするのは、いささかオーバーに表現すれば、彼に生きがいを感じさせるのは、有職故実を重んずる朝廷の儀式だけであつたことを示すものである。しかも、その朝儀の衰退したことが、彼をして「日々、指せる題目無し」とか「無益の間記さず」と歎かしめ、日記をつける意欲を喪失せしめたのであろう。その意味では、日記の内容の乏しいこと、或いは中途で終つていることそれ自体が、当時の公家社会の人びとの生き方とその価値観とを示す史料というべきであろう。

（芳賀幸四郎）

甘露寺家略系図

房長──親長

房長
蔵人頭、左大弁、正四位上
永享四、六、二十三没、常楽院殿
室、広大寺殿、延徳三、八、二十八、三十三回忌

親長
左衛門佐、参議、左大弁、按察使、権大納言、正二位
明応二、八、二十七日出家、法名蓮空
明応九、八、十七没、七十七歳、後常樂院殿
室、文亀二、四、一没、後広大寺殿

良助　僧正

女子　三条西公保室　実隆母

氏長　万里小路冬房の養子となり春房と改名　参議、左大弁、正四位上　文明三、五、一出家、春誉・寂誉・蓮誉と号す　江南院龍霄カ

元長　室、高倉永継女

了淳　大僧正　覚勝院

空済　僧正　金剛王院、明応八、一、十六寂、三十九歳

（長深）　僧正隆海弟子

伊長　左衛門佐、参議、左大弁、按察使、権大納言、従一位　天文十七、十二、卅没、六十五歳

時詔（持紹）　大僧都　金剛王院、神光院

女子　三条西公条室　実世母

女子　摂取院（真栄）

女子
典侍親子
後花園院奉仕、大納言局尼、景総庵

女子
真益
接（摂）聚（取）院真性弟子

女子
典侍朝子
中御門宣胤室、宣秀母

女子
福昌庵

史料纂集
元長卿記
校訂 芳賀幸四郎

昭和四十八年四月十日印刷
昭和四十八年四月十五日発行

発行者 太田ぜん
東京都豊島区池袋二丁目一〇〇八番地

製版所 続群書類従完成会製版部

印刷所 株式会社 平河工業社
東京都新宿区新小川町二ノ十九

発行所 株式会社 続群書類従完成会
東京都豊島区池袋二丁目一〇〇八番地
電話=東京(983)六八四六 振替=東京六二六〇七

元長卿記　史料纂集 古記録編〔第30回配本〕
〔オンデマンド版〕

2014年1月30日　初版第一刷発行　定価（本体11,000円＋税）

校訂　芳賀幸四郎
発行所　株式会社　八木書店 古書出版部
代表 八木乾二
〒101-0052 東京都千代田区神田小川町3-8
電話 03-3291-2969(編集) -6300(FAX)
発売元　株式会社　八木書店
〒101-0052 東京都千代田区神田小川町3-8
電話 03-3291-2961(営業) -6300(FAX)
http://www.books-yagi.co.jp/pub/
E-mail pub@books-yagi.co.jp
印刷・製本　(株)デジタルパブリッシングサービス
ISBN978-4-8406-3279-9　AI492